本书编辑委员会

主　任：高小平

副主任：朱　炎　王立平

委　员：毛寿龙　童腾飞　贾凌民　鲍　静
　　　　张学栋　石宇良　林　震　高兴武
　　　　胡仙芝　张定安

本书作者

高小平　林　震　高兴武　石宇良
孙彦军　刘一弘　姚婧婧　粟俊红
刘　宇　张　玲　王　玲　闭恩高

服务型政府导论

主　编　高小平　王立平
副主编　林　震　高兴武

人民出版社

责任编辑:陈寒节

责任校对:湖　催

图书在版编目(CIP)数据

服务型政府导论/高小平,王立平主编.
—北京:人民出版社,2009.8
ISBN 978 - 7 - 01 - 008126 - 7

Ⅰ服…　Ⅱ①高…②王…　Ⅲ.国家机构 - 行政管理
- 研究　Ⅳ.D035

中国版本图书馆 CIP 数据核字(2009)第 138214 号

服务型政府导论
FUWU XING ZHENGFU DAOLUN

主　编　高小平　王立平

副主编　林　震　高兴武

人民出版社 出版发行

(100706　北京朝阳门内大街 166 号)

北京龙之冉印务有限公司印刷　新华书店经销

2009 年 8 月第 1 版　2009 年 8 月北京第 1 次印刷

开本:710 毫米×1000 毫米　1/16　印张:21

字数:301 千字　印数:1 - 5000 册

ISBN 978 - 7 - 01 - 008126 - 7　定价:40.00 元

邮购地址:100706　北京朝阳门内大街 166 号

人民东方图书销售中心　电话:(010)65250042　65289539

目　录

绪论 行政管理体制创新：
建设服务型政府

  党的十七大和十七届二中全会对我国行政管理体制改革提出了新的要求，作出了全面部署。2008 年 2 月 23 日，胡锦涛总书记在主持中央政治局第四次集体学习时指出，要创新行政管理体制，建设服务型政府。十一届全国人大一次会议通过《国务院机构改革方案》，开启了改革开放以来的第 6 次行政管理体制和机构改革。深入研究服务型政府的理论与实践，是当前一项十分重要而紧迫的任务，这对于建立中国特色社会主义行政管理理论体系，推进行政管理体制改革和创新，完善中国特色社会主义行政管理体制，具有重要意义。

一、从人类社会形态、行政管理形态的演进看服务型政府的历史必然性

  行政管理体制、组织结构和管理方式是随着生产方式的变化而不断变革的。人类社会经历了从农业社会、工业社会迈向后工业社会的历史演进过程。不同社会形态中，由于生产工具、生产资料、劳动对象不同，生产模式、经济部门、被转化的资源、战略资源、人力资源等方面的重点，有很大的不同。如，在农业社会中，生产工具是锄头、犁耙、镰刀、斧头等，主要的人力资源是农夫、工匠，被转化的资源是自然力；在工业社会中，生产工具是蒸汽机、火车、轮船、纺织机械、印刷机械、采矿机械、冶炼机械等，主要的人力资源是工程技术人员、熟练工和管理人员，被转化的资源是人造资源；在后工业社会中，生产工具是电子计算机、程控机器等，主要的人力资源是科学研

究人员、专业技术人员和从事信息工作的人员,被转化的资源是信息、计算机网络等。

与生产力、经济基础相适应,作为上层建筑的行政管理形态就形成了与农业社会适应的权威行政、与工业社会适应的规制行政、与后工业社会适应的服务行政。

在农业经济时代,政府适应自然经济的需要,"普天之下莫非皇土",实行家长制、家族式管理,特征是政治与行政管理的高度结合,权力集中在作为政府的皇帝和衙门中,政府高度集中的权力所形成的权威成为管理的主要资源,可以概括为"权威行政"。

在工业经济时代,政府适应大机器生产的需要,实行政治与行政"二分制度",行政管理处于执行的层面,依靠技术官僚的专业知识,实行规制化管理,组织结构按照"金字塔"式的科层制建构,政府制定政策、规制和执行能力成为管理的主要资源,可以概括为"规制行政"。

近30年来,科学技术迅猛发展,引发了生产和组织方式的变革、全球市场的融合与重构,带动起一场与工业革命深度相当的信息革命,它改变着整个社会的根基,把人类带入"后工业社会"、"知识经济社会"或"信息社会"。我国现处于工业化中后期、信息化前期,一方面传统产业仍然保持快增长势头;另一方面信息产业、文化产业实现了持续、快速发展,在国民经济中的地位日益突出,近10年平均年递增15%以上,2007年总收入约占GDP的10.4%(信息产业占7.9%,文化产业占2.5%),电子信息产品出口占全国出口额的37.6%。①

在工业化中后期和知识经济时期,政府适应科学技术成为第一生产力的需要,加快信息化步伐,把提高人的素质作为主要任务,政府提供公共服务的能力成为管理的主要资源,这就进入"服务行政"时期。建设服务型政府是人类历史发展的客观要求和必然趋势。

---

① 顾平安:《走新型工业化道路需要整合工业行业管理体制和部门》,《人民日报》2008年3月10日。

行政形态的变化，包括行政主体、管理体制机制和管理方式的变化，促进了行政观念的革新。权威行政的管理主体是"朝廷"和"衙门"，强化的是"皇权本位"、"官本位"、"潜规则"文化。规制行政的主体是"行政首长"和"管理干部"，强化的是"行政本位"、"部门利益"、"规则"文化。服务行政的主体是公民，强化的是"服务本位"、"社会本位"、"民众本位"、"创新"文化。

历史唯物主义告诉我们，行政管理体制改革是历史的必然，从权威行政到规制行政，再到服务行政，行政的形态发生着深刻的变迁，从而促使政府转变职能、转换结构、更新观念。我们处于社会主义初级阶段、工业化的中后期，加快工业化和信息化并举，既要加强行政规制，又要创新行政体制，加强行政服务功能。

二、从行政管理体制改革的总体目标看服务型政府

党的十七大提出，加快行政管理体制改革，建设服务型政府。《中共中央关于深化行政管理体制改革的意见》指出：深化行政管理体制改革的总体目标是，到2020年建立起比较完善的中国特色社会主义行政管理体制。按照建设服务政府、责任政府、法治政府和廉洁政府的要求，着力转变职能、理顺关系、优化结构、提高效能，做到权责一致、分工合理、决策科学、执行顺畅、监督有力，为全面建设小康社会提供体制保障。通过改革，实现政府职能向创造良好发展环境、提供优质公共服务、维护社会公平正义的根本转变，实现政府组织机构及人员编制向科学化、规范化、法制化的根本转变，实现行政运行机制和政府管理方式向规范有序、公开透明、便民高效的根本转变，建设人民满意的政府。今后5年，要加快政府职能转变，深化政府机构改革，加强依法行政和制度建设，为实现深化行政管理体制改革的总体目标打下坚实基础。

中国特色社会主义行政管理体制，是充满活力、富有效率、更加开放、科学发展的行政管理组织结构、运行机制、人员资源和法律制度的总和。用10多年的时间，在改革开放30年的基础上，通过40年的努力，建立一整套

新的比较完善的行政管理体制,这是我国政治体制改革系统中的宏伟工程。服务行政、责任行政、法治行政和廉洁行政从不同层面、不同角度对政府改革提出了诉求。就行政管理体制改革的核心——转变政府职能而言,建设服务型政府是基本要求。

服务型政府,既是一个历史范畴,又是一个全新概念。作为历史范畴,马克思主义经典作家早就提出社会主义国家政府的人民性、公共性命题,新中国建立人民政府的宗旨就是为人民服务。服务型政府体现我党立党为公、执政为民的根本宗旨,是体现社会主义本质和人民政府全心全意为人民服务性质的政府,这是一以贯之的。作为全新概念,服务型政府就是要建立适应科学发展观要求,坚持以人为本,将公共服务职能作为政府的主要职能,最大限度地满足人民群众物质文化需求的政府。服务型政府是传承性与开创性的统一、连续性与阶段性的统一,是政府在领导方式、工作重点与社会经济运行方式等方面相互联系、互动发展的历史必然和现实选择。

把建设服务型政府摆在突出位置,有着重要的现实意义。第一,按照科学发展观和构建社会主义和谐社会的要求,政府要更加注重社会管理和公共服务,使公共资源更多地向社会管理和公共服务倾斜。服务型政府的提法,体现了政府职能转变的根本方向。第二,公共服务是政府全方位的最基本职能,为各个政府部门、各个层级政府所共有,而其他职能则往往以某个层级、某些部门为主。服务型政府的表述,概括了我国各级政府及其部门的共有职能,强化了政府的公共属性,符合现代政府共性规律,有助于推动政府全面履行职能。第三,改进政府管理方式,就是要更好地为经济发展服务、为社会公众服务。管理要体现服务,管理要寓于服务之中,建设服务型政府,充分体现了政府管理创新的客观要求。

三、从服务型政府建设的历程看行政管理体制改革的深化

我国服务型政府建设从酝酿、起步到发展、创新,大体经过了三个阶段。

早在1979年3月30日,邓小平在党的理论工作务虚会上作的《坚持四项基本原则》重要讲话中强调:"政治学、法学、社会学以及世界政治的研

究，我们过去多年忽视了，现在也需要赶快补课。"他还实事求是地指出："我们已经承认自然科学比外国落后了，现在也应该承认社会科学的研究工作（就可比的方面说）比外国落后了。"一批专家学者大力提倡恢复研究行政管理学，为政府管理科学化服务。随着经济体制改革的展开，我国很多地方政府为了更好地为外商投资服务、为企业和社会服务，在实践中提出了加强服务的要求，建立了"外商投资服务中心"、"政府办事大厅"等"一站式"服务机构，这是服务型政府的雏形。行政管理学界很快作出回应，有学者提出了"服务行政"概念，并对此进行了理论思考和研究。从改革开放之初到20世纪90年代中期，是我国建设服务型政府的第一阶段，即酝酿、起步阶段，主要特点是通过改革，使行政管理体制适应"建立社会主义市场经济"的发展要求。政府服务意识不断增强，服务方式有所创新，服务领域得到扩大。

从20世纪90年代中期到党的十六大，是服务型政府建设的第二阶段。伴随行政管理体制改革的深入，提出了转变政府职能的要求，找到了行政审批制度改革这个突破口。伴随《行政许可法》的颁布实施，政府管理创新活动如火如荼展开，"行政审批服务中心"、"综合行政服务中心"等政府服务机构的行政功能有了大幅增加，由单项服务向全面服务转变。服务型政府建设向纵深挺进，逐步形成了向全国推进、向高层政府机关推进和在理论上取得突破的重大进展。学术界开始探索服务型政府的理论和借鉴国外经验。2002年《中国行政管理》杂志第7期发表署名文章《服务型政府——经济全球化背景下中国政府改革的目标选择》。这个阶段，重点是管理方式创新，主要特点是通过改革，使行政管理体制机制适应"完善社会主义市场经济"的要求。政务公开、电子政务、行政流程再造、绩效评估、行政问责制、服务承诺制、政府集中采购、服务代理制、首问负责制、政府服务热线电话等阳光透明政府、高效便民政府实践活动在各地广泛开展起来。

第三阶段，从党的十六大开始，服务型政府建设进入了新阶段，即大力推进、全面创新阶段。服务型政府建设从转变职能到完善体制，从管理方式创新到制度创新，从"线性"改革到"复合"改革，正在不断深入。2004年2

月和 3 月,温家宝总理先后在中央党校省部级主要领导干部"树立和落实科学发展观"专题研究班结业式上和《政府工作报告》中提出:"努力建设服务型政府",并阐述了服务型政府的内涵。2006 年 10 月,党的十六届六中全会通过的《关于构建社会主义和谐社会若干重大问题的决定》指出:"建设服务型政府,强化社会管理和公共服务职能。"2007 年 10 月,胡锦涛总书记在党的十七大报告中明确提出,"加快行政管理体制改革,建设服务型政府。"2008 年 2 月 23 日,胡锦涛总书记在主持中共中央政治局集体学习时指出,"创新行政管理体制,建设服务型政府。"学术界积极行动,配合政府改革,出现了一大批研究服务型政府的论文。2004 年,中国行政管理学会召开了 3 次关于服务型政府的全国性研讨会。2005 年 10 月 28 日,中国行政管理学会课题组在《人民日报》发表了《服务型政府:我国行政改革的目标选择》。这一阶段的主要特点是通过改革和创新,建立与社会主义市场经济、社会主义民主政治和社会主义和谐社会全面适应并起到引领助推作用的行政管理体制。

服务型政府的实质,是政府在职能和工作方式上的一次根本性转型,是对传统行政管理范式的革命性突破,是政府体制改革的基础性工程。

建设服务型政府是人类历史发展的客观要求和必然趋势,适时提出建设服务型政府的命题和任务,符合行政管理体制改革的内在规律,明确了行政管理体制改革的方向。

四、当前深化行政管理体制改革的主要任务和特点

当前行政管理体制改革、建设服务型政府的任务,归纳起来是 4 个方面。一是转变职能,实现政府职能向创造良好发展环境、提供优质公共服务、维护社会公平正义的根本转变。二是机构改革,加强公共服务部门,探索职能整合的大部门体制,实现政府机构设置向精简统一效能的根本转变。三是制度建设,推行政府绩效管理和行政问责制度,健全对行政权力的监督制度,加强公务员队伍建设,实现行政运行机制和政府管理方式向规范有序、公开透明、便民高效的根本转变。四是依法行政,维护社会公平正义,实

现政府组织机构、人员编制和工作方式向科学化、规范化、法制化的根本转变。通过改革,实现行政管理体制的创新,建设人民满意的服务型政府。

当前行政管理体制改革的特点十分鲜明:

一是制定中长期改革规划与提出近期工作任务。党的十七大提出,要制定行政管理体制改革总体方案。十七届二中全会通过的《深化行政管理体制改革的意见》是一个行政管理体制改革的规划性总体设计,是当前5年和今后7年行政管理体制改革的"顶层设计"。由党中央全会作出行政管理体制改革总体方案,提出明确的近期和中长期目标,这在党和国家的历史上是首次。改革的方案也经过了科学严谨的论证。党的十三届中央委员会及以前,是政治局会议研究政府机构改革方案后向全国人大提出建议,从十四届二中全会开始,是政府机构改革方案提交到中央全会研究后向全国人大提出建议。这次改革,国务院经过充分调查研究,反复酝酿,广泛听取包括学术界在内的各界意见,提交党的十七届二中全会讨论研究后向全国人大提出建议,经十一届全国人大一次会议讨论通过。这样做,就使行政管理体制改革的长远目标与阶段性目标相结合、全面推进与重点突破相结合、改革实践与理论相结合,处理好改革、发展、稳定的关系。

二是紧紧抓住转变政府职能这个关键。改革开放以来,我国行政管理体制经过多次改革,取得了很大成绩,突出的标志就是政府职能转变取得了积极进展。政府对微观经济的干预减少,以间接管理手段为主的宏观调控体系框架已经形成,市场体系基本建立,政府充分发挥对市场的培育、规范和监管功能,越来越重视履行社会管理和公共服务职能。政府管理经济的方式有了较大改变,依靠行政审批进行管理的模式正在转变,行政审批事项大幅度裁减,涉外经济管理与国际惯例接轨。政府决策民主化、科学化程度有了很大提高,政府按照科学发展观的要求,驾驭经济和社会全面协调可持续发展的能力得到明显提升。从总体上看,我国政府的行政管理职能与社会主义市场经济体制和社会主义民主政治的要求是相适应的。然而,由于体制惯性、思想惰性和利益刚性的原因,政府转变职能必然是一个十分艰难和长期的过程。在经济体制改革不断深入的情况下,特别是我们面临着构建社会主义和谐社会的繁重任务,对政府职能改革提出了很多新的更高的要求。当前,深化行政管理体制改革的关键,仍然是转变政府职能。要通过改革,把不该由政府管理的事项转移出去,把该由政府管理的事项切实管好,从制度上更好地发挥市场在资源配置中的基础性作用。无论是机构调整整合,还是部门职责界定,都要有利于政府全面履行职能,切实解决缺位、错位、越位和权责脱节、职能交叉、推诿扯皮、效率低下等突出问题,推动科学发展,促进社会和谐,更好地实现好、维护好、发展好人民群众的根本利益。检验行政管理体制和机构改革的成效,主要就是看政府职能是否真正转变到经济调节、市场监管、社会管理、公共服务上了。

三是确定大部制的探索思路和渐进式推进策略。把相关职能的部门进行有机整合,实行大部门体制,有助于解决职责交叉、政出多门和部门利益的问题,增强部门全局意识,扩大管理覆盖领域,提高政府整体效能。大部门体制作为政府组织形态变革的重要举措,涉及面广、难度较大,各国在推行过程中都十分慎重。我国这次通过的改革方案也采取了积极稳妥、循序渐进的策略,一方面充分发挥大部门体制对改进政府管理的作用,另一方面防止仓促行事带来负面影响。

四是明确提出建立行政决策、执行、监督三种权力相互制约又相互协调的要求。按照权责一致、分工合理、有权就有责、失职要追究、权责边界清晰的要求,逐步使政府及组成部门主要负责决策,直属行政机构主要负责执行,监督机构相对独立行使权力,解决"教练员"、"运动员"、"裁判员"集于一身的问题,形成决策科学、执行顺畅、监督有力的行政管理体制。

五、大力推进服务型政府建设的着力点

将服务型政府作为行政管理体制改革的方向和目标,就是说,行政管理体制改革要按照建设服务型政府的要求来引领。行政管理体制,是服务型政府基础性制度框架,建设服务型政府的含义和范围要比行政管理体制改革宽。建设服务型政府,既是改革行政管理体制、破除与社会主义市场经济不适应的陈规陋制的结果,又是创新行政管理体制、建立与发展社会主义民

主、构建社会主义和谐社会相适应的新体制机制的过程;既要坚持以转变政府职能、全面履行政府职能为主要内容,又要革新观念、健全行政法制体系、优化组织结构和运行方式;既要加大政府公共服务的力度,向社会提供更多的公共产品,又要实现公共管理方式创新,加强公务员队伍建设、思想建设和作风建设。

——建设服务型政府的基本任务是,建立适合我国国情、惠及全民、公平公正、水平适度、可持续发展的政府公共服务体系。①

——建设服务型政府的工作重点是,提高政府为经济社会又好又快发展服务的能力,以促进经济增长、居民就业、物价水平、国际收支平衡 4 项重点指标衡量政府经济工作,全面履行经济调节、市场监管、社会管理、公共服务 4 项职能。

——建设服务型政府的财政保障是,改革和完善财政体制,明确中央和地方各级政府的公共服务职责,在完善政府组织结构和体制机制的过程中,建立适应服务型政府要求的公共财政体制,加大对公共服务的财政投入,逐步使公共服务支出成为财政支出的主体。

——建设服务型政府的机制体系是,创新公共管理和服务方式,形成适应服务型政府建设要求的公共服务多元供给主体。提高社会管理水平,健全政府行政管理与社会组织、企业、公民互动的社会管理体系和应急管理机制。

——建设服务型政府的评价体系是,以科学合理的评估指标体系为导向,建立健全多方参与的政府绩效管理制度。探索建立绩效预算制度。健全以行政首长为重点的行政问责制度,明确问责范围,规范问责程序,加大责任追究力度,提高政府执行力和公信力。

——建设服务型政府的基础工程是,加大政务公开的力度,加强电子政务建设,促进廉政建设和行政业务建设。在政府行政流程再造中,设计制度

① 《关于深化行政管理体制改革的意见》(2008 年 2 月 27 日中国共产党第十七届中央委员会第二次全体会议通过,《人民日报》2008 年 3 月 4 日。)

化的依法行政机制、信息公开机制、行政审批机制、信息化管理机制。

——建设服务型政府的理论支撑是，深入研究中国特色社会主义行政管理理论体系，加强对建设服务型政府的实践探索和理论研究，深入分析新情况、新问题，及时总结实践经验，认真借鉴国外有益做法，为建设服务型政府提供思想引导和理论支撑。建设学习型政府是建设服务型政府的前提。要加强公务员教育培训，为建设服务型政府培养高素质队伍。

六、解放思想是建设服务型政府的法宝

从党的十一届三中全会开启改革开放航程以来，我们就靠解放思想，不断跨越因循守旧的思想藩篱，冲破"左"的阴霾，逐步建立与全面建设小康社会相适应的行政管理体制。

我国的行政管理体制模式源于前苏联，政府职能是按照计划经济的要求设计的，内容庞杂、范围宽泛、权力边界不清晰，政治、经济、文化、社会事务各个方面都涉足，管理结构不合理，以微观管理为主，管理方式简单化，以行政审批为主。这种体制，在国民经济恢复时期和建设初期发挥了一定的积极作用，但随着社会主义建设的发展，越来越显示出僵化和滞后性。在改革开放以前，党和政府对行政管理体制进行过多次改革和调整，但总体上未发生变化，仍然维持着高度集中、过度管制、单一手段、全面干预的格局。在构建社会主义市场经济体制的进程中，经济基础对上层建筑提出了改革的要求，行政管理体制特别是政府职能不能适应经济社会发展，政企不分、政事不分，问题越来越突出。一方面使政府机构和人员不断膨胀，行政成本大幅提高，效率降低；另一方面又使市场缺乏竞争主体，社会缺乏活力。从20世纪80年代初开始，全国范围内进行了5次行政管理体制改革，按照经济体制改革逐步深入的要求，对政府职能进行重新认识、重新定位，让政府管理那些社会需要而其自身管不了或无人管的公共事务，企业、事业单位、社会组织的事务则由他们根据国家法律和行业规定自主处理。但是，伴随着行政管理体制改革进程，各种各样的认识问题始终困扰着人们。有人担心，这样做会不会削弱了社会主义集中力量办大事的能力？会不会导致政府威

信的降低? 会不会影响社会稳定?

这些认识问题不解决,改革难以深化。

在行政管理体制上,既存在着理论上的模糊,更存在着实践上的困惑。

就理论而言,早在 1842 年,恩格斯在《论权威》一文中就深刻指出:"集权是国家的本质、国家的生命基础……只要存在着国家,每个国家就会有自己的中央,每个公民只是因为有集权才履行自己的公民职责。在这种情况下,即在集权的条件下,公共管理完全可以放手,甚至必须放手,一切和单个公民或团体有关的事情在一个中心,既然这里的一切都是汇集在一个点上,那么,……涉及这个或那个个人的事情则不在内。"①邓小平同志多次强调,要改革党和国家领导制度,把政府不该管、管不好、管不了的事情,交出去,交给社会自己管理。这些都是说,政府对公共事务不能也没有必要事无巨细、无所不管,该由什么主体管理的事情,交给他们自己管理,从国家公共权力分配的理论意义上讲,是合理的,是完全行得通的,也是必须坚持的。

就实践而言,以前政府工作人员分不清哪些事务该政府管,哪些事务不该管,他们沿用传统的管理方式,除上级明文规定不管的事务外,所有社会事务都要管。这样做的结果,往往是该管的事情没有管好,不该管的事情又管得过多,造成资源配置浪费、权力过分集中等许多弊端,强化了"权力崇拜"的落后理念和"官本位"的封建思想,难以树立政府的服务观念,阻碍了人民群众的积极性和创造力的发挥。

因此,构建充满活力、富有效率、更加开放、有利于科学发展的行政管理体制机制,是时代的必然要求。只有解放思想、与时俱进、更新观念、才能为行政管理体制改革提供思想先导。政府要实现职能转变,首先要转变公务人员思想观念,全面清理和克服计划经济体制的影响,按照社会主义市场经济体制要求,重新找准政府的位置,在制定政策、实施管理、进行决策和执行中,切实体现市场原则、平等原则、竞争原则、开放原则、透明原则等,转变思想和作风,才能适应社会发展需要,正确发挥政府功能,提高行政效率和服

---

① 《马克思恩格斯全集》第 3 卷,人民出版社 1972 年版,第 219 页。

务水平。

政府是"从社会中分化出来的公共的政治机构"①,行政和公众存在着须臾不可分离的关系。社会公共利益的存在是政府产生的基本前提,社会公共利益发展和变化则是政府改革的根本动力。行政管理体制改革是对社会诉求的回应,当代我国建设服务型政府的轨迹正是社会变迁的折射。通过行政管理体制改革,我们已经从"没有市场建市场",到"不找市场找市长",进展到现在的"既找市长又找市场",再发展到下一步"不找市长找市场"、"少找政府多找社会"、"政府服务市场、服务社会"。这是一条历史的必由之路。

①《列宁选集》第4卷,人民出版社1995年版,第45页。

第一章 服务型政府的
提出与实践进程

　　我国在新世纪提出建设服务型政府,既是时代的要求,也是全心全意为人民服务宗旨的体现,是科学发展观在政府行政改革方面的具体落实。新时期建设服务型政府,就是要坚持以人为本,提高政府的服务水平,突出政府的公共服务职能,扩大公共服务的覆盖范围,实现经济发展和社会公正的基本目标,为我国全面建设小康社会和最终实现社会主义现代化提供保障。

第一节 服务型政府的起步和推进

一、服务型政府建设的背景

　　我国服务型政府建设的进程起步较晚,但在国际公共行政改革浪潮的推动下也逐渐形成了中国特色的公共服务模式,随着我国行政管理体制改革的进一步深化,经济发展水平的提高,公共服务的质量也会相应的提高,范围不断扩大,方式不断创新,既有对国外公共服务理论和实践经验的借鉴,也有对当代国情和中国传统思想精髓的吸收。

(一)国际背景

　　国外现代公共服务体系的建立主要是以对社会性公共服务为切入点。二战后,英国开始了福利国家的建设,通过贝弗里奇报告扩大了社会保障的覆盖面,初步形成了福利国家的模式,其他国家纷纷效仿。20 世纪 70 年代,西方发达国家进入经济发展的滞涨阶段,面临失业率居高不下、经济萧条、通货膨胀严重、生产停滞的经济危机,以凯恩斯主义为代表的国家干预理论遭受了越来越多的质疑,而新自由主义积极倡导减少国家对经济的干预,给市场充分的自由发展空间,从而掀起了政府改革的高潮。各国致力于削减和转变政府职能、降低行政成本、提高行政效率,以求解除官僚制下产生的各种行政行为的弊端,比如机构臃肿、层级过多、效率低下等等。

1. 经济全球化浪潮。经济全球化是指贸易、投资、金融、生产等活动的全球化,即生存要素在全球范围内的最佳配置。从根源上说是生产力和国际分工的高度发展,要求进一步跨越民族和国家疆界的产物。进入 21 世纪以来,经济全球化与跨国公司的深入发展,既给世界贸易带来了重大的推动力,同时也给各国经贸带来了诸多不确定因素,使其出现许多新的特点和新的矛盾。

经济的全球化促使资源在全球范围内的重新配置,主要表现为国际间分工协作的程度不断提高,这一系列变化对我国的经济体制提出了更高的要求。面对全球化大趋势的挑战,我国政府应以积极的姿态主动投入到全球化竞争的浪潮中,充分利用全球化所带来的机遇,比如资金、人才、技术和管理经验的高流动性等,将竞争的压力转化为我国经济发展的动力,同时通过内部良好制度的建立为社会主义市场经济的发展提供良好的经济秩序和法制保障,减少不平等现象的发生,积极准备以应对国外经济风险对国内经济社会所带来的不稳定性。总的看来,国际局势的演变和经济全球化的冲击对我国政府的角色定位和职能转变提出了新的要求,旧的政治、经济体制已经不能适应当今世界的高速信息化、知识全球化、服务社会化、需求多元化、产业科技化的要求,公共服务的滞后必然会导致机遇的丧失,造成人才的外流和经济发展速度的滞后。鉴于此,政府这个公共服务的核心主体必须积极扭转工作思路、转变政府职能、明确角色定位,以全球化的战略眼光积极进行公共服务体系的设计和改革,结合国内外政治经济环境的变化,在积极推进经济体制改革的同时,加大政治体制改革和社会公共服务体系建设的力度,高效而有力地回应全球化背景下社会对政府的新需求,打造有限政府、责任政府、法治政府、回应政府、廉洁政府的新时代政府形象。

2.国际行政改革浪潮。20 世纪 80 年代以来,经济全球化、信息化、市场化以及知识经济有力地推动了西方各国公共部门管理尤其是政府管理改革时代的到来。无论是英美、欧洲大陆国家,还是在南半球的澳大利亚、新西兰,都相继掀起了政府改革的新一轮浪潮。同时在转轨国家、新兴工业化国家和大部分发展中国家也出现了同样的改革趋势。尽管西方各国政府改革的战略、策略以及改革的规模、力度等有所不同,但都具有一个相同或相似的基本取向,这就是以采用企业管理的理论、方法及技术,引入以市场竞争机制为基础,提高公共管理水平及公共服务质量为特征的"管理主义"或"新公共管理",开拓出一种"新公共管理"的实践模式,成为当代西方政府改革的最基本的价值取向。西方国家的革新浪潮和改革实践对我国的政府管理的理论和实践都产生了不容忽视的推动作用。

政府行政效率问题一直是困扰着政府管理的理论家和实践者们的难题。20 世纪 80 年代,西方主要发达国家开始应用新公共管理的理论进行"政府再造",针对之前长时间内"官僚制"模式下产生的政府种种低效弊端,强调市场导向和结果导向,强调根据效果进行投资,通过将竞争机制和其他商业管理手段引入政府,建立"企业家"型政府,提高行政效率是直接目标,最终期望塑造一个有限政府和责任政府,为提高市场经济发展的自由度维持良好的秩序并提供相应的高质量的公共服务。发展到后来,逐渐形成了强调公共管理参与主体的多元化和网络化的治理理论,注重通过公民社会的培育和发展实现公共服务供给的多元化,该理论指出企事业单位和个体同样可以提供公共服务,同时也是一种公共服务提供的市场化诉求。从改革结果来看,凡是进行行政改革的国家都取得了不同程度的进步,在行政效率方面、公共服务水平上都有很大程度的提高,但也有很多不足,比如,克林顿政府时期的医疗改革最后就不了了之。

我国的经济体制和文化背景等因素决定了不可能照搬西方改革模式,公共服务市场化和主体多元化的供给模式还有待进一步完善。在国际社会进行轰轰烈烈的改革的同时,我国一些地方政府也有不少提高政府公共服务供给水平的有益探索,其中不乏公共服务市场化的成功尝试,可以看出,国际行政改革的大潮对行政管理体制改革的深化和我国政府职能转变都产生了重大而积极的影响。

(二)国内背景

1. 我国行政形态的演进。马克思将政府职能划分为政治统治职能和社会管理职能,而国家在漫长的历史演进过程中由于阶级性质和社会环境的差异表现出不同的政府职能重点,根据政府职能侧重的不同,我们可将政府施政形态分为管制型政府和服务型政府。从西方政府的演变来看也基本符合这一形态划分。

从历史的角度看,我国服务型政府的发展经历了权威行政、技能行政和智能行政三个阶段。农业经济时代表现出权威行政的形态特征,自然经济条件下,政府为了适应这种需要,实行家长制和家族式的管理,皇权至高无上的权威是其管理的主要手段,政治统治职能占绝对主导,是一种统治行政模式;工业经济时代以大机器生产为主,实行规制化管理,组织结构是金字塔式的科层制,行政管理主要依靠技术官僚的专业知识,官员个人的写作、沟通、协调技巧和政府机关执行公务的效能是重要的资源,以行政主导化为管理方式,是一种技能行政形态,也是一种管理行政模式;而知识经济的到来使得政府由技能行政向智能行政转变,知识经济时代人们的素质普遍得到提高,对权利和民主的要求更为强烈,渴望参与到决策中去,民主化的呼声越来越高,政府作为公共服务的提供主体必须进行体制上的转变才能适应时代发展的要求,管理手段的创新和提高,行政人员素质的提高和行政道德的规范,依法行政的推进,政府服务流程的改进和政府职能重点的转变都势在必行。

2. 我国服务行政的产生与发展。

(1)改革的展开阶段(1978～1988年),改革的内容以权力的下放为重点,主要体现在扩大国有企业的自主权,农业的放权让利,实行中央与省、自治区两级财政新体制等领域。这一阶段始于改革开放方针提出后经济体制改革的推行,1978年召开的十一届三中全会批判了"两个凡是",确定了解放思想、实事求是、团结一致向前看的指导方针,作出了把工作重点转移到社会主义现代化建设上来的重大战略决策,并且指出了经济体制改革的方向。经济体制改革之初表现为放权让利调动积极性,邓小平同志称之为"经济民主",并提出了允许一部分人"收入先多一些,生活先好起来"的经济政策,首次以利益驱动而非"革命精神"作为经济发展的推动力,以承认差距的方法来激励进取,增加财富总量,达到最终惠及全体的目标。

在机构改革方面,1982 年开始的机构改革历时三年,对政府机构从机关数量到人员编制上进行了大幅削减,国务院部委、直属机构、办事机构从100 个减为 61 个,省、自治区政府工作部门从 50~60 个减少为 30~40 个,县政府部门从 40 多个减少到 25 个;人员编制方面,国务院从原来的 5.1 万人减少到 3 万人,省、自治区、直辖市党政机关人员从 18 万减少到 12 万,县市机关人员约减少 20%。本次机构改革主要是解决机构臃肿、人浮于事、效率低下的问题,针对计划经济条件下政府权力高度集中的体制弊端,学术界和政府提出了"转变政府职能"的政策目标。

在政府职能方面,1984 年 10 月,中共十二届三中全会通过关于经济体制改革的决定,标志着中国改革总体思路的一次重大突破,从批判"社会主义商品经济论"转到肯定社会主义经济是"有计划的商品经济",《中共中央关于经济体制改革的决议》提出政府要"实行政企职责分开,正确发挥政府管理经济的职能",这是中央文件中首次提出转变政府职能。①

此外,1986 年 7 月 12 日国务院作出改革劳动制度的规定:一是在新招工人中普遍实行劳动合同制;二是招工必须面向社会,公开招收、择优录用,废除"子女顶替"制度和内招职工子女的办法;三是给企业以辞退违纪职工的权力;四是建立职工待业保险和养老保险制度。改革开放后中国进入了以经济建设为中心的新时期,中国的社会保障制度开始恢复和重建,到 20世纪 80 年代中期,形成了以企业为主体的社会保障系统。由企业负责资金的筹集、发放和管理,属典型的受益基准制,保障水平较高,其覆盖面主要是

---

① 黄庆杰:《20 世纪 90 年代以来政府职能转变述评》,《北京行政学院学报》2003 年第 1 期,第 34—39 页。

国有企业。1991 年全国 96% 的市县实行了养老保险统筹,标志着社会保障制度改革进入了实质性阶段,建立三级保险制度,但是尚存在的问题是它仍是现收现付制,给付标准未变,覆盖面仍是国有企业职工,社会化程度低,体制内抚养率高的问题没有解决。

1988 年的改革开始与政府职能转变联系起来,目标是理顺关系、转变职能、精简机构、提高效率,并着手建立公务员制度。

(2)改革的调整和深化阶段(1989～2001 年),这一阶段的改革以建立和适应市场经济为主要内容。

第一,经济调节职能的运用。1992 年党的十四大召开,提出建立社会主义市场经济体制的改革目标,1993 年十四届三中全会通过了《中共中央关于建立社会主义市场经济体制若干问题的决定》(以下简称《决定》),《决定》强调"进一步转换国有企业经营机制,建立适应市场经济要求,产权清晰、权责明确、政企分开、管理科学的现代企业制度;建立全国统一开放的市场体系,实现城乡市场紧密结合,国内市场与国际市场相互衔接,促进资源的优化配置;转变政府管理经济的职能,建立以间接手段为主的完善的宏观调控体系,保证国民经济的健康运行;建立以按劳分配为主体,效率优先、兼顾公平的收入分配制度,鼓励一部分地区一部分人先富起来,走共同富裕的道路;建立多层次的社会保障制度,为城乡居民提供同我国国情相适应的社会保障,促进经济发展和社会稳定。这些主要环节是相互联系和相互制约的有机整体,构成社会主义市场经济体制的基本框架。必须围绕这些主要环节,建立相应的法律体系,采取切实措施,积极而有步骤地全面推进改革,促进社会生产力的发展"。此外还提出发展市场中介组织,注重中介组织自律性运行机制的培育,加强政府的监督和管理,加强对市场的监管职能。提出转变政府职能改革政府机构,是建立社会主义市场经济体制的迫切要求,表明我国在深入进行经济体制改革的同时注重政治体制改革的配套跟进,尽管政治体制改革是一项长期的任务,但政府职能的理性转变及管理和服务职能的强化将极大促进社会主义市场经济体制的建立和完善,对良序市场秩序的产生和维护起到重要的保障作用。

1997 年党的十五大继续重申了转变政府职能的重要性,指出要"按照市场经济发展的要求,转变政府职能,实现政企分开,把生产经营的权力切实交给企业",政企关系继续调整,国企改革进入制度创新的新阶段。1999年党的十五届四中全会提出国家要"有所为有所不为",开始调整国有经济布局,国有经济从竞争性行撤出,扶持中小企业发展,以承包、租赁、委托经营、兼并、收购等多种形式进行。国有企业的运行机制也进行了市场化的创新,政府向国有企业和金融机构派驻监事会和特派稽查员以及向资产经营机构和大企业授权经营国有资产等措施,实现国有资产的保值和增值。通过这系列改革,政企关系的调整出现了新形势,政府更加注重监管职能的应用。

第二,市场监管职能的发展。政府在建立社会主义市场经济体制的同时注重对市场的培育,以法律法规的形式维护市场的运行秩序,调整和市场的关系,积极培育社会中介组织,并将一部分职能向中介组织转移。市场体系包括商品市场和要素市场,中国政府在这一阶段中,不断发展商品市场,同时在此基础上逐步培育生产要素市场,如生产资料市场、金融市场、技术市场和信息市场等,努力建设统一开放、竞争有序的市场体系。市场经济必须在规则之下运行,因此,政府必须为市场提供法律、法规和其他规则,保障市场经济按照自由、公平的原则运行。从 1993 年开始,我国市场经济法律体系的框架逐步形成,包括宪法、法律、行政法规、地方性法规和部委规章等一整套规范体系。通过法律对市场主体行为进行规范,调整市场主体关系,维护公平竞争的环境,加强宏观调控,促进经济协调发展。政府在规范、监督市场主体、市场组织形式和市场交易形式等方面,逐步走上法制化轨道。

第三,社会管理和公共服务职能的发展。在政府与社会方面,中国政府面临人口、资源、环境和社会保障的压力,制定和实施可持续发展和科教兴国战略,在进行科教文卫事业单位改革、普及义务教育、扫除青壮年文盲和改革高等教育体制等方面取得明显成效。在社会保障建设方面,逐步建立与市场经济相适应的包括养老、医疗、失业保险等在内的社会保障体系。20世纪 80 年代中期,形成了以企业为主体的社会保障系统。1991 年全国

96%的市县实行了养老保险统筹,标志着社会保障制度改革进入了实质性阶段,建立三级保险制度。① 1998 年在国家体制改革中成立了劳动和社会保障部,统一管理劳动保护和社会保险事务,社会救济、社会福利、优抚安置、社会互助等仍由民政部门管理。目前的社会保障模式尽管名义上是个人账户制度,但其实质依然是现收现付制度。随着我国经济改革与发展的不断推进,迫切需要社会保障模式的与时俱进,需要以企业集团为突破口推进个人账户模式,需要建立高效率的、市场化的社会保障资金的管理和运作机制。总之,要从建立系统的社会保障法律法规,规范基金的管理和运营,建立健全社会保障的监督机制,并强调尽快培养社会保障管理人才几个方面出发,逐步向由基本养老保险、强制性的个人账户和自愿的个人账户等三大支柱组成的社会保障制度转变。

第四,政府机构改革及职能转变。通过 1993 年和 1998 年两次机构改革,政府自身改革取得了一定成就。其中 1993 年机构改革提出转变职能的根本途径是政企分开,把属于企业的权力放给企业,减少具体审批事务和对企业的直接管理。宏观调控部门加强宏观调控,做好国民经济发展战略、发展规划和经济总量的平衡,制定产业政策培育发展市场。专门经济部门发挥规划、协调、服务和监督职能。经过精简,国务院组成部门设置 41 个(含国务院办公厅),直属机构 3 个,办事机构 5 个,共设置 49 个。国务院非常设机构也进行了大幅度裁减,由 85 个减少到 26 个。1998 年机构改革同样强调转变政府职能,实行政企分开,较大幅度调整和精简机构和人员编制。重点是加强综合经济部门和执法监督部门,把国务院综合经济部门改组成宏观调控部门,国家发展计划委员会、国家经贸委、财政部、中国人民银行共同承担宏观调控职能,撤销大量专业经济部门,使其成为国家经贸委管理的国家局,如国家国内贸易局、国家煤炭工业局、国家机械工业局等,它们不再直接管理企业。发展社会中介组织,把大量社会事务交给社会中介组织承

---

① 金凤伟:《中国社会保障的历史沿革和社会模式初探》,《辽宁行政学院学报》2003 年第 5 期,第 46、47 页。

担。机构改革后,国务院组成部门从 40 个减少到 29 个,部门内设机构精简了 1/4,移交给企业、社会中介机构和地方的职能 200 多项,人员编制减少了一半。很显然,这两次机构改革都以转变政府职能、实现政企分开、精简机构和编制为主要目标。

(三) 加入 WTO 的推动

2001 年,我国正式加入世界贸易组织,对于中国的政府管理现代化提出了新的要求,推动了政府机构改革的步伐。加入 WTO 后我国政府管理现代化建设的总体目标就应该是:建立适应市场经济需要的廉洁高效、运作协调、行为规范的行政管理体制,提高管理和服务水平;按照建设廉洁、勤政、务实、高效政府的要求,精简行政机构,合理划分部门职能,使决策、执行、监督分开,权力与利益脱钩;建立结构合理、配置科学、程序严密、制约有效的行政权力运行机制,保证权力沿着制度化和法制化的轨道运行。[①]

加入世界贸易组织以来,中国政府不仅出色的履行了承诺,还以积极良好的姿态应对了经济全球化带来的挑战,在政府机构的自我调整和改革中,不断转变职能重点,在政府与市场、政府与企业、政府与社会、政府自身变革的关系调整中也塑造了新的政府形象。入世是机遇和挑战并存的选择,我国在入世后既成功应对了挑战也努力抓住了发展的机遇。

——在政府与市场的关系上,政府继续培育商品市场和生产要素市场。2001 年开始,政府大力整治市场经济秩序,打击各种违法乱纪、不守信用、制假贩假、偷税漏税等扰乱市场秩序的行为。同时,根据 WTO 的原则和要求,中国政府及其职能部门掀起了一场“变法”运动,修改、废除与 WTO 协议不符合的法律、法规,将许多职能交由市场完成。2001 年 9 月,各部委共清理法律法规 2200 多项,2/3(1413 项)是外经贸系统的,其中要修改的有 116 项,要废除的有 573 项,需要重新制订的有 26 项。[②]

——在政府与企业的关系上,政府继续推行“抓大放小”政策,实行小企

---

① 郭济:《入世后中国政府管理的现代化》,《中国行政管理》2002 年第 10 期,第 3、4 页。
② 靳丽萍、张文豪:《中国变法》,《财经》2001 年 11 月号,第 25 页。

业"非国有化",大企业大集团化,推进国有经济布局和国有企业的战略性调整。政府尝试通过新的国有资产监管和运营体制,建立企业内部的激励和约束机制(如大企业的股份制改造,国有企业上市),实现国有资产的保值和增值。在 2001 年,政府通过"债转股"等方式实现了朱镕基提出的国有企业"三年脱困"的目标。政府逐步取消对民营私企在投资贷款方面的"非国民待遇"。对于带有自然垄断性质的国有企业,政府采取"渐进改革"的策略,也正在逐步引入市场竞争性。

——在政府与社会的关系上,行政审批制度改革是调整政府与企业、市场和社会关系,转变政府职能的重要举措。行政审批制度形成于计划经济时代,原有的行政审批不仅项目过多过滥、程序不透明,而且对需审批的企业实行"差别待遇",行政审批收费极其泛滥,导致了寻租和腐败的加剧。在这个阶段,中国政府着手大力改革行政审批制度。2001 年国务院召开行政审批制度改革会议,其后,各省、自治区、直辖市都相继推行了此项改革。到 2002 年 11 月,国务院及其职能部门取消了 789 项行政审批项目,涉及 56个部门和单位。其中,涉及经济管理事务的有 560 项,涉及社会管理事务的有 167 项,涉及行政管理事务及其他方面事务的有 62 项。

——在政府机构改革和职能转变上,按照建立符合市场经济行政管理体制的要求,巩固 1998 年的机构改革成果,推进地方政府机构改革。2001年 2 月,中央政府撤销了国家经贸委管的 9 个国家局:国家国内贸易局、国家煤炭工业局、国家机械工业局、国家冶金工业局、国家石油和化学工业局、国家轻工业局、国家纺织工业局、国家建筑材料工业局、国家有色金属工业局,将它们的行政管理职能并入国家经贸委。2001 年,为了加强对市场秩序的管理和适应加入 WTO 的需要,国家环保总局、质量监督检验检疫总局、国家工商总局、新闻出版总署从副部级单位升格为正部级单位,外经贸部也设立了公平贸易司等与 WTO 相关的司局。从 2000 年开始,地方政府机构得以推进,地方政府管理经济社会的职能进一步转变。2002 年,党的十六大报告中第一次将我国政府职能明确界定为"经济调节,市场监管,社会管理和公共服务"。

(四) SARS 危机的催化

2003 年,出现了全国范围内的 SARS 疫情,逐步演化成一场严重威胁公共卫生安全的危机,中央政府高度重视,党中央、国务院直接领导非典防治工作。4 月 23 日,成立了由国务院副总理吴仪任总指挥的防治非典型肺炎指挥部,统一指挥全国防治非典工作。4 月 26 日,十届全国人大常委会第二次会议决定免去张文康的卫生部部长职务,任命国务院副总理吴仪为卫生部部长(兼)。各地有数量不等的地方政府因防治"非典"不力受到严厉的查处。在立法方面,国务院很快发布了《突发公共卫生事件应急条例》,国务院有关部门也已经开始运作《政务信息公开条例》。4 月 10 日,卫生部研究决定,将非典型肺炎列入《中华人民共和国传染病防治法》中,以法定传染病进行管理。这些立法措施的施行对于控制 SARS 疫情起到了很好的作用。SARS 危机警示我国政府应加快在应对各类突发性事件方面的立法进程,实现危机管理的常规化和法制化。"非典"这一公共卫生危机不仅给我国的经济建设和社会生活秩序带来了极大的影响,而且也是对政府的施政理念、施政能力、施政水平、管理体制及管理手段和方式等的一次全面挑战。"非典"危机以及政府和社会的紧急应对过程,暴露了政府治道方面的一系列问题,同时也促成了政府在治道方面的一系列变化。[1]

SARS 危机的突如其来对我国公共卫生体系造成了巨大的冲击,也是对我国政府管理的严峻挑战,抗击"非典"工作虽然结束了,但由此引发的对我国现行政府危机管理体系和公共服务体系的考量并没有结束,此次危机的发生也为我国政府职能转变提供了经验。

1. 危机管理的薄弱。从"非典"防治工作暴露出来的问题看,我国处理突发公共卫生事件的应急处理机制还不够健全,在应急处理工作中还存在着信息不准、反应不快、应急准备不足等问题。这次 SARS 事件提醒我们,在未来的风险社会中如何建立更加有效的"危机处理机制",以应付各种突

---

[1] 张雷:《从 SARS 危机透视政府职能转变的迫切性》,《东北大学学报》(社会科学版)2003 年第 5 期,第 358、359、360 页。

发事件。其中包括增强政府的风险意识,建立有效的社会组织网络,增强政府应付突发事件的技术和资源调动能力以及预设危机处理机制和各种具体的预案,等等。因此,一个有效的危机管理系统是政府能否成功应对公共危机的关键。

2.公共卫生服务体系的投资。SARS危机给我国的财政投资结构提出了警示,长久以来,我国对于公共服务的投资占财政总投资的比重很小。而相比之下,美国1980年的社会福利费用就占政府全部支出的56.8%,占全部国民生产总值近1/5。SARS危机说明,要有效地预防各类突发性事件,政府必须加大公共风险性的财政支出比例。2008年,胡锦涛总书记在中共中央政治局第四次集体学习中也对财政投资提出了新的要求,指出要完善公共财政体系,调整财政收支结构,扩大公共服务覆盖范围,把更多财政资金投向公共服务领域,把更多公共资源投向公共服务薄弱的农村、基层、欠发达地区和困难群众,增强基层政府提供公共服务的能力。

3.政府信息公开的重要性。这次SARS危机警示我们,在突发性公共事件中,瞒报、谎报、误报比任何行为都更可怕,比任何行为可能造成的损害都要大。SARS危机之初由于信息的不公开和个别官员的不负责任的表现,造成疫情的大面积扩散传播,对人民的生命健康安全造成了难以弥补的损害。鉴于此,2007年1月,我国通过了《中华人民共和国政府信息公开条例》,为公民政治参与和加大政府透明度提供了重要保障,完善了对政府行为的监督机制,这标志着政府行政理念的重要转变。

"非典"过后,我国政府在经受灾难的同时也得到了历练,努力建设更好适应经济和社会发展的科学的现代化的行政管理体制,并在政府职能转变上加大力度,积极建设服务型政府。继2002年十六大报告中提出将政府职能界定为"经济调节、市场监管、社会管理和公共服务"后,2004年2月1日,温家宝总理在中央党校的一个讲话中号召,"要建设服务型的政府"。2004年2月21日,温家宝总理在中央党校省部级主要领导干部"树立和落实科学发展观"专题研究班结业式的讲话中,第一次鲜明的提出要"努力建设服务型政府"的要求。温家宝总理在报告中提出的"三公共一公众"对政府公共服务的范围进行了界定,即公共服务的范围和内容是提供公共设施、发展公共事业、发布公共信息;公共服务的目的和导向,是为社会公众生活和参与社会经济、政治、文化活动提供保障和创造条件。① 2006 年,党的十六届六中全会通过了《中共中央关于构建社会主义和谐社会若干重大问题的决定》(以下简称《决定》),《决定》中提出要"逐步实现基本公共服务均等化";2007 年的两会期间,各地代表和委员热烈讨论"民生"问题;2007 年10 月,党的十七大报告提出"要加快推进以改善民生为重点的社会建设",②这充分表明了政府和社会对公共服务关注度的显著提高。

近年来,我国向着服务型政府的目标踏实迈进,在政策制度、法律法规、行政程序、社会保障等方面都进行了创新和改革,取得了一定的进步。各地在经济发展中也积极建设服务型政府,注重行政人员公共意识的培养,学界也在呼吁公共精神的回归,社会中介组织蓬勃发展,展现出新的改革形势。

(五)党十七大明确提出建设服务型政府

党的十七大报告明确提出了新时期我国行政管理体制改革的目标、重点和主要任务,提出要"加快行政管理体制改革,建设服务型政府",通过对十七大报告的部分解读,可以充分体现党对于建设和谐社会的重视,对于建设服务型政府的努力。十七大报告将生态文明与社会主义物质文明、精神文明、政治文明一起作为和谐社会建设的重要内容。生态文明是人类对传统工业文明进行理性反思的产物,"生态文明"写入十七大报告,充分体现了生态文明对中华民族生存发展的重要意义,实际上是建设和谐社会理念在生态与经济发展方面的升华。"创造条件让更多群众拥有财产性收入",即国家要采取各种措施,让老百姓运用手中的财富获得更多的收入。这一新词汇昭示了我党"藏富于民"的治国理念,彰显了社会的文明进步。"民主"一词在十七大报告中出现了 60 多次,提出"人民民主是社会主义的生命"。这些新提法新亮点都充分展现了党对民主和公平的重视,而这正是服

---

① 温家宝:《提高认识统一思想牢固树立和认真落实科学发展观》,《人民日报》2004 年 3 月 1日。

② 孙晓莉:《中外公共服务体制比较》,国家行政学院出版社 2007 年版,第 1 页。

务型政府的核心理念之一。在全面建设小康社会的新阶段,政府职能转变依然是深化行政管理体制改革的重点。政府职能转变的重点则是强化公共服务职能,实现公共服务体制和经济体制的良序互动,进一步强化公共服务职能,促进经济社会的全面协调发展。我国强化公共服务职能的目标是建立符合中国国情的公共服务制度和模式,实现公共服务的制度化、公共化、公正化和社会化。服务性政府成为我国现阶段政府的目标模式,要实现这一目标,当务之急是从转变理念、完善体制、培育主体、创新机制、和手段等方面做出努力。①

2008 年 2 月 23 日,中共中央总书记胡锦涛主持中共中央政治局第四次集体学习。他强调,建设服务型政府,是坚持党的全心全意为人民服务宗旨的根本要求,是深入贯彻落实科学发展观、构建社会主义和谐社会的必然要求,也是加快行政管理体制改革、加强政府自身建设的重要任务。要在经济发展的基础上,不断扩大公共服务,逐步形成惠及全民、公平公正、水平适度、可持续发展的公共服务体系,切实提高为经济社会发展服务、为人民服务的能力和水平,更好地推动科学发展、促进社会和谐,更好地实现发展为了人民、发展依靠人民、发展成果由人民共享。胡锦涛总书记还强调建设服务型政府首先要创新行政管理体制,并优化政府组织机构,同时加强法治政府的建设,在服务中实现管理,在管理中体现服务,要求各级政府增强建设服务型政府的紧迫感和责任感,并及时总结经验,认真借鉴国外有益的经验,促进服务型政府建设。

二、服务型政府建设的有益探索

从 20 世纪 90 年代中后期开始,中国各地方政府与经济体制改革相配套进行行政体制改革,通过政府管理方式创新,实现政府管理规范化,更好地为经济发展和经济体制改革服务,提出了"服务行政"和建设"服务型政府"的概念。

---

① 高小平:《政府生态管理》,国家行政学院出版社 2007 年版,第 54 页。

珠海市服务型政府的探索：珠海市是在开展了为期 3 年的以"高效率办事、高质量服务、让人民群众满意"为内容的机关作风建设的基础上，提出全面建设公共服务型政府的。珠海将"万人评政府"活动作为建设公共服务型政府的突破口，突出抓好窗口服务和现场服务。同时，充分发挥新闻舆论的监督和引导作用，营造新型机关文化，逐步形成为全体机关干部和广大人民群众所共同认可并自觉履行的价值观和行为规范。

成都市服务型政府的探索：成都市政府在充分调研、专家论证、部门试点的基础上，率先提出全面建设规范化公共服务型政府。2000 年 5 月以来，成都市委、市政府推进了行政审批制度改革、投融资体制改革和机构改革；2001 年底正式委托四川大学课题组设计总体方案，提出了建设"规范化服务型政府"的构想；2002 年 8 月市政府确定在市工商局、公安局和市政公用局开展试点、探索经验。在此基础上，成都市委市政府于 2003 年 10 月出台了《关于全面推进规范化服务型政府建设工作的意见》及 8 个配套文件，至此，成都市政府全面铺开规范化服务型政府建设工作。成都市积极探索，把改进公共决策机制，建立公共决策的调查制度、公示制度、专家咨询论证制度和优化政府服务流程，引进全面品质管理的理念，通过制定系统化的政府服务标准，提高服务品质作为改革的重点和切入点。用制度的形式把政府服务的内容予以明确，这对公共服务型政府理论建设具有积极意义。

大连市服务型政府的探索：2001 年 10 月，大连市政府制定了《大连市人民政府关于建设服务型政府的意见》（大政发［2001］69 号），以转变职能、加强服务和提高效率为主要目标，提出从 10 个方面推进让市民满意的服务型政府建设进程。2002 年，一方面，行政审批制度改革取得了实质性成效，将 140 项审批事项下放给区市县和先导区，大连行政审批服务中心对外办公，共有 25 个部门的 186 项审批事项进入中心集中办理；另一方面，大力进行机构改革，完成了市县乡政府机构改革工作，政府工作部门精简 24%，内设机构精简 21.9%，行政编制精简 23.3%，初步形成了与市场经济相适应的宏观管理新格局。2004 年 8 月 31 日，"大连市深化行政审批制度改革，进一步加强服务型政府建设动员会"在大连市政府行政服务中心召开,对服务型政府建设工作作出了进一步部署。2004年9月13日,大连市政府办公厅印发了《大连市政府部门及公务人员服务工作规定》,使政府部门及公务人员的服务质量和服务效能有章可循,对强化政府部门及公务人员的服务职能和便民意识,加快服务型政府建设起到极大的推动作用。为了落实政务公开,大连市委、市政府领导结合全市开展的"软环境建设年"活动,将政务公开的阳光工程纳入全市软环境建设方案。政府还对重点岗位处级干部进行跨部门交流,不断为政务公开、软环境建设提供组织保证。为建立软环境建设的长效监督机制,市政府决定,赋予市民投诉中心、市行政效能行风建设投诉中心、市公务员监察投诉中心、市外商投资企业投诉中心投诉通报权和督办权,有效发挥监督作用。① 上述措施在有力推进大连市经济建设和社会事业全面发展的同时,也有效整治了机关"门难进、人难找、脸难看、事难办"等问题,公务员的服务意识明显增强,对公务员的投诉2004年比2003年下降了65%,各项行政许可的办理时限平均压缩了50%,群众的满意度明显增强②。

南京市服务型政府的探索:2000年,为适应加入WTO后的挑战,南京市主要领导明确指示把WTO与政府规则调整作为全市当年的重点课题进行专题研究。在此基础上,南京市政府在2002年度的政府工作报告中第一次正式提出打造服务型政府的目标,将"切实加快服务型政府建设,主动适应加入WTO新形势"作为全市四大重点工作的首要任务来抓。按照南京市委、市政府的总体安排,其出发点就是实施亲民、富民政策,为经济发展服务;其落脚点就是要让每一位创业者获得成功,让南京成为一个充满成功、充满希望的城市。2003年2月14日,南京市政府颁布了《南京市政府关于推进服务型政府建设的实施意见》,提出了"一年构建框架,三年初步完成,五年形成规范"的总体安排,并确定了服务型政府建设的主要任务和具体措施。同年3月,市政府又下发了《南京市政府关于2003年服务型政府建设

---

① 资料来源:http://chinaneast.xinhuanet.com.
② 资料来源:http://www.runsky.com.

目标任务分解的意见》,成立了由市政府主要领导挂帅的服务型政府建设领导小组,制定了服务型政府建设规划,并将服务型政府建设目标分解落实到各区县政府、市政府各部门。同年9月相继出台《南京市国家行政机关及其公务员公共服务行为规范试行规定》和《南京市政府关于进一步改善南京投资环境的若干意见》,前一规定对行政机关及其公务员的行为规范作了详细阐述,后者则对改善南京市投资环境提出了具体的措施。这两项规定对于改进政府机关工作作风,打造南京市良好的软环境,提高城市竞争力,具有极大的促进作用。

重庆市服务型政府的探索:重庆市作为最年轻的直辖市,在服务型政府建设方面步伐较快。2003年8月28日,重庆市政府出台了《重庆市人民政府关于建设服务型政府的工作意见》,提出服务型政府建设的指导思想、总体目标和"一年重点突破,三年基本到位,五年规范完善"的要求,大力开展启动社会信用体系建设等6个方面的工作。同年,重庆市政府还印发了《重庆市2003年建设服务型政府工作要点》,分为工作目标、工作任务、工作进程和工作要求四个部分,明确了2003年重庆市服务型政府工作的目标。2006年2月起,重庆市服务型政府建设逐渐走向深入,实现分别选择代表工业重镇的德感、商贸集镇的白沙、山区贫困镇的蔡家、平坝农业镇的慈云4个镇(街)作为服务型政府试点。在试点中,只设"一办四站",即党政办公室、农村工作服务站、社会事务服务站、安全稳定服务站、便民利民服务站,实现机构设置"扁平化"。对职能相近的合并,职能交叉的剥离,职能单一的挂靠,调整了机关的内部职能,实现岗位安排"实用化"。在保持镇街领导干部职数和原二级机构负责人职级不变的前提下,通过各综合办事机构正职负责人由党政领导兼任,副职和一般干部"能上能下、双向选择、竞争上岗"的办法,进行人员调整充实,充分激发了干部的潜能,实现了用人机制的"灵活化",建立健全了镇、村干部考核"两测评、一挂钩"制度,使干部的服务意识再提高,实现绩效考核"多元化"。在精心配置资源的同时,为了确保服务型政府建设取得实效,重庆市在健全服务机制、搭建服务平台上进行了一些改革创新:完善了农村公路养护,完善了农村合作医疗,解决了当前农民群众反映强烈的"办事难、行路难、看病难、致富难"等问题。另外,对行政服务中心进行统一管理,审批模式由原来一个部门接着一个部门的串联审批模式,转化为并联审批、全程代办等模式,切实改革了审批方式。在内部监督管理上,市纪委监察局在行政服务中心设立投诉室,加强对各部门办件情况及工作人员行为的现场监督,并实行办件跟踪督查制度和回访制度,强化了责任追究,保证了服务效能,让"老大难"的审批问题,成为了便民利民的"绿色通道"

上海市服务型政府的探索:2001 年,上海提出进一步加快政府职能转变,促进管理理念、管理职能、管理体制和管理方式的转变,建立一个高效、精干的服务型政府,为中外各类企业提供良好的政府服务和安全稳定的社会经济环境。2004 年 1 月 12 日,上海市第十二届人民代表大会的《政府工作报告》中正式提出,上海市政府要努力建设一个廉洁高效的责任政府,依法行政、公正公平的政府。各区县纷纷采取具体措施进行落实,宝山区用"多快好省"的办法降低行政成本,加强行政效能建设。同时,加强效能监察工作,通过强有力的效能监察,保证全区效能建设工作取得成效。虹口区通过网上办事进一步转变政府职能,提高办事效率。

广州市服务型政府的探索:近年来,广州市政府主动适应市场经济的要求,加快转变政府职能,全面履行政府的经济调节、市场监管、社会管理和公共服务四项职能,实现政府的定位、归位、正位,克服越位、缺位、错位问题。其主要措施有:一是明确了广州市打造经济中心、山水之都和文化名城的城市发展目标;二是政府主要经济职能是为市场主体服务和创造良好发展环境;三是使城市管理实现法制化、规范化,探索城市综合管理新体制。2003 年 1 月,广州市实施《政府信息公开规定》,这是我国地方政府制定的第一部全面、系统规范政府信息公开行为的政府规章,明确了政府信息原则上都要公开。广州市在建立办事高效、运转协调、行为规范、公正透明的行政管理体制方面作了积极探索,进一步促进了依法行政。其主要措施有六:一是深化政府机构改革和行政审批制度改革,合理配置行政权力;二是大力推进政务公开,打造阳光政府;三是改进政府立法,扩大立法的公众参与度;四是建立行政机关工作人员学习制度,增强法律意识,提高依法行政的自觉性;五是规范行政机关及其公务员的行政行为,明确规定公务员执行公务时必须遵守的基本准则、工作程序、办事规则、行政纪律、言行标准和行政责任;六是推进财政体制改革,完善依法行政的财政保障机制。[①]

第二节　服务型政府的内涵

"服务型政府"是中国学者提出的一个具有中国特色的概念。从世纪之交开始,我国在服务型政府的理论与实践方面都取得了很大的进展。然而,综观国内对服务型政府的理解,大家已经有了一个初步的共识,即把服务型政府作为我国行政改革(或政府改革)的目标模式。换句话说,服务型政府既是一种理想的政府形态,也是一种现实发展中的行政管理模式。那么,什么是服务型政府呢? 这需要从一些基本概念说起。

一、政府的概念

1. 政府的定义

政府作为服务型政府建设的主体应该是没有疑义的,但政府的概念本身是有不同含义的。

从词源上说,英语 govern 源于拉丁文 gubinere,源自古希腊语 kubernan 和拉丁语 gubernare,意思是操舵、导航,引申为指导、引导,这个词在古法语中写作 gouverner,到了中古英语里成了 governen。现代英语中 govern 的意思有了拓展,兼有统治、治理、管理、控制、支配、调节、指导等多种含义。Government(政府)则既可以指进行管理和统治的实体组织形式,也可以指对社会进行统治的活动和方法。

从政治学角度看,政府有广义和狭义之分。广义的政府是国家的权威

---

① 陈锦德:《广州市推进依法行政建设服务型政府》。《中国行政管理》2004 年第 11 期,第29—30 页。

性表现形式,指的是行使国家权力的全部机构,包括立法机关、行政机关、司法机关以及国家元首等,是国家机器的最主要组成部分。也有的学者认为,现代政治基本上都是政党政治,政府与执政党是一体的,因此广义的政府应把执政党包括在内。而对那些政教合一的国家来说,广义的政府还应包括宗教领袖集团。按照这个概念,当代中国政府应包括全国人民代表大会和地方各级人民代表大会、中华人民共和国主席、国务院和地方各级人民政府、最高人民法院和地方各级人民法院、最高人民检察院和地方各级人民检察院等。狭义的政府是指国家权力机关的执行机关,即国家行政机关,这是我们常用的政府概念。从这个意义上说,政府还是一个国家的中央和地方行政机关的总称。我国宪法规定,国务院即中央人民政府,是最高国家行政机关;地方各级人民政府是地方各级国家权力机关的执行机关,是地方各级行政机关。中央人民政府和地方各级人民政府共同构成了我国的政府。本书使用的主要是狭义的政府概念。

2. 政府的性质与类型

人们习惯于把政府划分成不同的类型。最早和最著名的政府分类是亚里士多德在公元前4世纪提出来的。他把政府看作实现共同体利益即公共善的途径。他按照统治者人数的多少区分了三种合法的政府(统治当局为了全体利益而行事)和三种堕落的政府(政府只按自己的利益行事)。这里需要说明的是,亚里士多德所谓的民主制政府指的是实行多数暴政的群氓统治。现在我们基本上把民主与共和相提并论。亚里士多德给我们的一个重要启示是政府只有维护公共利益才具有合法性。

谁统治	合法形式 为所有人的利益	腐化形式 为少数人的利益
一个人	君主制	暴君制
少数人	贵族制	寡头制
多数人	共和制	民主制

马克思主义认为政府是统治阶级行使国家权力和进行阶级统治的工具,统治阶级通过政府的作用使自己的意志上升为国家意志,并借助政府机构加以执行和贯彻;因此根据国家的性质把政府分为奴隶制国家政府、封建制国家政府、资本主义国家政府和社会主义国家政府4种。现代学者一般根据立法、行政、司法机关的相互关系,把资本主义国家的政府划分为内阁制政府、总统制政府、半总统制政府、委员会制政府等。我国是社会主义国家,实行的是不同于西方三权分立的议行合一制。政府作为行使行政权力的执行机关由行使立法权力的代表机关产生,对代表机关负责,向代表机关报告工作,并接受代表机关的制约和监督。具体说来就是各级人民政府由同级人民代表大会选举产生并对人大负责。我国宪法规定:"中华人民共和国的一切权力属于人民。人民行使国家权力的机关是全国人民代表大会和地方各级人民代表大会";"全国人民代表大会和地方各级人民代表大会都由民主选举产生,对人民负责,受人民监督。国家行政机关、审判机关、检察机关都由人民代表大会产生,对它负责,受它监督"。宪法还规定:"一切国家机关和国家工作人员必须依靠人民的支持,经常保持同人民的密切联系,倾听人民的意见和建议,接受人民的监督,努力为人民服务。"由此可见,我国政府的权力来源于人民,人民是国家的主人,政府是为人民服务的工具。

3. 政府的职能

一个国家如果没有政府就会陷入无政府状态。国家和社会的需要是政府职能存在的理由,政府职能就是政府适应国家和社会发展的需要所承担的职责和功能,它规定着政府活动的基本方向和根本任务。政府职能的产生、发展和变革是人类社会不断发展变化的结果。一般按照政府活动作用的领域把政府职能划分为政治职能、经济职能、文化职能和社会职能。考察西方资本主义国家政府职能的演变过程可以看出,从最初作为"守夜人"的小政府到第二次世界大战之后的福利国家再到20世纪后期的行政改革,西方国家的政府职能经历了从限制到扩张再到限制的过程,同时也显示了职能的重心从统治到管理再到服务的转变。

新中国成立初期,我国政府的职能仍以政治统治为主。在社会主义改造完成之后,政府已经将重点转到经济建设上来,但受"左"的思潮的影响,国家坚持以阶级斗争为纲,经济建设遭受了严重挫折。党的十一届三中全会之后,党和国家工作的重心开始从阶级斗争转移到经济建设上来;而在经济建设方面,又从原来政府大包大揽的计划经济模式向政府宏观调控的社会主义市场经济模式转变。为此,我国行政改革的基本目标之一就是要实现政府职能的根本转变。20 世纪 80 年代后期,学术界开始探讨经济转型下的政府职能转变问题,淡化了政府的统治职能,而突出强调了政府的经济职能和社会管理职能。随着社会主义市场经济的逐步建立,政府又不断调整与市场和企业的关系,发挥对市场的培育、规范和监管功能;并针对市场失灵问题,加强了公共服务职能。在党的十六大报告中,我国对政府职能的认识得以确定,即"经济调节、市场监管、社会管理、公共服务"四大职能。

政府的职能主要由立法机关通过宪法和法律来规定。政府履行职能的主要方式是制定和实施公共政策。讨论政府职能还要注意中央政府与地方政府职能的区分。一般说来,中央政府的职能范围最广,主要行使主权性和全国性的职能,重点应放在宏观调控和政策管理上,地方政府则应更多地承担直接面对公民个人的管理和服务项目。在我国还有一个特殊的现象,即全国众多大大小小的"单位"承担了一部分社会管理和公共服务的职能。

二、服务的概念

服务是一个经常使用却难以明确界定的概念。在古汉语中,"服"和"务"都有"从事,致力"的意思,"服"还有职位、职务的意思,"务"也有事业、工作的意思。"服务"一词最早出现于何时,目前似乎无从考证。在现代汉语中,服务被解释为"为集体(或别人的)利益或为某种事业而工作"。①服务一词具有名词和动词双重属性。这一点与英语的 service(服务)是相通的,它的"中心意思是'为他人做有益的事'。由此引申开来,这个词既意

---

① 中国社会科学院语言研究所词典编辑室编:《现代汉语词典》,商务印书馆 2002 年修订版,第 386 页。

味着一般是为其他人工作,也意味着一种职业。还有,为他人(在抽象的意义上指社会)提供所需要的东西的工作以及从事这一工作,通通都叫做服务"。①

从经济学的角度来说,服务指的是具有无形特征却可给人带来某种利益或满足感的可供有偿转让的一种或一系列活动。服务具有使用价值和交换价值,可以通过市场来提供。服务的基本特征包括:(1)非实体性,也称无形性。这是相对有形产品而言的,大多数服务都是抽象的,是看不见、摸不着的,但却是可以感受得到的。因此,对服务的评价往往是主观的,难以准确判断和客观验证。(2)不可分割性。普通商品的生产和消费往往是相分离的,而服务的生产过程和消费过程基本上是同时进行的。这就意味着服务对象只有而且必须参与到服务的生产过程中才能享受到服务,对于服务的提供者来说则必须重视服务的过程,服务是过程与结果的统一,因此只有服务结果与服务过程的双重优化才能达到服务质量的整体优化。(3)差异性。这指的是服务的构成要素和质量水平易于变化,难以界定统一的标准。服务更多地表现为人与人之间的接触与互动,具有浓厚的人性化和个性化色彩。因而,人的主观因素对服务起着重要影响。不同素质的服务人员可能提供不同质量的服务,同一个服务人员在不同时候提供的服务也可能不同。就服务对象来说,不同的人对同样的服务可能会有不同的感受,同一个人在不同的情况下对相同的服务的感受也会有差异。(4)不可储存性。服务不像多数有形商品那样,卖不完可以储存起来;同时服务的消费也有高峰期和淡季的差别。因此需要合理配置资源,解决好服务需求和服务供给之间的平衡问题。(5)所有权的非转移性。在有形商品的买卖中,商品的售出同时意味着所有权的转移,但在服务过程中是不涉及所有权的转移的。由于服务的无形性和不可储存性,交易之后服务便消失了,也就不存在所有权转移的问题。即使有些服务需要借助一些实物来实现,这些物品的所有权也不会转移。

---

① [日]前田勇:《服务学》,杨守廉译,工人出版社1986年版,第6页。

在这个意义上,服务相当于通常所说的"劳务",是不以实物形式而以提供活劳动的形式满足人们物质和精神方面的需要的。服务是有价值的,是可以交换的。它主要表现为两种形式:一种服务不留下任何可以捉摸的、同提供这些服务的人分开存在的结果,如教师、律师、医生等人员提供的服务;另一种服务所提供的使用价值附着于物质产品之中,体现为商品,如厨师、修理师、裁缝等人员提供的服务。由于服务具有很强的主观性和差异性,因而给规范服务和评价服务带来一定的困难。此外,我们还要认识到,服务是手段也是目的。服务是一种谋生的手段,服务者通过为他人利益服务来实现自身的利益,由此形成的行业就是服务业即第三产业。而对于那些利他的人和公益性组织来说,服务则是他们为之奋斗的目标和存在的理由。

政府是典型的公共组织,维护和增进公共利益是它的本职工作。从产业的角度看,政府工作属于第三产业,也就是服务业。按照《全国第三产业普查行业分类及代码》,第三产业包括以下经济活动部门:为生产和生活服务的部门,包括地质勘察业、水利业、农林牧渔服务业、交通运输业、仓储业、邮电通信业、批发和零售贸易业、餐饮业、房地产业、社会服务业、综合技术服务业、金融业、保险业;为提高科学文化水平和居民素质服务的部门,包括卫生事业、体育事业、社会福利事业、教育事业、文化艺术事业、广播电影电视事业、科学研究事业;为管理国家、管理社会服务的部门,包括国家机关(包括军队和武装警察部队)、政党机关、社会团体、基层群众自治组织。可见,从社会分工的角度来说,政府的本质是提供服务。这从公务员的英文词意(Civil Service 或 Civil Servant,即国民服务员)当中也可见一斑。当然,为社会提供服务的不止政府一家。

考察和评价服务可以从不同的角度来进行。从服务的过程来说,要明确服务的主体即谁来提供服务,服务的客体即为谁服务,以及提供什么样的服务和怎样服务等问题。从量的角度来说,要关注服务的涉及领域和覆盖范围以及成本效益等。从质的角度来说,即考察服务的质量,包括服务设施、服务项目、服务态度、服务时间、供应方法、网点设置、流程制度等方面。

尽管为公民提供公共服务是现代民主政府的天职,但受国家性质、意识形态、发展阶段、物质条件和集团利益等因素的影响,不同政府在不同时期提供服务的数量和质量是不尽相同的;即使在同一时期,为不同群体提供服务的数量和质量也存在着差异。

三、公共服务的概念

1. 公共服务的概念

公共服务同样是个有多种含义的概念。当我们把"公共"理解为"政府"时,那么政府本身所从事的工作就都是公共服务,也称政府服务。当我们把"公共"等同于"公众"时,公共服务意味着所有以人民群众为对象的服务,也称社会服务,那么政府提供的公共服务只是众多社会公益性服务中的一类。这是最广义的公共服务概念。

从政府服务的角度来说,也还有两种理解。一是把政府的所有工作都看作公共服务,建设服务型政府就意味着要塑造服务文化、落实服务理念、增强服务能力、提高服务水平,整体打造一个亲民、爱民、为民的民主政府。二是把公共服务作为政府的职能之一,是与经济调节、市场监管、社会管理相并列的一项政府职能。这是最狭义的公共服务概念。

然而,就是这样一个最狭义的概念,也难以形成一个统一、明确的定义。有的学者认为:"公共服务指政府为满足社会公共需要而提供的产品与服务的总称"。[1] 有的认为"所谓公共服务,就是指筹集和调动社会资源,通过提供公共产品(包括水、电、气等具有实物形态的产品和教育、医疗、社会保障等非实物形态的产品)这一基本方式来满足社会公共需要的过程"。[2] 有的认为"公共服务是指为社会公众提供基本的、范围广泛的、非盈利性的服务"[3],公共服务是公共产品的一种形式。有的认为"公共服务通常指建立

---

[1] 李军鹏:《公共服务学——政府公共服务的理论与实践》,国家行政学院出版社2007年版,第2页。

[2] 孙晓莉:《中外公共服务体制比较》,国家行政学院出版社2007年版,第1页。

[3] 汪玉凯:《公共管理》,中共中央党校出版社2006年版,第99页。

在一定社会共识基础上，一国全体公民不论其种族、收入和地位差异如何，都应公平、普遍享有的服务。……从范围看，公共服务不仅包含通常所说的公共产品，而且也包括那些市场供应不足的产品和服务。广义的公共服务还包括制度安排、法律、产权保护、宏观经济社会政策等"。①

这里出现了一个新的概念——公共产品，很多学者都用公共产品来界定公共服务，但也有学者指出目前学术界在使用这两个概念时的混乱情况。因此有必要厘清两者的关系。从上述服务的概念可知，人类活动的产出有两大类型——有形的产品和无形的服务。由此顺推，政府为民众提供的有形产品被称为公共产品，那些无形的服务就叫公共服务。这应该是没有疑义的，但问题在于公共产品是作为一个有特定含义的经济学术语被创造出来的。

公共产品（Public good）也称公共物品，是指具有消费或使用上的非竞争性和受益上的非排他性的产品。公共产品可分为纯公共产品和准公共产品（即混合品两类）。纯公共产品一般具有规模经济的特征，在消费上不存在"拥挤效应"，难以通过特定的技术手段进行排他性使用，否则代价将非常高昂。国防、公共安全、法律秩序等就属于典型的纯公共产品。准公共产品的范围要宽泛得多，它介于私人产品（具有排他性和竞争性）和纯公共产品之间，也可以分为两类。一类准公共产品是公共的或是可以共用的，一个人的使用不会排斥其他人的使用，但它在消费上却可能存在着竞争。由于公共的性质，产品使用中可能存在着"拥挤效应"和"过度使用"的问题，例如水资源、森林和绿地等，教育和医疗卫生也属于这一类。另一类准公共产品具有明显的排他性，由于消费拥挤点的存在，往往必须通过付费才能消费，包括剧院、有线电视、电力、电信和收费公路等。

由于公共产品具有非排他性和非竞争性特征，如果由市场提供，每个消费者都不会自愿掏钱去购买，而是等着他人去购买而自己顺便享用它所带

---

① 陈昌盛、蔡跃洲编著：《中国政府公共服务：体制变迁与地区综合评估》，中国社会科学出版社 2007 年版，第 3 页。

来的利益,即存在"搭便车"现象。因此,市场在这方面"失灵"了,必须由政府来负责提供这些公共产品。

公共产品生产和供给的方式有三种:(1)公共生产,公共提供。这种情况是指由公共部门生产出公共产品,然后由公共部门向社会提供(包括物品和劳务)。所谓公共提供不仅指这些产品是由公共部门供给的,而且指它是一种以不收费的方式来提供公共产品的。纯公共产品主要采用这种方式来提供。(2)私人生产,公共提供。公共产品并不一定都要由公共部门生产,有时由政府购入私人产品,然后向市场提供。例如,国家可以将制片商已经拍好的电视片购买过来,在电视台播放。(3)公共生产,混合提供。有些准公共产品,尤其是在性质上接近于私人产品的准公共产品在向社会提供过程中,为了平衡获益者与非获益者的负担,提高资源的使用效益,政府往往也采取类似于市场产品的供应方式,即按某种价格标准向消费者收费供应。这样,消费者必须通过付款才能获得消费权。例如,对于医疗产品既可以采取政府供给方式,也可以采取政府供给、个人付费方式,此外,自来水、电、煤气等,也都可以采取收费方式来供给。区分公共提供还是混合提供主要看由谁来付款。公共提供的公共产品无论是公共生产还是私人生产,其结果是生产公共产品的费用完全由政府负担,亦即财政拨款。公共产品若是采用混合提供的方式,则其生产成本将由政府和受益的企业或个人共同分担。

经济学上的公共产品概念是与私人产品相对应的,并没有对产品与服务进行区分,因此我们所说的公共服务是包含在公共产品中的。同时,当我们说政府提供公共服务时,它提供的实际上就是一种公共产品。而当我们并列使用产品和服务时,则是从产出的不同形态而言的。

因此我们认为,政府公共服务是指以政府等公共部门为主提供的满足社会公共需求、供全体公民共同消费与平等享用的公共产品和服务。它主要涵盖基础教育、基本医疗卫生、就业、基本社会保障、住房、基础科技和大众文化、公共安全、环境保护、基础设施等方面。政府公共服务体系就是一国政府根据本国国情和经济社会发展不同阶段的特点,对上述这些方面进行总体建设的有机系统,同时也可以指其中某一方面的子系统。公共服务一般具有以下基本特征：一是社会性。每个公民都享有公共服务的权利，公共服务应面向全社会。对公民实行普遍的公共服务，是各国公共服务立法奉行的一条基本原则。二是公平性。公共服务的提供一般都建立在社会正义和平等的价值基础上，其内在要求是让所有服务对象都公平享有。三是动态性。公共服务随着经济社会发展水平的不同而具有阶段性特征，呈现出不断扩展与提高的趋势。

2.公共服务的类别

公共服务可以根据不同的标准划分为不同的类别。联合国"政府职能分类（COFOG）"体系把政府公共服务分为四个方面：普通公共服务与公共安全、社会服务（包括教育事务和服务、健康事务和服务、社会保障和福利、住房、供水、文化等方面）、经济服务（包括燃油和电力、农林渔业、交通运输与通信方面）、未按大类划分的支出（如政府间转移支付）等。国内学者有的把公共服务分为基本公共服务和非基本公共服务两大类；有的分为基础公共服务、经济公共服务、社会公共服务和公共安全服务四类；还有的学者则采用罗列法，直接列举最主要的公共服务项目。不过，多数学者还是主张从功能的角度把公共服务分为三大类，即维护性公共服务，如国家安全、行政管理和国防外交等；经济性公共服务，如政府为促进经济发展进行的相关基础设施建设、维护公平的市场竞争秩序等；社会性公共服务，如教育、社会保障、公共医疗卫生、科技、环保等。也有的学者将其分为政权性公共服务、社会性公共服务和经营性公共服务三类。

我们认为，按照公共服务的功能进行分类有其合理性，但在现实生活中很多服务是综合性的，难以准确地区分。例如，经济立法既可以算是维护性公共服务，也可以说是经济性公共服务。再比如，我们通常所说的"公用事业"究竟属于哪一种？一般都把它看作是经济性公共服务。但建设部2002年颁布的《关于加快市政公用行业市场化进程的意见》将"市政公用行业"分为"经营性"和"非经营性"两大类，前者包括"供水、供气、供热、污水处理、垃圾处理等"，后者主要包含"市政设施、园林绿化、环境卫生等"。这些实际涉及了经济性公共服务和社会性公共服务两个方面。因此，我们这里采用中国社会科学院的一种方法,即从"基本公共服务"和"基准公共服务"两个层面考察和评价政府公共服务。①

所谓基本公共服务,是指建立在一定社会共识基础上,根据一国经济社会发展阶段和总体水平,为维持本国经济社会的稳定、基本的社会正义和凝聚力,保护个人最基本的生存权和发展权,所必需提供的公共服务,其规定的是一定阶段上公共服务应该覆盖的最小范围和边界。比如基本的公共教育、公共卫生、社会保障、基础设施、公共安全等。它回答的是特定阶段应该提供什么公共服务的问题。

所谓基准公共服务,是指根据一国经济社会发展阶段和总体水平,在充分考虑各种约束条件的情况下,应该和能够保障的基本公共服务的水平,是对一定阶段上基本公共服务应该达到的水平的质和量方面的规定。比如,GDP中有多少百分比用于公共教育,社会保障覆盖范围和保障水平等。它回答的是特定阶段应该提供多少、提供什么质量的基本公共服务的问题。

另外,公共服务还可以按照层级来划分,不同层级的政府,其公共服务的内容和侧重点也不相同。全国性公共服务由中央政府负责供给,如国防、外交、货币、全国铁路、国道等全国性的公共事务;地方政府负责地方性公共服务,如地方社会治安、地方铁路与公路、地方基础设施、地方医疗与教育等;基层社区则负责社区型公共服务,包括社区治安和秩序、社区服务、社区医疗卫生和社区文化、社区环境等内容。

四、服务型政府的概念

要给服务型政府下一个准确的定义,还必须考察这个概念在实践和理论层面上的用法及其含义。马克思主义认为,理论来源于实践,又在指导实践中不断发展完善。从我国改革开放以来服务型政府建设的历程来看,服务型政府目标模式的确立同样经历了这样一个从实践到理论再到实践的认

---

① 陈昌盛、蔡跃洲编著:《中国政府公共服务:体制变迁与地区综合评估》,中国社会科学出版社2007年版,第3页。

识过程,以及从地方到中央再到地方的改革实践过程。

我国是社会主义国家,为人民服务是各级人民政府的根本宗旨。然而,由于"文革"十年对民主和法制的严重破坏,以及改革开放过程中各种诱惑因素的冲击,加上作为官僚体制的政府自身的一些弊端,导致了党群关系和政民关系的一度紧张,贫富差距、城乡二元对立等社会矛盾突出。由此也损害了政府形象,影响到了经济、社会的可持续发展。可喜的是,我国党和政府能够始终秉承为人民服务的优良传统,坚持改革开放这个法宝,适时地进行政策调整,使包括政府改革在内的整个改革进程保持正确的方向。但是,正如邓小平同志所说的,改革是摸着石头过河,没有一个现成的模式可以照搬,而是需要我们解放思想、实事求是、与时俱进地探索和创新。

1. 作为改革实践的服务型政府

我国服务型政府建设肇始于地方政府的改革探索。从 20 世纪 90 年代中期开始,为适应社会主义市场经济发展的需要,加快政府职能转变,在先行进行经济体制改革并取得一定成就的地方,针对改革中存在的问题,提出了建设服务性政府的改革措施。如广东省顺德市于 1995 年提出了"六个行政"的理念,即依法行政、规范行政、高效行政、透明行政、服务行政和廉洁行政,其中服务行政重点要开展"三为服务",即为改革开放服务、为经济建设服务、为群众服务。珠海市也于 1999 年推出了"万人评政府"活动,把对政绩的评判权交回到老百姓手中。

进入新世纪之后,上海市于 2001 年率先提出建立一个高效、精干的服务型政府的口号,树立管理就是服务的思想,但工作的重心却是为中外各类企业提供良好的政府服务和安全稳定的社会经济环境。同期还有成都市、大连市、南京市、重庆市和广州市等地方政府推出了服务型政府的建设方案,明确了内容,设定了步骤。例如,成都市建设"规范化服务型政府"的重点,一是改进公共决策机制,建立公共决策的调查制度、公示制度和专家咨询论证制度;二是优化政府服务流程,引进全面质量管理的理念,通过制定系统化的政府服务标准,提高服务品质。

北京市委、市政府也把服务型政府建设作为自己的工作目标。在 2003

年十届全国人大一次会议上,北京市委书记刘淇表示,使人民生活更幸福是政府工作的唯一标准。为此,必须建设一个服务型的政府。要把转变政府职能作为核心工作,坚决改革行政审批制度。同时还要在信息公开、高效和廉洁等方面下工夫;要接受更广泛的监督,包括人大政协监督、舆论监督和群众监督。服务型政府应是更加透明、公开的政府,要利用现代电子政务技术来提高效率。[1]

2003年春,由于管理体制方面存在的问题导致了非典型肺炎疫情的蔓延,给国家和人民造成了很大的损失。尽管最后在党中央和国务院的果断和正确的指挥下取得了抗击"非典"的胜利,但也暴露了我国在公共卫生方面的薄弱环节。以此为契机,党中央适时提出了科学发展的新理念,中央政府也认识到要更加注重政府的公共服务职能。2004年2月,温家宝总理在省部级干部"树立和落实科学发展观"研讨班上首次提出要"努力建设服务型政府"。2005年3月5日,温家宝总理在《政府工作报告》中再次明确提出要"努力建设服务型政府"。他对此的阐释是:"创新政府管理方式,寓管理于服务之中,更好地为基层、企业和社会公众服务。整合行政资源,降低行政成本,提高行政效率和服务水平。政府各部门要各司其职,加强协调配合。健全社会公示、社会听证等制度,让人民群众更广泛地参与公共事务管理。大力推进政务公开,加强电子政务建设,增强政府工作透明度,提高政府公信力。"

党的十七大报告明确提出"行政管理体制改革是深化改革的重要环节",要"加快行政管理体制改革,建设服务型政府。……健全政府职责体系,完善公共服务体系,推行电子政务,强化社会管理和公共服务"。这标志着服务性政府作为我国行政改革的目标得以确立。2008年2月23日,中共中央政治局进行第四次集体学习,就服务型政府建设进行专题研讨。中共中央总书记胡锦涛指出:建设服务型政府,是坚持党的全心全意为人民服务宗旨的根本要求,是深入贯彻落实科学发展观、构建社会主义和谐社会

---

① 薛晖:《北京审议政府工作报告 刘淇称建设服务型政府》,《北京晨报》,2003年3月6日。

的必然要求,也是加快行政管理体制改革、加强政府自身建设的重要任务。要在经济发展的基础上,不断扩大公共服务,逐步形成惠及全民、公平公正、水平适度、可持续发展的公共服务体系,切实提高为经济社会发展服务、为人民服务的能力和水平,更好地推动科学发展、促进社会和谐,更好地实现发展为了人民、发展依靠人民、发展成果由人民共享。

从上述可以看出,地方政府对服务型政府的理解更多地停留在政府工作方式的转变上,其目的首先在于改善政府的经济管理职能,优化投资环境,为地方经济发展服务,同时也为中央政府的改革进行实践的探索。而中央政府是在科学发展观的形成过程中提出建设服务型政府的,其目的是要解决经济社会发展中的不协调问题,真正体现为民执政、与民同享的理念。

2. 作为理论范式的服务型政府

理论界对服务型政府的界定也如同实践般丰富多彩,有人形象地称之为"一个概念,各自表述"。比较有代表性的是这样几种观点:

第一种是从政府与公民关系转变的角度对服务型政府进行界定,认为服务型政府是"在公民本位、社会本位理念指导下,在整个社会民主秩序的框架下,通过法定程序,按照公民意志组建起来的以为公民服务为宗旨并承担着服务责任的政府"。① 这些学者把"管制型政府"作为服务型政府的对立面,认为人类政治文明史的基本线索就是从管制型政府到服务型政府发展的历史。这是两种根本不同的政府体系,其差别的核心之点在于:究竟是官本位还是民本位? 究竟是政府本位还是社会本位? 究竟是权力本位还是权利本位? 他们认为,建设服务型政府首先必须真正解决政府与公民的关系,只有在确立了"公仆"概念的情况下,所追求的政府模式才是真正意义上的服务型政府模式。当然,他们也认识到,建设服务型政府不是要政府放弃对社会的管理和领导,而是要正确处理好政府对公民和社会服务与积极引导之间的矛盾。我们需要的是一种"积极服务型政府"。② 在管制与服务

---

① 刘熙瑞:《服务型政府——经济全球化背景下中国政府改革的目标选择》,《中国行政管理》2002 年第 7 期,第 5 页。

② 刘熙瑞:《切实加强积极服务型政府的研究和建设》,《新视野》2004 年第 2 期,第 47 页。

的关系上,他们认为,管制型政府不是没有服务,而服务型政府也不是没有管制,只是服务与管制的从属关系不同。管制型政府是把服务作为实现其管制的一个工具;而服务型政府则把管制纳入了总体的服务框架之中,是为服务而管制,管制仅仅是一种手段,服务才是最终目的。这种体现公民本位的服务型政府具有下述一些特征:其行政理念是服务而不是管制,其组织结构是自治、合作、精简和便民的弹性组织结构,其公民角色是具有积极公民资格的公民而不是顾客,其行为方式是更加公开和透明,其决策是通过参与、对话、协商而形成的,其公务员的角色定位是服务者。[①]

第二种观点从政府职能的历史演进着眼,认为政府从统治型向管理型再向服务型的转变是一个历史趋势,是有着明显规律性的发展过程,相应地行政模式存在着线性的三阶段论:统治行政—管理行政—服务行政,即盛行于前资本主义社会的统治行政模式;以马克斯·韦伯设计的官僚制为理论基础的管理行政模式;随着公共管理实践领域的扩大以及治理理念日益被人们所接受,正在兴起的服务行政模式。[②](见下表)

社会历史基础	农业社会	工业社会	后工业社会
社会治理模式	统治型社会治理	管理型社会治理	服务型社会治理
社会治理途径	权治(依权治理)	法治(依法治理)	德治(依德治理)
社会治理手段	权制	法制	德制

在此基础上,他们提出了服务型政府(确切地说是"服务型的政府")的概念:"服务型的政府也就是为人民服务的政府,用政治学的语言表述是为社会服务,用专业的行政学语言表述就是为公众服务,服务是一种基本理念和价值追求,政府定位于服务者的角色上,把为社会、为公众服务作为政府

---

① 井敏:《构建服务型政府:理论与实践》,北京大学出版社 2006 年版,第 89—115 页。
② 参见张康之:《寻找公共行政的伦理视角》,中国人民大学出版社 2002 年版;《公共管理伦理学》,中国人民大学出版社 2003 年版。

存在、运行核发展的基本宗旨。"①或者更简单地说,"服务型政府是以服务价值为理念,以公共服务为主要内容的政府"。② 这样的服务型政府或服务行政模式的基本特征是公正的行政、为人民服务的行政、能力本位的行政、社会本位的行政、超越了民主和集权的行政、自律的和道德的行政。③ 因此,建设服务型政府就应当:第一,实现从控制导向向服务导向的转变;第二,实现从效率导向向公正导向的转变;第三,实现从政府及其行政的工具定位向价值定位的转变;第四,需要建立起一个合作和信任的整合机制;第五,需要谋求德治与法制的统一;第六,需要用行政程序的灵活性来取代行政程序的合理性;第七,需要用前瞻性取代回应性。

　　第三种观点从政府职能的结构调整角度来进行探讨,认为我国改革开放以来,历次政府机构改革不尽人意,政府职能转变未能取得实质性成果,主要原因在于没有明确地把政府转型作为政府改革的基本目标。改革开放以来我国政府以经济建设为中心,政府职能的重心从政治统治转向经济管理,是一种典型的"经济建设型政府"。但这种模式在带来经济持续快速增长的同时也带来了社会多方面的严重失衡。因此,深化政府改革的实质是要实现政府的转型,即从经济建设型政府向公共服务型政府转变。"所谓公共服务型政府,从经济层面上说,政府存在是为了纠正'市场失灵',主要为社会提供市场不能够有效提供的公共产品和公共服务,制定公平的规则,加强监管,确保市场竞争的有效性,确保市场在资源配置中的基础性作用。政府不应该直接作为微观经济主体参与市场竞争或者依靠垄断特权与民争利;从政治层面上说,政府的权力是人民赋予的,政府要确保为社会各阶层,包括弱势群体提供一个安全、平等和民主的制度环境,全心全意为人民服务,实现有效的治理;从社会层面上说,政府要从社会长远发展出发,提供稳

---

① 张康之:《限制政府规模的理念》,《行政论坛》2000 年第 4 期。
② 李传军:《管理主义的终结——服务型政府兴起的历史与逻辑》,中国人民大学出版社 2007 年版,第 255 页。
③ 程倩:《"服务行政":从概念到模式——考察当代中国"服务行政"理论的源头》,《南京社会科学》2005 年第 5 期,第 53—54 页。

定的就业、义务教育和社会保障,调节贫富差距、打击违法犯罪等,确保社会健康发展。"①更进一步说,服务型政府的目标模式是"以民为本,为人民提供公共产品,为人民搞好公共服务,要让人民富裕起来。"②在他们看来,公共服务型政府是和社会主义市场经济相适应、与执政党宗旨相一致的政府治理模式。这种模式具有如下鲜明的特征:第一,政府必须依法行政;第二,政府是有限权力政府;第三,政府是透明政府;第四,政府应当是精干的政府。建设公共服务型政府要以人为本,为社会提供最基本的公共产品和公共服务,着眼于解决当前最突出的经济社会矛盾。为此,他们对我国公共服务体制的建设进行了深入的研究,提出了一系列的有价值的建议。

　　上述三种观点尽管在概念名称上略有差异,但想表达的意思是基本一致的,都是要强调我国政府应当通过深化改革突出服务的职能,真正体现为人民服务的宗旨,在当前尤其要关注民生问题,保障公民享有基本的公共服务。这种改革的思路是我国政府改革的必然选择,是实现科学发展与社会和谐的有力保障。当然在名称上,我们认为中央所采用的"服务型政府"的提法是最为确切的,也最能体现服务型政府的丰富内涵。对一些学者将"服务型政府"与"经济建设型政府"对立起来的观点,我们不能苟同。在行政形态的演进方面,我们认为是从"权威行政"到"规制行政"再到"服务行政"。建设服务型政府是人类历史发展的客观要求和必然趋势。

　　综上所述,我们认为服务型政府是指在民主、法治的框架下,以为人民服务为宗旨,在全面履行政府职能中贯彻服务理念,突出公共服务职能,承担服务责任的政府。

---

　　① 中国(海南)改革发展研究院:《建设公共服务型政府》,中国经济出版社 2004 年版,第 5 页。

　　② 高尚全:《建设公共服务型政府》,《深圳商报》2003 年 8 月 5 日。

第三节 服务型政府的本质和基本特征

一、服务型政府的本质

服务型政府的本质是社会本位、民本位。政府职能定位,即管什么不管什么,依据是社会和公民的需要。服务型政府既是一种全新的政府理念,也是政府在职能配置、机构重组、管理方式方法和行为模式上的革命,从根本上改变了中国权威行政和规制行政的传统,也从根本上改变了政府及其官员的角色,是克服传统行政模式衍生种种弊端的良方。建立服务型政府作为新时期行政改革的一个目标选择,将有助于从新的视角,把行政改革和政府职能转变引向深入。服务型政府的提出不是偶然的,它是一个历史的过程,是行政管理体制改革长期实践的结果,是人类管理理论精华的积淀,具有丰富的内涵。

1."民主行政"、"服务行政"是服务型政府的治理理念。这也可以看作是服务型政府的两个基本点。民主是服务的前提,服务是民主的体现。"由人民做主,向人民学习,为人民服务,请人民评判,让人民满意",是我国服务型政府建设的基本要求。我国社会主义民主政治的性质,决定了政府实施对国家事务和公共事务管理的目的是维护最广大人民的根本利益,全心全意为人民服务。这就要求政府牢固树立"公民权利本位,政府义务本位"的思想,一切从人民需要出发,以为人民谋幸福为宗旨,以人民满意为评判工作的唯一标准,使改革的成果惠及全民,在实现共同富裕的同时,为人的全面发展创造条件。

2."有限政府"是服务型政府的发展目标。随着社会主义市场经济的建立和完善,我国政府不再是无所不为的"全能政府",而是有所为、有所不为的"有限政府"。政府的职能重心应当从经济建设转移到公共服务上来,政府的公共支出应当主要用于教育、科技、文化、医疗卫生、社会保障等公共服务项目。为此,应当厘清政府与市场的界限,应该退出的就坚决退出;合理划分行政决策与行政执行职能,整合组织结构,避免职能交叉;充分开发社会资源,培育和鼓励第三部门、民营企业参与公共事务管理;政府职能和服务重心下移,建立"社区导向的政务模式"。

3."依法行政"是服务型政府的行为准则。法治之下的政府权力是一种有限权力,政府在权力、职能、规模上皆受法律的明文限制。也就是说,服务型政府强调政府由法律产生、受法律控制、依法律办事、对法律负责。它要求政府的服务程序化、规范化,不仅追求行政行为的效率,而且遵循公平、公正、公开的原则。要通过建立重大行政决策事项的专家咨询论证制度、重大行政决策事项的公示听证制度,提高行政决策的科学化、民主化;通过制定政府信息公开办法,保障公众的知情权;通过职位分析、职位说明书明确工作职责;通过制度明确工作目标;通过控制自由裁量权防止行政行为显失公正,以保障公民享受平等的政府服务,形成公平的市场竞争环境。

4."公民导向"是服务型政府的工作模式。政府服务要以人民诉求为导向,做到"想为人民所想,急为人民所急",以公众的期望决定政策的设计,以公众的需求决定服务的内容,以公众的满意度衡量政策执行的成效,以公众的评价决定政策变迁的方向。树立公务员的责任心、爱民情、亲和力。在行政决策中充分尊重民意,推行阳光行政,实现政务公开;制订政府服务标准,规范服务流程,保障服务品质;加快电子政务建设,推行"单一窗口式"服务,创建高效政府;提供具有人文关怀的便民服务,增强政府的亲和力。

5."违法必究"是服务型政府的问责机制。责任政府是现代民主政治的基本理念,是对政府公共行政进行民主控制的制度安排。它要求政府必须回应社会和民众的基本要求并积极采取行动加以满足,履行政府在整个社会中的法律义务,并承担责任。不仅政府行使的每项权力要承担责任,而且政府拒绝行使法定的权力也要承担责任。人民不仅有享受政府服务的权利,还有监督政府行政、要求其承担责任的权利。

二、服务型政府的基本特征

1. 服务型政府是以人为本的政府

以人为本是服务型政府的本质所在。人民是国家和社会的主人,人民的利益至高无上,政府的一切权力来源于人民,政府的一切行为都必须以最广大人民群众的根本利益为出发点和归宿。以人为本就是要以实现人的发展为目标,从人民群众的根本利益出发谋发展、促发展,不断满足人民群众日益增长的物质文化需求,切实保障人民群众的经济、政治和文化权益,让发展的成果惠及全体人民。正如温家宝总理在 2008 年政府工作报告中所说的:"政府的一切权力都是人民赋予的,执政为民是各级政府的崇高使命。我们要牢记全心全意为人民服务的宗旨,把实现好、维护好、发展好最广大人民的根本利益,作为政府工作的出发点和落脚点。更加注重保障和改善民生,特别要关心和解决城乡低收入群众的生活困难,使全体人民共享改革发展成果。只有坚持一切属于人民,一切为了人民,一切依靠人民,一切归功于人民,我们的各项事业才能获得最广泛最可靠的群众基础和力量源泉。"

2. 服务型政府是公开透明的政府

公开透明是现代政府的形象,也是服务型政府必须采取的行为方式。政府的主要职能就是服务,其服务是否公平、公正必须要通过公众的检验。政府的公开透明直接关系到政府决策的民主化和科学化,关系到公民权利的实现,关系到政府自身的廉洁。只有公众清楚地知道政府在做什么、怎样做以及效果怎样,才能真正实现公民参与政府过程、监督政府行为、评估政府绩效。公开透明的政府主要包括两方面的内容:一是政府信息公开,即各级政府通过全面推广电子政务,构筑数字化政府,推动政务信息公开建设;另一方面是指政府的行政过程公开,各级政府都要以民主、公开的方式运作,逐步完善政务信息公开的制度化建设。

3. 服务型政府是公正公平的政府

公正公平是服务型政府的道德追求。管制型政府是为部分人服务的,是按照等级区分来享受服务的。而服务型政府不是某个党派、某个利益集团或某些个人的服务工具,而是为整个社会服务的,所以服务型政府必须实现全社会的公平公正,使全体社会成员都享有平等的权利和待遇。公正公平是指不同性别、阶层、种族、文化程度、宗教和政治信仰的公民在政治权利和经济权利上的平等。贫富分化严重,穷人、妇女、少数群体等弱势群体的利益得不到充分有效保护等现象是与公正的要求相悖的。因此,服务型政府的服务内容、服务程序、服务方法都应该是公平公正的。这是服务型政府的灵魂所在。

4. 服务型政府是高效廉洁的政府

服务型政府必须是高效与廉洁的政府。现代政府管理的核心问题就是管理效能。所以服务型政府必须要求高效行政、廉洁从政。高效,就是要求政府运转速度快、办事效率高、行政成本低、管理效益好,尤其是在进入信息化时代,政府必须行动迅速,反应灵敏。政府的效率特别是在危机管理和突发性事件的处理上面都要求政府反应迅速和敏捷,从我国2003年SARS事件的爆发中,我们可以看出构建一个反应迅速、高效率运作的政府的重要性。这种高效性表现在两个方面:一方面指政府的行政效率高。如行政管理机构设工合理,人员配备恰当、分工合理、关系协调,行政管理活动程序科学健全,行政管理技术方法科学先进并能合理运用等等。另一方面政府应最大限度地降低管理成本,提高绩效水平。廉洁,就是要求政府及其工作人员廉洁从政,杜绝腐败现象,做到用权为公、执政为民,决不能以权谋私、化公为私。"严重的腐败不仅会增加交易成本,增大公共支出,打击投资者的信心;而且会破坏法治,腐蚀社会风气,损害社会公正,削弱公共权威的合法性。"①所以要保持政府的清正廉洁,可以从两方面入手:第一,加强对权力的监督和制约;第二,加强公职人员的廉政建设。

5. 服务型政府是不断创新的政府

现代社会日新月异,政府面对着瞬息万变的客观世界,经常会碰到新情

① 俞可平:《全球治理引论》,《马克思主义与现实》2002年第1期,第24页。

况、新问题,政府必须在尊重科学、尊重客观规律的基础上,不断创新。将最新的科学技术手段运用于政府管理实践中,不断改进政府管理的方式和手段,如加快电子政府建设,逐步实现管理技术和工作的现代化,将最新的管理理念渗透到工作中去。总之,服务型政府应该是不断探索政府体制运转的新方法、新模式,不断完善自我,以适应新环境变化的开拓创新的政府。

6. 服务型政府是依法行政的政府

法治是人类文明与发展的标志,是现代行政的手段,是建设现代服务型政府的基本要求和重要保障。我国传统的行政模式是典型的人治行政,体现为按照领导的意思办事,"人情大于法"、"权力大于法",行政领导根据个人的主观经验进行决策和管理,其直接导致行政效率的低下、管理腐败、错综复杂的关系网。可见没有法律作为保障,行政权利就难以得到合法制约、规范和监督。因此,我们必须打破人治模式,必须克服长期以来行政管理活动中存在的"法律虚无主义"或重"人治"轻"法治"、重人情轻法律的弊端,提高政府及其工作人员的法律意识,切实做到有法可依、有法必依、执法必严、违法必究,建立以民主和法制为基础的法治政府。法治政府即依法行政的政府,是指政府的产生和组成结构由宪法和法律决定,职权和职责法定,行使权力的方式和程序由法律确定,是否越权和滥用权力由法律评价,权力行使过程及其结果受到法律的监督和控制。① 其核心是政府权力的组织和运用要受到法律的制约,以法律来制约政府的一切行为。依法行政还要求政府及其工作人员的任何行为都必须有明确的法律依据。严格按照法律所规定的程序管理国家事务、经济文化事业和社会事务。只有依法行政才能保证行政权力不被滥用,人民的利益才能得到维护和保障。

遵守宪法和法律是政府一切工作的根本原则。我们要严格按照法定权限和程序行使权力、履行职责,加强政府立法,规范行政执法,完善行政监督,建设法治政府,不断提高依法行政能力。只有全面推行依法行政,努力做到有权必有责、用权受监督、侵权要赔偿、违法要追究,让权力在阳光下运

---

① 刘洪旺:《论法治政府的标准》,《政法论坛》2005 年第 5 期,第 160 页。

行,才能保证人民赋予的权力始终用来为人民谋利益。

7. 服务型政府是责任政府

人民是国家主人,政府接受人民的委托,代表人民行使管理社会公共事务的权力。正是存在这样一个基本关系,即权力本源在于人民,所以作为受委托的政府在行使权力过程中,必须对作为委托人的人民负责,因此服务型政府必须是一个责任政府。责任政府是相对于无责政府而言的,主要强调政府要对自身行为负责,更要对公民负责,履行维护公共利益的责任。责任政府是一个民主政治与法治时代的基本理念与要求。它是与民主制度、法制理念和公民自由相联系,并作为政府与民众之间权责关系进行制度性安排的组织形式。我国传统行政是免责行政,政府机关即使对公民的正当利益造成了损害,甚至实施了不法或不当的行政行为,也可以不对公民承担任何法律责任。政府责任的缺失导致各级官员决策的随意性和面对过失与问题时互相推诿、不负责任。在我国社会主义市场经济体制建立以后,随着由传统社会向现代社会的转型、管制型政府向服务型政府的转型,作为公共权力的行使者政府,必须为自己的行为和所提供的服务负责。政府提供公共服务是法定权利,也是神圣的责任。不仅政府行使的每项权力都连带责任,而且政府拒绝行使法定的权力也要承担责任。人民不仅有享受政府服务的权利,还有监督政府行政、要求其承担责任的权利。对于政府服务的效果,人民有权评判,对于政府违法服务、过失服务造成的后果,人民有权追究。①

8. 服务型政府是有限政府

有限性是指政府在权利、职能、能力和规模上是有限的。长期以来,管制型政府的权利是无限的,不论是经济、政治、文化还是社会各个环节都离不开政府的管制,政府的权利职能的无限性直接导致政府规模的扩张、政府机构的臃肿、政府人员的增加,形成了所谓的"大政府",行政效率非常低。而当今我们建设的服务型政府只能是有限性政府,并且是力求政府职能与

---

① 中国行政管理学会课题组:《服务型政府是我国行政改革的目标选择》,《中国行政管理》2005 年第 4 期,第 5—6 页。

政府能力相契合的"适度而有力"的政府,这是我国市场经济发展的客观要求,也是社会发展的必然要求。因为政府不是经济增长和社会发展的直接提供者,而是社会经济发展的合作者和促进者。随着我国市场经济的不断完善,政府不能再像以前一样事无巨细地包揽一切,政府应该只作用于市场失灵的领域。政府的有限性首先表现在权力有限,政府的权力是人民赋予的,所以政府的权力只能限定在为人民服务的范围内。其次,政府职能有限,政府的职能是作为看不见的手来弥补市场失灵的部分,使市场作为经济活动的主体。第三,政府能力有限,政府不是一个无所不能的政府,政府不可能具备管理所有事物和处理所有问题的完备的知识和充分的信息,这就决定其能力的有限。第四,行政规模有限,行政规模的扩大一直是困扰我国行政机构改革的一个难题,服务型政府的一个目标就是建立一个行政规模适度的政府。

9.服务型政府是回应性政府

服务型政府必须是具有很强回应性的政府。服务型政府是按公民意志组建起来的以为公民服务为宗旨的政府,政府只有具备了对公民意志、对社会需求很强的回应性特征,才会是对民众负责、体现民意的服务型政府。回应性是指政府对公民和社会的积极高效回应,是政府了解民意、体察民情并接受监督的必然要求,是政府和公民、社会良性互动,实现社会良好治理的重要机制。具有回应性的政府能敏锐地觉察公民偏好和社会问题,并能迅速对社会要求做出回应。回应性集中表现在两个方面:一是政府对国内外客观形势的变化、社会现实和潜在问题、热点和敏感问题及其发展趋势等具有快速而准确的回应能力;二是政府及其工作人员对人民的需求能够做出及时的和负责的回应,进而提供高效优质的服务。

10.服务型政府是信息化政府

当今时代是信息化时代,计算机技术和信息技术的广泛应用给传统的工作方式带来了巨大的冲击,也深刻影响着人们之间的交往方式和规则,同时也给政府的职能转变提供了新的契机和途径。在这样的背景下,信息化就成为服务型政府的重要特征,运用信息技术改造政府,实现电子政务。所谓电子政务主要是指政府机构将管理和服务通过网络和计算机技术进行集成,在互联网上实现政府组织结构和工作流程的优化重组,超越时间、空间与部门分隔的限制,为社会公众以及自身提供一体化的高效、优质的管理和服务。电子政务的根本目标是实现由传统政府的管理职能向现代政府的管理与服务职能的转变。在信息和网络的社会里,传统政府的管理职能已经越来越不能适应新形势的发展,社会越来越需要政府的咨询服务和政策指导,公众也越来越渴望通过信息化的政府获取快捷、方便、自主的服务。可以说,信息社会的管理便意味着服务。政府只有适时地调整自身的职能、尽快向新型管理服务职能转变,才能够顺应社会的呼唤、满足公众的需求。电子政务的实施正是要以此为目标,将一个廉洁、高效、高水平服务、高水平决策的全新政府形象展现在广大公众面前。①

服务型政府范式的形成是我国改革开放 30 年来政府行政改革的经验总结,是社会主义政治文明的集中体现。我们期待着在不久的将来,一个"向人民学习,为人民服务,请人民评判,让人民满意"的政府将伴随中国的崛起而成为政府改革的典范。

---

① 刘列励:《信息时代的电子政务与电子政府》,载《瞭望》2001 年第 14 期,第 16—24 页。

第二章 服务型政府的理论基础

　　服务型政府的构建不仅是一次深刻的行政改革,也是一次深刻的政治改革,其目的是要在行政上实现善治,在政治上真正实现人民当家作主。因此我们认为,支撑服务型政府这一全新模式的主要有两种理论:一是我国党和政府始终坚持的人民民主理论,二是在全球化时代影响各国的行政改革理论。

第一节 人民民主理论

　　我国的人民民主理论是中国化的马克思列宁主义关于社会主义民主政治的理论成果。这一理论是一种善于借鉴、吸收人类政治文明成果,不断与时俱进的理论。近代以来形成的人民主权理论是其思想渊源之一,马克思的议行合一制思想是其具体体现,中国共产党的为人民服务思想是其根本宗旨。

一、人民主权理论

　　人民主权问题是政治学领域的一个重要问题,它界定了政府与人民之间的主仆关系,即人民主权是国家最高权力,政府治权则处于从属地位。根据人民主权原则,政府的公共权力的权源来自于人民自下而上的授予,而非自上而下自行产生的。政府只是接受人民的委托来行使这些权力,所以权力的行使必须服务于人民,而不能凌驾于人民之上。

　　人民主权理论是近代资产阶级革命的思想利器,也是现代民主政府的理论基础。人民主权理论的形成得益于资产阶级启蒙思想家提出的社会契约理论中对政府目的与义务的不断论证。古希腊的伊壁鸠鲁第一次提出了社会契约的观点,他看到法律与国家不是自然创造的,而是人们从利害相关的功利主义角度缔结契约的产物。格劳修斯把国家定义为一群自由的人为享受权利和他们的共同利益而结合起来的完整的联合体。从这一界说中可以看出它所蕴涵的政府目的和义务。作为第一个系统阐述契约论的政治哲学家,霍布斯认为,由于人类天性之中存在着竞争、猜疑和对荣誉的捍卫,自然状态是一种"人人相互为战的战争状态"。为了逃避那种相互为战,霍布斯认为人们必须放弃他们在损害他人的情况下寻求幸福的自然权利,同他人签订协议,"把大家所有的权利和力量托付给某一个人或一个能通过多数的意见把大家的意志转化为一个意志的多人组成的集体"。霍布斯把被授予权力的个人或集体称为主权者,在为主权者规定义务时写道:"主权所有的义务都包含在这样一种说法中:即人民的安全是最高的法律。"①因此,霍布斯认为人类需要政府,任何形式的政府都比没有政府强。

洛克认为"人们联合成为国家和置身于政府之下的重大和主要的目的,是保护他们的财产","这就是立法和行政权力的原始权利和这两者之所以产生的缘由,政府和社会的起源也在于此"。对洛克来说,政府代表着一种统治者与被统治者之间的同意,只要政府为被统治者的利益服务,他们就将支持那些当权者。如果政府不按照社会的利益来行动,而同大多数人的意志相矛盾,人们就可以收回交出的权力。所以"政府的权力绝不允许扩张到超出公众福利的需要之外,政府所做的一切都没有别的目的,只是为了人民的和平、安全和公众福利"。②

真正意义上的人民主权理论由卢梭系统而完整地进行论述,并对政府与人民之间关系做出了明确的界定。卢梭认为,通过社会契约建立民主的共和国之后,一方面,人民建立了一个集体的强大的力量——"大我"来保

---

① [英]霍布斯:《利维坦》,黎思复等译,商务印书馆 1985 年版,第 76、131、133 页。
② [英]洛克:《政府论》(下),瞿菊农、叶启芳译,商务印书馆 1964 年版,第 78、80 页。

障每个公民——"小我"的人身和生命的安全及自由平等;另一方面,每个缔约者都是国家的主权者和立法者。每个公民都是国家的主人,他们既是统治者,又是被统治者,他们自己统治和管理着自己,这时人们才真正进入了社会状态。因此,人民主权是至高无上的权威,不可转让、不可分割。人民成为社会的主人,政府是为人民服务的。在卢梭看来,政府"只不过是主权者的执行人","是在臣民与主权者之间所建立的一个中间体,以便两者得以互相适合,它负责执行法律并维护社会的以及政治的自由"。政府只是根据主权者的意志,为自身利益而建立的一个管理公共事务的机构,政府因主权者而存在。"行政权力的受任者绝不是人民的主人,而只是人民的官吏;只要人民愿意就可以委任他们,也可以撤换他们。对于这些官吏来说,绝不是什么订约的问题,而只是服从的问题;而且在承担国家所赋予他们的职务时,他们只不过是在履行自己的公民义务,而并没有以任何方式来争论条件的权利。"①他们仅仅是主权者的官吏,是以主权者的名义在行使着主权者所委托给他们的权力,而且只要主权者高兴,他就可以限制、改变和收回这种权力。为了保证人民的意志得到执行,针对政府可能滥用职权、蜕化变质而由公仆变为主人的倾向,卢梭提出随着政府权力的不断扩大和政府职务诱惑力的增加,人民应该掌握更大的权力来约束政府,采取必要的措施如定期集会以决定政府的去存。人民主权理论确立了在政府与人民的二元关系中人民的根本地位,这种理念集中体现在美国总统林肯提出的政府应该是"民有、民治、民享"的思想当中。

　　人民是国家的主人,公务员就是国家的仆人即人民的仆人。考察公务员制度的发展史可以发现,当英国文官阶层在 14 世纪末叶出现时,他们的身份是国王的私人奴仆,其衣食住行皆靠国王恩赐,政府各部门的工作经费被列在"宫廷开支"之中,因此这些文官被称作 Crown Servant,即国王的仆人。这跟中国古代的官吏都是皇帝的奴才是一样的。因为那个时代都是"家天下","朕即国家",政府和官僚是为王朝的利益服务的。当资产阶级

---

① [法]卢梭:《社会契约论》,何兆武译,商务印书馆 1980 年版,第 76、32 页。

民主革命把"家天下"变成"公天下"后,这些官吏的服务对象发生了变化,不是"为一人",而是"为众人",他们的名称也改为 Civil Servant 或 Public Servant,即公仆。

二、马克思主义的议行合一制思想和公仆理论

马克思主义经典作家肯定了资产阶级民主思想家们的"主权在民"的思想,但对资产阶级政府的民主性提出质疑,认为"行政机关"根本就不是市民社会本身赖以管理自己固有的普遍利益的代表,而是国家用以管理自己、反对市民社会的全权代表。①

恩格斯在谈到国家的产生时指出,"社会产生着它所不能缺少的某些共同职能。被指定去执行这些职能的人,就形成社会内部分工的一个新部门。这样,他们就获得了也和授权给他们的人相对立的特殊利益,他们在对这些人的关系上成为独立的人,于是就出现了国家。"又说,"社会创立一个机关来保护自己的共同利益,免遭内部和外部的侵犯"。这就是公共权力,而为了维持这种公共权力,就需要公民缴纳费用——捐税。而"官吏既然掌握着公共权力和征税权,他们就作为社会机关而驾于社会之上"。② 用马克思的话说,是"从社会的公仆变成了社会的主人"。③ 这种现状再经由哲学家的学说,就产生了对国家以及一切有关国家的事物的崇拜,即人们习惯于认为"全社会的公共事业和公共利益"只能通过"国家及其收入极多的官吏来处理和保护"。④

在马克思看来,资产阶级政府用甜言蜜语掩盖它是为占统治地位的而且占人口少数的资产阶级服务的事实。因为它脱离不了国家与社会的二元对立,社会实际上不能有效地制约国家,不能广泛地直接参与国家的政治事务。解决的办法是实行真正的民主制,让社会的一切公民都有权利直接参

---

① 《马克思恩格斯全集》第3卷,人民出版社2002年版,第64页。
② 《马克思恩格斯选集》第4卷,人民出版社1995年版,第700、253、172页。
③ 《马克思恩格斯选集》第3卷,人民出版社1995年版,第12页。
④ 《马克思恩格斯选集》第3卷,人民出版社1995年版,第12页。

与国家事务,国家真正成为社会的代表,"从统治社会、压制社会的力量变成社会本身的生命力","是人民为着自己的利益重新掌握自己的社会生活"。①

马克思的直接民主制思想在巴黎公社的实践中得到了印证,公社为了防止国家和国家机关由社会公仆变为社会主人而采取了两个正确的办法。"第一,它把行政、司法和国民教育方面的一切职位交给由普选选出的人担任,而且规定选举者可以随时撤换被选举者。第二,它对所有公职人员,不论职位高低,都只付给跟其他工人同样的工资。公社所曾付过的最高薪金是六千法郎。这样,即使公社没有另外给各代议机构的代表规定限权委托书,也能可靠地防止人们去追求升官发财了。"②这样,公社的官吏也就处在所有公社成员的监督之下。而政府的治理职能("不是指政府控制人民的权威,而是指由于国家的一般的共同需要而必须执行的职能")将继续存在,不过,"行使这些职能的人已经不能够象在旧的政府机器里面那样使自己凌驾于现实社会之上了,因为这些职能应由公社的官吏执行,因而总是处于切实的监督之下。社会公职不会再是中央政府赏赐给它的爪牙的私有财产"。③公社实现了立法权和行政权,或者说代表权和执行权的统一。公社的公职人员是"随时可以罢免的勤务员"而不是"骑在人民头上作威作福的老爷",他们代表人民的利益,执行人民的意志,是真正的"社会公仆"。

三、中国共产党的为人民服务思想

马克思主义的议行合一制思想和公仆理论在我国体现为人民代表大会制度和为人民服务的思想。人民代表大会制度体现了国家权力和人民权力的一致性,是人民当家作主的制度保障。当然,目前我国的人民代表大会制度还有很多不完善的地方,需要通过改革来真正体现它的作用。

中国共产党的本质是立党为公、执政为民,这体现在中国共产党领导的

---

① 《马克思恩格斯选集》第3卷,人民出版社1995年版,第94—96页。
② 《马克思恩格斯选集》第3卷,人民出版社1995年版,第13页。
③ 《马克思恩格斯选集》第3卷,人民出版社1995年版,第121页。

人民政府同样把全心全意为人民服务作为自己的根本宗旨。早在红都瑞金期间，作为中华苏维埃的首任主席即中国红色政权的第一位政府首脑，毛泽东就特别重视关心群众生活的问题。他指出，"我们现在的中心任务是动员广大群众参加革命战争"，"那末，我们对于广大群众的切身利益问题，群众的生活问题，就一点也不能疏忽，一点也不能看轻。因为革命战争是群众的战争，只有动员群众才能进行战争，只有依靠群众才能进行战争"。毛泽东深知中国共产党和红色政权的根在群众之中，中国革命的希望在人民群众身上。他坚决反对官僚主义的领导者和领导方法，要求领导干部要做到"一切这些群众生活上的问题，都应该把它提到自己的议事日程上。应该讨论，应该决定，应该实行，应该检查。要使广大群众认识我们是代表他们的利益的，是和他们呼吸相通的"。要得到群众的拥护，"就得和群众在一起，就得去发动群众的积极性，就得关心群众的痛痒，就得真心实意地为群众谋利益，解决群众的生产和生活的问题，盐的问题，米的问题，房子的问题，衣的问题，生小孩子的问题，解决群众的一切问题"。①

1944 年 9 月 8 日，毛泽东同志在中共中央直属机关为追悼张思德同志而召集的会议的演讲中，首次明确使用了"为人民服务"的概念。1945 年，在党的七大政治报告《论联合政府》中，他对为人民服务的理论作了更为系统完整的论述：

> "我们共产党人区别于其他任何政党的又一个显著的标志，就是和最广大的人民群众取得最密切的联系。全心全意地为人民服务，一刻也不脱离群众；一切从人民的利益出发，而不是从个人或小集团的利益出发；向人民负责和向党的领导机关负责的一致性；这些就是我们的出发点。共产党人必须随时准备坚持真理，因为任何真理都是符合于人民利益的；共产党人必须随时准备修正错误，因为任何错误都是不符合于人民利益的。二十四年的经验告诉我们，凡属正确的任务、政策和工作作风，都是和当时当地的群

---

① 《毛泽东著作(选编)》，中共中央党校出版社 2002 年版，第 37—38 页。

众要求相适合,都是联系群众的;凡属错误的任务、政策和工作作风,都是和当时当地的群众要求不相适合,都是脱离群众的。教条主义、经验主义、命令主义、尾巴主义、宗派主义、官僚主义、骄傲自大的工作态度等项弊病之所以一定不好,一定要不得,如果什么人有了这类弊病一定要改正,就是因为它们脱离群众。我们的代表大会应该号召全党提起警觉,注意每一个工作环节上的每一个同志,不要让他脱离群众。教育每一个同志热爱人民群众,细心地倾听群众的呼声;每到一地,就和那里的群众打成一片,不是高踞于群众之上,而是深入于群众之中;根据群众的觉悟程度,去启发和提高群众的觉悟,在群众出于内心自愿的原则之下,帮助群众逐步地组织起来,逐步地展开为当时当地内外环境所许可的一切必要的斗争。在一切工作中,命令主义是错误的,因为它超过群众的觉悟程度,违反了群众的自愿原则,害了急性病。我们的同志不要以为自己了解了的东西,广大群众也和自己一样都了解了。群众是否已经了解并且是否愿意行动起来,要到群众中去考察才会知道。如果我们这样做,就可以避免命令主义。在一切工作中,尾巴主义也是错误的,因为它落后于群众的觉悟程度,违反了领导群众前进一步的原则,害了慢性病。我们的同志不要以为自己还不了解的东西,群众也一概不了解。许多时候,广大群众跑到我们的前头去了,迫切地需要前进一步了,我们的同志不能做广大群众的领导者,却反映了一部分落后分子的意见,并且将这种落后分子的意见误认为广大群众的意见,做了落后分子的尾巴。总之,应该使每个同志明了,共产党人的一切言论行动,必须以合乎最广大人民群众的最大利益,为最广大人民群众所拥护为最高标准。应该使每一个同志懂得,只要我们依靠人民,坚决地相信人民群众的创造力是无穷无尽的,因而信任人民,和人民打成一片,那就任何困难也能克服,任何敌人也不能压倒我们,而只会被我们所压倒。"①

为人民服务的思想在新中国第一任政府首脑、卓越的行政领导者周恩来同志的身上得到了淋漓尽致的展现,周总理以其身体力行成为举世公认的人民公仆的楷模。在 1946 年 1 月 10 日国民党政府召开的政治协商会议上,周恩来就提出要:"放弃一切老式的、过时的制度和工作方法,依靠人民,建立一个真正的人民的由人民建立并为人民工作的政府。"后来他又说,"我们的一切工作都是为了人民的。我们的经济工作和财政工作直接地或者间接地都是为着人民的物质生活和文化生活的改善"。②

周恩来公仆意识非常强烈,他常告诫人们:国家干部是人民的公仆,不是做官当老爷。他强调,"我们的国家干部是人民的公仆,应该和群众同甘苦,共命运"。③ "我们考虑一切问题,都要从人民的需要、人民的爱好来着眼。"为人民服务,必须"做实实在在的事,做实事,收实效,才会对人民有利"。他躬身垂范,要求自己和各级行政干部"要诚诚恳恳,老老实实为人民服务……人民的世纪到了,所以应该像牛一样努力奋斗,团结一致,为人民服务而死"。④ 他晚年时胸前一直佩戴着"为人民服务"的徽章,常常自豪地说自己是"人民的公仆","人民的勤务员"、"总服务员"。

改革开放后,处于执政地位的党如何结合新的实际坚持全心全意为人民服务的宗旨呢?邓小平同志对此进行了艰苦的探索,明确提出了"领导就是服务"的科学论断。1985 年 5 月,邓小平同志在《在全国教育工作会议上的讲话》中指出:"什么叫领导?领导就是服务","领导者必须多干实事。那种只靠发指示、说空话过日子的坏作风,一定要转变过来"。⑤ 在《党和国家领导制度的改革》这篇重要文献中,邓小平对颠倒"主人"与"公仆"关系的官僚主义现象进行深刻的剖析和严肃的批判。他指出:"当前,也还有一

① 《毛泽东著作选编》,中共中央党校出版社 2002 年版,第 300—301 页。
② 《周恩来选集》下卷,人民出版社,1984 年版,第 132,142 页。
③ 《周恩来选集》下卷,人民出版社,1984 年版,第 420 页。
④ 《周恩来选集》上卷,人民出版社 1980 年版,第 241 页。
⑤ 《邓小平文选》第 3 卷,人民出版社 1993 年版,第 121 页。

些干部,不把自己看做是人民的公仆,而把自己看做是人民的主人,搞特权、特殊化,引起群众的强烈不满,损害党的威信,如不坚决改正,势必使我们的干部队伍发生腐化。"①在 1992 年南方谈话中,邓小平提出衡量党和政府工作好坏的根本标准是"三个有利于",即是否有利于发展社会主义社会的生产力,是否有利于增强社会主义国家的综合国力,是否有利于提高人民的生活水平。同时提出要坚持用人民拥护不拥护、赞成不赞成、高兴不高兴、答应不答应来衡量我们的一切决策。

以江泽民同志为核心的党的第三代领导集体适应时代的需要提出了"三个代表"重要思想,使中国共产党始终成为中国先进社会生产力的发展要求、中国先进文化的前进方向、中国最广大人民的根本利益的忠实代表。党的十五大明确提出:保证人民依法享有广泛的权利和自由,尊重和保障人权。此外,还提出了依法治国、建设社会主义法治国家,以及发展社会主义民主、建设社会主义政治文明的目标。同时,继续推进社会主义市场经济条件下的政府职能转变,并在党的十六大报告中形成了"经济调节、市场监管、社会管理、公共服务"四个方面的政府职能。

以胡锦涛同志为总书记的党中央继承和发展了中国共产党的优良传统,把实现人民的愿望、满足人民的需要、维护人民的利益,作为中国共产党的根本出发点和落脚点。在取得抗击"非典"胜利后的"七一"讲话中,胡锦涛提出了"相信谁、依靠谁、为了谁"的问题,并深刻地指出:"对于马克思主义执政党来说,坚持立党为公、执政为民,实现好、维护好、发展好最广大人民的根本利益,充分发挥全体人民的积极性来发展先进生产力和先进文化,始终是最紧要的。全国各族人民是建设中国特色社会主义事业的主体,人民群众积极性创造性的充分发挥是我们事业成功的保证,不断实现最广大人民的根本利益是我们党全部奋斗的最高目的。"胡锦涛不仅提出了立党为公、执政为民的根本要求,还指明了实现立党为公、执政为民的根本途径,这对建设服务型政府具有十分宝贵的指导意义。

---

① 《邓小平文选》第 3 卷,人民出版社 1993 年版,第 332 页。

"第一，坚持立党为公、执政为民，必须落实到党和国家制定和实施方针政策的工作中去。方针政策对党和国家工作的全局起指导和推动作用。抓住这个环节落实立党为公、执政为民的要求，坚持用人民拥护不拥护、赞成不赞成、高兴不高兴、答应不答应来衡量我们的一切决策，就能在全局上把握住贯彻落实"三个代表"重要思想的根本出发点和落脚点。坚持党的基本理论、基本路线、基本纲领和基本经验，制定和实施深化改革、促进发展、保持稳定的各项方针政策，都要把实现好、维护好、发展好最广大人民的根本利益作为依据，都要统筹兼顾、妥善处理各方面的利益。各级党委和政府要坚持从群众中来、到群众中去的工作路线，倾听群众呼声，反映群众意愿，集中群众智慧，推进决策科学化民主化，创新发展思路，努力使我们的方针政策更好地体现人民群众的利益，使先进生产力和先进文化更快更好地发展起来，不断让人民群众得到实实在在的利益。

第二，坚持立党为公、执政为民，必须落实到各级领导干部的思想和行动中去。各级领导干部都要牢固树立全心全意为人民服务的思想和真心实意对人民负责的精神，做到心里装着群众，凡事想着群众，工作依靠群众，一切为了群众。要坚持权为民所用、情为民所系、利为民所谋，为群众诚心诚意办实事，尽心竭力解难事，坚持不懈做好事。要始终把群众的利益放在第一位，在各项工作各个环节都细心研究群众的利益，关心群众疾苦，体察群众情绪，努力运用说服教育、示范引导和提供服务等方法，做好新形势下的群众工作，团结带领群众不断前进。领导干部必须深入基层、深入群众，特别是要到最困难的地方去，到群众意见多的地方去，到工作推不开的地方去，同那里的干部和群众一道，努力排忧解难，化解矛盾，打开工作局面。要切实加强党风政风建设，改进领导方式和领导方法，转变思想作风和工作作风，坚决防止和克服形式主义、官僚主义，坚决维护人民群众的合法权益，始终与群众心连心、同呼吸、共命运。各级干部都要自觉接受监督,绝不脱离群众,绝不贪图安逸,绝不以权谋私。

　　第三,坚持立党为公、执政为民,必须落实到关心群众生产生活的工作中去。坚持立党为公、执政为民,不能停留在口号和一般要求上,必须围绕人民群众最现实、最关心、最直接的利益来落实,努力把经济社会发展的长远战略目标和提高人民生活水平的阶段性任务统一起来,把实现人民的长远利益和当前利益结合起来。群众利益无小事。凡是涉及群众的切身利益和实际困难的事情,再小也要竭尽全力去办。要时刻把群众的安危冷暖挂在心上,对群众生产生活面临的这样那样的困难,特别是对下岗职工、农村贫困人口和城市贫困居民等困难群众遇到的实际问题,一定要带着深厚的感情帮助解决,切实把中央为他们脱贫解困的各项政策措施落到实处。"①

在2005年发布的《中国民主政治建设》白皮书中,中央政府向全世界郑重宣告:"中国政府是人民的政府。为人民服务、对人民负责,支持和保证人民行使当家作主的权利,是中国政府全部工作的根本宗旨。"白皮书还首次使用了"政府民主"的概念,丰富和完善了我国的人民民主理论。

第二节　行政改革理论

改革开放后,包括政治学和行政学在内的我国人文和社会科学得到恢复和发展,并且随着我国逐步融入全球社会,国外尤其是西方发达国家的很多先进理论对我国产生了积极的影响。如果说服务型政府理论是中国学者拥有知识产权的行政理论,那么它也是在吸收国外的相关理论尤其是同时期行政改革理论的基础上形成和发展的。考察国内学者对服务型政府的研究可以发现,很多学者是从自己对服务型政府的理解角度去寻找它的理论

①　胡锦涛:《在"三个代表"重要思想理论研讨会上的讲话》,《人民日报》2003年7月2日。

基础,而且绝大部分都是在西方行政学说史中各取所需。这本来无可厚非,但由此带来的一个问题却不容忽视。在一个多世纪的发展历程中,行政学包括公共管理学成为一个越来越繁茂的"理论丛林"。这些层出不穷的理论中,不乏针锋相对之作,而且从范式演进的角度来说,所谓不破不立,同样存在"正一反一合"的发展规律的。因此,有些学者所依据的理论就可能是互相对立、互相批判的,例如民主行政理论与管理主义理论之间、新公共服务理论与新公共管理理论之间;另外,有些理论之间存在着交叉或包含的关系,比如民主行政理论与治理理论之间、后现代行政理论与新公共服务理论之间;等等。当然,不同的理论都有其精华之处,而且具有典范意义的理论都是针对时弊提出的改革理论,考虑到我国行政改革的复杂性,博采众长、为我所用是应该也是必须的。但在借鉴时应当注意区分理论的普遍性和特殊性,尤其要明白它所针对的各自国情和时代背景,在应用时还要充分考虑到我国国情的特殊性和政府改革的复杂性。下面我们将我国学者经常提到的若干理论划分成民主行政理论和公共服务理论两大部分进行分析,以期有助于加深对服务型政府的理解。

一、民主行政理论

1. 传统公共行政模式

19世纪中后期,西方几个主要国家相继完成了工业化,率先迈进了现代社会。各国政府一方面需要适应资本主义市场经济的要求,摆脱政争和腐败的阴影,提高行政效率,增强国家的竞争力;另一方面需要回应社会运动的要求,承担更多公共服务职责,缓和日益尖锐的社会矛盾。时代的需要催生出新的理论。在美国,伍德罗·威尔逊提出"政治与行政二分"原则,从而使行政学作为一门学科得以形成。受此影响,早期的行政学理论主要是管理主义的,追求的是行政管理的效率,泰勒的科学管理模式被奉为经典。在德国,普鲁士的"铁血首相"俾斯麦不仅强化了中央集权的管理,而且吸收了改良社会主义者的观点,使德国成为全世界第一个为公众提供社会保障的国家。马克斯·韦伯在此基础上形成了著名的官僚制理论。在韦伯看来,理想的官僚制模型具有法制化、层级节制、公私分开、专业化、专职化和效果的可预见性等特征,因此能够满足现代社会所需要的高效率。两次世界大战期间,韦伯的理论被介绍到美国,并与美国已有的公共行政学逐步合流,一同被奉为行政理论的圭臬,"威尔逊—韦伯"模式也成为传统公共行政模式的代名词。被誉为"公共行政学的元老"的古立克于1937年和厄威克合作编辑出版了《行政科学论文集》,在这部标志性的著作中,他把行政管理人员的主要职责概括为流传至今的"八字方针",即用八个英文字母(POSDCORB)代表行政管理的七项重要功能——计划、组织、人事、指挥、协调、汇报和预算。

2. 新公共行政理论

尽管官僚制具有理性化和高效率的特点,但它也不可避免地存在着垄断性和扩张性以及天生的官僚主义倾向,这些都是与民主价值和民主制度相冲突的。早在1936年,彭德尔顿·赫林(E. Pendleton Herring)在《公共行政与公共利益》一书中就大声呼吁,美国为有效对抗利益团体假借代议制之名,行个人利益之实,应借助规模庞大的行政体系,加强效能、增进公共利益的共识,以抗衡滥用职权、谋求私利的国会。赫林认为公共利益的基本理念应该成为国家公仆的核心价值。1947年,美国政治学者罗伯特·达尔在《公共行政评论》杂志发表了《公共行政学的三个问题》一文,指出行政学不应当把价值因素排除在行政学的学科研究范围之外,它必须研究社会需要的价值和目的,更多地考虑公平、正义等伦理问题。一年之后,德怀特·沃尔多出版了他的成名作《行政国家》,对前辈古立克崇尚效率的学说大加挞伐,吹响了对传统公共行政理论和官僚制批判和改造的号角。1968年,已经担任《公共行政评论》杂志主编的沃尔多在雪城大学麦克斯韦尔学院的赞助下,召集32位年轻学者在该校的明诺布鲁克会议中心举行了一次研讨会。会后形成了一本论文集《走向新公共行政学:明诺布鲁克观点》,开辟了"新公共行政学时代"。

新公共行政学提倡公平和公正的行政理念。如果说传统的公共行政学关注并试图回答的是我们如何在可供利用资源的条件下提供更多或更好的服务(效率),以及我们如何花更少的钱而保持特定的服务水平(经济),那么新公共行政学则增加了一个问题,即这种服务是否增进了社会公平? 所谓社会公平,就是要强调政府提供服务的公平性,强调公共管理者在决策和组织推动过程中的责任和义务,强调公共行政的变革,强调对公众要求做出积极的回应而不是以追求组织自身需要的满足为目的,强调在公共行政的教学与研究中更注重与其他学科的交叉以实现对解决相关问题的期待。总之,倡导社会公平就是要推动政治权力以及经济福利转向社会中那些缺乏政治、经济资源支持,处于劣势地位的人们。新公共行政突出强调公共行政中的价值问题,把公平与效率结合起来考虑,校正公共行政中单纯强调技术性因素的纯粹管理主义。

新公共行政探索替代官僚制的民主行政模式。与社会公平的价值相应,新公共行政提倡公民参与的民主行政观。它提供在公共事务中广泛程度的公民与公务员参与,它寻求增加在组织事务和公共政策形成过程中所有公共部门员工的参与。它鼓励公民以个体或集体的形式广泛地参与公共行政,从而使公共行政更响应公众呼声和以顾客为中心。① 这是传统的官僚制所无法提供的,因此需要探索更具弹性的、开放的、面向公民的公共组织,其目的是要求政府从组织结构方面确保公民的广泛参与以及政府对公民需求的回应能力。新公共行政理论认为,建立在公民参与基础之上的民主行政模式是政治民主在行政过程的反映,是社会进步的体现,是行政改革的终极目标。

3. 治理理论

治理理论是20世纪八九十年代在新公共管理运动推动下,并且是在对新公共管理理论进行反思和批判的基础上提出的。新公共管理是伴随着20世纪80年代保守主义改革兴起的一场"管理革命"。它在公共服务的生产和提供上与大多数西方国家的官僚制传统唱反调。它驳斥了公共组织拥

---

① 康妮、马克·霍哲、张萌种:《新公共行政:寻求社会公平与民主价值》,《中国行政管理》2001年第2期。

有特殊文化的观念,并特别指出这种组织必须按照私人部门的方式来管理。新公共管理的兴起以两个不同的方式推动了治理理论的发展。第一,它的假设前提是国家放弃对其组织的某些直接控制。新公共管理倡导"让经理们去管理",从而把民选的官员放在了更为外围的地位。政治家所要做的主要事情就剩下了制定目标,即掌舵。公共部门的服务应该尽可能以市场方式来生产和提供,这种安排将肯定能提高效率和降低成本。这些想法与新的治理颇多相似之处。第二,新公共管理提倡更少的输入控制,但更加强调执行和评估。这与以前的公共行政模式比起来,要求更多的组织模式及其互动。新公共管理理论与治理理论既有很多共同点,也存在着不少差异。最主要的相似之处在于两者都认为,形式合法化的国家力量正变得越来越不重要,而且当前跨越公私边界的制度性安排多少能够提供制度性的平衡和协调。而最重要的不同在于国家的概念上。新公共管理相当轻视国家的作用,认为国家至少在作为服务的提供者上是过时的。而治理领域中的多数学者对国家持一种更为积极的看法,认为国家是集体利益的缩影,而且它在促进和协调治理方面也有积极的作用。

同新公共管理一样,治理含义也是莫衷一是。英国学者罗德·罗兹(R. A. Rhodes)认为:治理意味着"统治的含义有了变化,意味着一种新的统治过程,意味着有序统治的条件已经不同于以前,或是以新的方法来统治社会"。他列举了六种关于治理的不同定义:(1)作为最小国家的管理活动的治理,它指的是国家削减公共开支,以最小的成本取得最大的效益。(2)作为公司管理的治理,它指的是指导、控制和监督企业运行的组织体制。(3)作为新公共管理的治理,它指的是将市场的激励机制和私人部门的管理手段引入政府的公共服务。(4)作为"善治"的治理,它指的是强调效率、法治和责任的公共服务体系。所谓"善治"是世界银行等国际组织针对第三世界国家提出的口号。在世行看来,治理是指"运用政治权力来管理国家事务","善治"包括"一个有效率的公共服务体系,一个独立的司法体制和履行合同的法律框架;对公共资金进行负责的管理;一个独立的、对代议制立法机构负责的公共审计机关;政府的各个层级都要尊重法律和人权;多元化的制度结构,以及出版自由"。而为了实现公共服务中的效率,世界银行主张:鼓励竞争和市场的发展;国有企业私有化;通过减少冗员来改革公务员队伍;引人预算制度;行政分权;以及更好地发挥非政府组织的作用。从这个意义上说,"善治"是与新公共管理密不可分的。(5)作为社会控制制度体系的治理,它指的是政府与民间、公共部门与私人部门之间的合作与互动。(6)作为自组织社会网络的治理,它指的是建立在信任与互利基础上的社会协调网络。

格里·斯托克(Gerry Stoker)则从作为一种理论的角度归纳了治理的五个要点:(1)政府在治理过程中并不是国家唯一的权力中心。各种公共的和私人的机构只要其行使的权力得到了公众的认可,就都可能成为在各个不同层面上的权力中心。(2)在解决社会和经济问题的过程中,私人部门和第三部门承担了越来越多原本由国家承担的责任。这样,国家与社会之间、公共部门与私人部门之间的界限和责任便日益变得模糊不清。(3)致力于集体行动的各个组织之间存在权力依赖,为达到目的,各个组织必须交换资源、谈判共同的目标。(4)治理意味着参与者最终将形成一个自主的网络,这一自主的网络在某个特定的领域中拥有发号施令的权威,它与政府在特定的领域中进行合作,分担政府的行政管理责任。(5)办好事情的能力并不仅限于政府的权力,不限于政府的发号施令或运用权威。在公共事务的管理中,政府可以动用新的工具和技术来控制和引导。

美国行政学家盖伊·彼得斯在他1996年推出的《政府治理的未来:四种新兴的模式》(中译本作《政府未来的治理模式》)一书中,分析了传统治理模式在新时期所遭遇的挑战,并从各国的改革经验中抽象出四种新模式,即市场式政府(强调政府管理的市场化)、参与式政府(强调公民社会对政府过程的参与)、弹性化政府(强调政府要能灵活应对环境的变化、回应新的挑战)、解制型政府(强调政府要减少内部的管理规则)。这四种模式都只是强调了政府治理的某一个侧面,如果说存在一个较为完善的治理模式的话,那么它至少应该包括以上四个方面的内容。当然这些模式还只局限于改革政府或公共行政的层面,四年之后,在他与皮埃尔合著的书里,他们把目光转到了国家权力上。他们认为治理的三个层级意味着国家权力的三种不同的转移方向：上移，交给重要性日增的国际组织；下移，分给地区、地方和社区政府或组织；外移，与非政府组织、企业组织和个人分享权力。在此基础上，他们提出了取代传统治理模式的三种可能情景。第一种情况是国家重申控制：传统国家拥有广泛的直接控制社会和经济的手段，尽管这在现在已经大大减少了，但有些直接控制的手段仍然是有效的，比如国家对安全的保障；同时，国家与市场之间是一种积极的相互依赖关系，国家运用各种方法来提高市场的效率，促进经济的发展；而在国家与社会关系方面，国家在社会利益的表达和实现上起到的是一种作为经纪人的中介作用。第二种情景是国家放手让其他体制去统治：一方面，来自下层的压力要求国家实施分权；另一方面，全球经济治理也要求国家把权力向上和向下移交。这对国家来说并不是坏事，而是谋求国家利益的一种新的策略。此外，国家与市场、社会的关系则变成了一种消极的相互依赖的关系。第三种状况走得更远，它超越了新的政府治理中通过团体、网络和其他社会中介结构来实施治理的想法，而是诉诸更为民粹的方式。这包括社群主义、协商民主和直接民主。这些理论主张国家应该尽可能把权力让渡给社会，让公民社会进行自治，真正实现"没有政府的治理"。

这里值得一提的是理查德·博克斯（Richard Box）所提出的"社区公民治理模式"。他认为21世纪的美国政治将由社区公民的治理模式取代目前中央政府掌握优势的状况，促成这种转变的原因来自三个方面的价值追求。第一，地方控制：中央政府由于陷入财政和人才缺乏的困境，无法为地方民众提供及时有效的服务，所以就下放权力，让地方政府能有充分的自主权决定自己的行动，以满足地方自主的需要。第二，小型与回应型政府：过去的大政府模式不仅造成效率递减和预算赤字，而且脱离民众的监督，形成民众对于公共事务的疏离。因此现在需要一个小型的而且具备高度回应民众需求的政府。第三，专家是咨询者而不是控制者：以前政府采取专业主义的模式，以中央政府的控制为导向，来实现效率和效果的目标。但21世纪的政府采取的是公民主义，以社区居民参与为导向，实现参与和关怀的目标。社区公民治理是一个由社区公民、社区代表和社区实际工作者之间密切合作所组成的统治系统。它拥有自己的机构:一个是协调委员会,这是把民选的机关从"中央决策制定"的角色转变为"公民协调"的角色,它的职责是倾听各种不同的声音,并将该声音向公民委员会提出,而不作出任何决定。第二个是公民委员会,这是最重要的决策制定与执行机构,它负责社区的警察、公共事业、消防、卫生、公园与娱乐等公共事务的执行。第三个是所谓的"帮助者"(The Helper),它指的是公共服务提供者的角色从控制官僚体系转变为协助社区公民了解社区议题、服务与决策,协助他们对公共计划作出非正式的决策,执行日常事务等。在这里,行政专家不再是一个控制与排斥公民的专家,而是一个鼓励民众参与的专家。① 总之,在后现代主义者和社群主义者眼里,高高在上的庞大的等级制政府已经过时,新世纪需要的是能充分代表民意、体现民意、实践民意的社区组织,这种组织是扁平化的,方便普通百姓的参与和监督。民众与政府间的关系是通过协商对话来维系的,这是一个协商民主的时代。

治理理论尤其是其中的"善治"思想对中国学者的影响很大。所谓善治就是使公共利益最大化的社会管理过程和管理活动。善治的本质特征,就在于它是政府与公民对公共生活的合作管理,是政治国家与公民社会的一种新颖关系,是两者的最佳状态。善治的基本要素有以下 10 个:(1)合法性,它指的是社会秩序和权威被自觉认可和服从的性质和状态。(2)法治,即法律是公共政治管理的最高准则,在法律面前人人平等。(3)透明性,它指的是政治信息的公开性。(4)责任性,它指的是管理者应当对自己的行为负责。(5)回应,它的基本意义是,公共管理人员和管理机构必须对公民的要求作出及时的和负责的反应。(6)有效,主要指管理的效率。(7)参与,这里的参与首先是指公民的政治参与,参与社会政治生活。但不仅仅是政治参与,还包括公民对其他社会生活的参与。(8)稳定,稳定意味着国

---

① Richard Box, *Citizen Governance: Leading American Communities into 21st Centuries*. Sage: Thousand Oaks, 1998. pp. 5 – 12, 164.

内的和平、生活的有序、居民的安全、公民的团结、公共政策的连贯等。(9)
廉洁,主要是指政府官员奉公守法、清明廉洁、不以权谋私,公职人员不以自
己的职权寻租。(10)公正,指不同性别、阶层、种族、文化程度、宗教和政治
信仰的公民在政治权利和经济权利上的平等。作为政府与公民对社会公共
事务的合作管理,善治需要政府与公民的共同努力,而且随着社会的发展和
政治的进步,公民在公共事务管理中的作用将变得日益重要。然而,我们必
须清楚地看到,在人类政治发展的今天和我们可以预见的将来,国家及其政
府仍然是最重要的政治权力主体。国家及其政府在社会政治过程和公共治
理中依然具有核心的地位,政府仍然是社会前进的火车头,官员依然是人类
政治列车的驾驶员,政府对人类实现善治仍然有着决定性的作用。因此,欲
达到善治,首先必须实现善政。对我国来说,在经济全球化背景下,作为一
个社会主义民主共和国的人民政府,善政应当具备以下八个要素:民主、责
任、服务、质量、效益、专业、透明和廉洁。①

二、公共服务理论

在现代社会中,不论一个人对政府有什么样的看法,他实际上几乎离不
开政府所提供的各种各样的服务:他出生于政府资助的医院,他在公立的学
校完成了从小学到大学的教育,他出门在外大多要靠公共交通工具,他对外
联络要靠邮局或电信部门,他用的是政府统一提供的水、电、气等,他依赖环
卫部门处置垃圾,他在公园中游玩,他受公安、消防、卫生部门的保护,最后
他又在医院里离开人世,并被埋葬在公墓里。一句话,政府的公共服务已经
涵盖了一个人从摇篮到坟墓的全过程。然而,我们现在感觉比较完善的公
共服务体系实际上是在一个多世纪的历程中,思想家和政治家不断追求、探
索、创新的产物。公共服务理论与行政学理论一样都是在 19 世纪后半叶产
生的,一个多世纪以来大致经历了创立阶段、发展与成熟阶段、反思与改革

---

① 俞可平:《善政:走向善治的关键》,《文汇报》2004 年 1 月 19 日。

阶段。①

(一)创立期的主要理论

19 世纪后半期,欧洲的英、德、法等资本主义国家在取得工业革命胜利的同时,也面临着越来越严重的社会问题。人们开始反思当时占统治地位的自由放任和个人主义的意识形态。同志在打破旧的国家机器的无产阶级革命不同,一些学者吸收了社会主义运动的一些改革诉求,主张通过扩大政府职能来缓和社会矛盾、解决社会问题。

1. 德国新历史学派的公共服务理论

19 世纪后半叶,德国社会政策学派(新历史学派)的杰出代表瓦格纳极力主张财政的社会政策作用,大大扩展了政府职能的范围。他认为,政府除了具有维护市场经济正常运作的功能外,还具有增进社会文化和福利的作用;他强调公共支出具有生产性,并初步提出了公共服务的概念。新历史学派的代表人物施穆勒、布伦坦诺等人认为,在进步的文明社会中,国家的公共职能应不断扩大和增加,凡是个人努力所不能达到或不能顺利达到的目标,都理应由国家实现;国家除了维护社会秩序和国家安全外,还具有提供文化和福利的目的,应该由国家兴办一部分公共福利事业来改善国民的生活,调剂再分配渠道,以缓和阶级矛盾;他们从改良社会主义观点出发,提出要增进社会福利,实行社会改革,并通过工会组织来调整劳资之间的矛盾,主张由国家来制定劳动保险法、孤寡救济法等。他们的主张被俾斯麦政府所接受,从而成为德国率先实施社会保险的理论依据。1883 年,德国推出了世界上第一部《疾病社会保险法》,此后又相继颁布了一系列相关的法律,建立起了当时世界上最完备的劳动社会保障体系。

2. 英国改良社会主义的公共服务理论

19 世纪末期,英国改良主义经济学家霍布森提出了"最大社会福利"思想。他明确主张经济学要以社会福利为研究中心,政府要通过干预经济来进行社会改良。他认为,国家不仅要通过赋税消除财富不均,实行免费医

---

① 参见李军鹏:《公共服务学》,国家行政学院出版社 2007 年版,第二章。

疗、老年抚恤金、比较充分的失业救济等"合理的健全的社会政策",而且还应当对一些企业进行直接管制,以便把个人利益与社会利益调和起来,使"最大多数人的最大幸福"得以实现。20世纪初,英国费边社会主义者韦伯夫妇主张通过税收和法律政策或国有措施,使"剩余价值"归政府所有,用于"社会福利"。韦伯夫妇提出了"国民最低生活标准"的概念,认为国家应该制定一个最低工资界限,保证国民的生活符合最低的卫生要求,改善个人的工作环境与工作条件,实行免费义务教育,创造就业机会,实施技术教育,提高人民的就业能力,从而达到防止失业、根除贫困的目标。在这些思潮的影响下,英国于1908年颁布了《老年津贴法》,1911年颁布《国民保险法》,包括疾病和失业的强制性保险。1909年颁布的《住宅及城市法》规定扫除贫民窟,向个人家庭提供廉价住房,这成为英国政府公共住宅建设政策的开端。此外,还颁布了《教育法》、《儿童法》、《煤矿工人法》、《劳动介绍所法》等。这些立法使英国初步建立了现代意义上的生活保障制度,建立起了"社会服务国家"。

3.法国公法学的公共服务理论

早期的国家理论强调个人与国家的二元对立,个人拥有某些天赋权利,国家则是"必要的恶"。因此,公法(主要指宪法和行政法)的主要作用就在于明确界定和保护个人权利免受公共权力的侵犯,并以个人权利来制约和抗衡国家的公共权力。国家和政府的职能被限制在履行主权的最低限度即"守夜人"的范围,工业革命之后,国家和政府的职能逐步扩大到教育、公共工程、卫生、就业、城市规划等方面。由此也带来了公法理论的创新,作为法国行政法基础的公共权力的观念被公共服务的观念所取代。

1912年,法国公法学者莱昂·狄骥明确提出"公共服务"概念并将其作为现代公法制度的基本概念。他指出:"现代公法制度背后所隐含的原则,可以用这样一个命题来加以概括:即,那些事实上掌握着权力的人……负有使用其手中的权力来组织公共服务,并保障和支配公共服务进行的义务。……公共服务的概念也就因此成为了现代公法的基本概念。"狄骥认为,"对一项公共服务可以给出如下定义:任何因其与社会团结的实现与促进不可分割、而必须由政府来加以规范和控制的活动,就是一项公共服务,只要它具有除非通过政府干预,否则便不能得到保障的特征"。他猛烈抨击了不受限制的"国家主权"的概念和"天赋的、不可剥夺的个人权利"的概念,认为这两种构成大多数西方国家宪法基础的概念是一种虚构。他主张用"义务"的概念来取代"权利"的概念,用"公共服务"来取代"主权命令",用"国家责任"取代"主权不受限制"。在行政法学领域,狄骥第一个系统阐述了"公务责任"的观念,并严格界定了"越权行为"的概念。他指出:政府的一切行为都应当符合法律所规定的程序规则和实质规则。宪法和行政法的目的就是确定政府及其公务人员的权限和办事程序,任何超越权限或不符合程序的行为都应当被宣布为无效。这些思想现在已经成为行政法的基本原则和基本理念。

(二)发展与成熟期的主要理论

公共服务理论得以发展的重要历史契机是 1929 年爆发的资本主义世界经济大危机。大危机带来的大萧条使人们充分认识到市场的缺陷,开始重新审视国家的作用。在凯恩斯主义和福利国家等思潮影响下,发达资本主义国家开始完善社会保障与公共服务制度,促使公共服务从补缺型向普遍型转变。

1. 福利经济学理论

西方福利经济学的创始人是英国经济学家庇古,他在 1920 年出版的《福利经济学》一书,首次构筑了福利经济学的理论体系,对福利概念及其政策应用作了系统的论述。庇古继承了马歇尔的"外部经济"概念,首次对外部性问题做了系统的研究。他认为,外部性是阻碍实现社会资源最优配置的因素,只有国家对市场经济进行适当的干预才能消除外部性。庇古把国民收入量的增加和收入分配的均等化看作是福利经济学研究的主题,并采用两个标准作为检验社会福利的标志:一是国民收入的大小,二是国民收入在社会成员中的分配情况。他主张通过国民收入增加和国民收入再分配两种方式来增加社会福利。他认为,凡是能增加国民收入总量而不减少穷人的绝对份额,或者增加穷人的绝对份额而不影响国民收入的总量,都意味着社会福利的增进。庇古提出的国民收入极大化、国民收入均等化、社会资源最优配置等理论以及相应的国家干预主义政策主张,成了后来福利国家的雏形。

2. 凯恩斯主义

英国经济学家凯恩斯针对世界性的经济大危机撰写了《就业、利息和货币通论》(1936年出版)一书,批判了萨伊定律的"供给自动创造需求"的观点和新古典主义据此提出的资本主义经济可以通过自由竞争而自动保持均衡的理论,旗帜鲜明地提出了政府干预论,强调通过政府干预"提高消费倾向和引诱投资",使有效需求与充分就业水平相适应;主张通过国家干预,扩大公共福利支出和建设公共基础设施等措施,促进经济增长,实现充分就业,通过建立累进税制和低工资制达到均贫富的目的。凯恩斯宏观经济理论体系的核心是就业理论。他认为,有效需求是决定社会总就业量的主要因素,能否达到充分就业取决于有效需求的大小,在市场经济现实中,经常存在的有效需求不足是引起经济危机和严重失业的根本原因。要解决这些问题,必须放弃自由放任主义的传统政策,依靠和实行政府干预;其核心是采取各种措施,增加社会货币总支出,扩大全社会对消费和生产资料的需求,以消除危机,实现充分就业。凯恩斯指出,要增加投资和提高消费,就要扩大政府的职能。它鼓励政府消费,认为政府的一切支出都是生产性的。一方面,政府可以增加其购买水平,扩大对商品和劳务的需求,举办公共工程,如修建高速公路、水利工程等;另一方面,政府可以提高其转移支付水平,例如支付失业救济金、养老金等福利费用,为特殊群体提供额外津贴,延长失业救济金领取期限等。同时,凯恩斯主张实行高额累进税政策,以进行收入再分配,提高消费倾向。凯恩斯的上述经济社会主张通常被称为"凯恩斯主义"。这些主张对20世纪30年代以后资本主义国家的经济社会政策产生了重要影响。战后西方国家社会保障制度的发展,尤其是福利国家的建立和发展,正是凯恩斯主义和国家干预政策的直接结果。

3. 福利国家理论

1941年,英国大主教威廉·坦普尔在《公民与教徒》一书中首创"福利国家"一词,用来取代"权力国家"。同年,丘吉尔政府成立了以经济学家贝弗里奇为首的"社会保险和救助委员会",研究战后社会政策问题。1942年,该委员会提交了一份题为《社会保险及相关服务》的报告(简称《贝弗里奇报告》),正式采用"福利国家"的口号。《贝弗里奇报告》提出英国战后重建必须战胜"五大巨人",即五个严重的社会问题:贫困、疾病、肮脏、无知和懒惰。现行的社会政策中保险的覆盖面太小,社会保障的内容也不完善,而且保障的标准也太低,管理上也存在问题。报告建议建立一个由国家组织的、尽可能包括所有雇员的社会保险体系,该体系由雇员和雇主的供款形成社会保险的资金来源。同时,国家对那些不能加入国民保险体系的人提供财产调查的公共救助。此外,国家对全体国民还要提供免费的医疗健康服务、对多子女的家庭提供普遍的"家庭津贴"以及对孕妇的补贴和对寡妇的补助,而且津贴的多少还应该与生活水平相适应。这个报告主张的社会福利思想被概括为"3U"原则:普享性原则(Universality),即所有公民不论其职业为何,都应被覆盖以预防社会风险;统一性原则(Unity),即建立大一统的福利行政管理机构;均一性原则(Uniformity),即每一个受益人根据其需要,而不是收入状况,获得资助。

战后获胜上台的工党政府把《贝弗里奇报告》的基本设想付诸实践,形成了一套较为完善的社会福利体系,并于1948年宣布在英国已经建成了"福利国家"。此后,其他西方发达国家相继宣布实施"普遍福利政策",建立福利国家。西方社会福利制度进入鼎盛时期。

福利国家理论的基本观点是:第一,福利国家应通过政府干预来弥补市场失灵。市场经济存在经济危机、失业、贫困等许多缺陷,但只要政府实行充分就业、公平分配、社会福利等政策,通过对遗产和收入实行累进所得税、举办各种社会福利事业等措施,就可以解决社会失业、贫困和不平等问题。第二,福利国家应实现收入均等化。政府应采取措施实行"社会改革",通过再分配政策和兴办福利事业,把部分财产和收入从富人手中转移到穷人手中,缩小贫富差距,促进社会平等。第三,福利国家应实现福利社会化。政府举办的社会福利包括社会保险、失业救济、卫生保健、家庭补助、养老金以及提供公共住房、教育文化活动等。通过建立较为完善的社会福利保障制度,保障人民的最低生活水平,并使大多数人享受到较好的物质生活。第四,福利国家的主要任务就是通过加强国家对社会经济活动的管理和监督,扩大社会福利,通过高额累进所得税去限制私人资本,实现国民收入的公平分配,实现社会经济生活的民主化。

(三)反思和改革期的主要理论

高福利的前提是高的国民收入,战后头 20 年,大多数西方发达国家都保持着稳定的经济增长,税收收入也逐步增加。但此后受滞胀的影响,各国经济开始停步不前,英国政府也不得不于 1976 年向国际货币基金组织贷款以挽救货币危机。各国的税收也在 20 世纪 70 年代达到了空前的水平,而政治抗议、逃税增多和经济下滑都限制了税收的进一步提高。国家的财政危机促使人们寻求新的治理形式。因此,从 20 世纪 70 年代末 80 年代初开始,英美两国不约而同地采纳了主张减少政府干预经济的新自由主义理论,采取了减少社会福利支出和市场化的公共服务政策,并开启了关于政府职能和公共服务的新的争论。

1. 新公共管理理论

1979 年,撒切尔夫人出任英国首相并推行西欧最激进的政府改革计划,以及 1980 年里根当选美国总统并尝试大规模削减政府机构人员规模、收缩职能、压缩开支、倡导公共部门私有化,标志着新一轮全球性行政改革浪潮的开始。指导这场行政改革的理论就是所谓的"管理主义"或称新公共管理理论。新公共管理针对传统公共行政模式中的弊端,根据时代环境的要求和市场经济的原则,主张:①公共部门内部由聚合趋向分化。②对高级人员的雇佣实施有限任期的契约制,而不偏好传统的职位保障制。③公共政策领域中的专业化管理。④公共服务的供给与生产分开。⑤强调资源利用要具有更大的强制性和节约性。⑥重视公共服务提供的效率和成本以及绩效的明确标准和测量。⑦从程序转向产出的控制和责任机制。⑧把私营部门的管理方式引入公共部门,使后者向更具竞争性的方向发展。①

新公共管理思想的发展逐步形成了一股席卷欧美、波及全球的"重塑政府"运动。其中以美国的戴维·奥斯本和特德·盖布勒的观点最具有代表性。他们试图用"企业精神"来改造政府,认为这种企业型政府应该是:①起催化作用的政府,政府的职能是掌舵(制定政策)而不是划桨(直接服务);②社区拥有的政府,"把所有权从官僚机构那里夺过来送到社区去","通过参与式民主给公民授权",让公民自己管理自己;③竞争性政府,"问题不在于公营对私营,而在于竞争对垄断",不论是为公众提供服务,还是政府内部的服务工作都要创造竞争机制;④有使命感的政府,改善照章办事的官僚主义作风,扩大有使命感的预算和人事制度;⑤讲究效果的政府,按效果而不是按投入拨款;⑥受顾客驱使的政府,政府提供的服务是满足顾客的需要,而不是官僚政治的需要;⑦有事业心的政府,要"使管理人转变为企业家",通过开发项目和服务收费来拓宽财源,同时要合理使用而不浪费;⑧有预见的政府,一方面要花少量的钱预防而不是花大量的钱治疗,另一方面在作出决定时要尽一切可能考虑到未来;⑨分权的政府,通过参与管理,分散公共机构的权力,变等级组织为协作组织;⑩以市场为导向的政府,通过市场的力量来实施改革。② 克林顿政府的副总统戈尔领导的"国家绩效评估"小组据此提出四条改变美国政府文化的原则:①减少烦琐、拖拉的办事程序;②顾客为上;③授予下属取得成果的权力;④回归本元,"产生一个花费少、成效好的政府"。③

在公共服务手段和供给方式方面,新公共管理引入了许多私营企业的技术与方法。比如《摒弃官僚制》一书中提到的"签约外包、公私竞争、应计会计制度、绩效奖金、团队奖金、全面质量管理、顾客调查、企业流程再造、内

---

① 参见欧文·休斯:《公共管理导论》,彭和平等译,中国人民大学出版社2001年版,第72页;以及毛寿龙等:《西方政府的治道变革》,中国人民大学出版社1998年版,第301页。
② 参见戴维·奥斯本和特德·盖布勒:《改革政府——企业精神如何改革着公营部门》,上海市政协编译组、东方编译所编译,上海译文出版社1996年版。
③ 欧文·休斯:《公共管理导论》,彭和平等译,中国人民大学出版社2001年版,第4页。

部市场、新顾客营销、信用卡支付、一站式商店"。奥斯本和盖布勒在《改革政府》一书中概括了三类工具 36 种方法。一是传统类工具,包括颁发许可证、税收政策、拨款、补助、贷款、贷款担保、合同承包等等;二是创新类工具,包括特许经营、技术支持、公私伙伴关系、志愿者服务、有价证券、采购、奖励召集非政府领导人开会等等;三是先锋派工具,包括股权投资、自愿者协会、回报性安排、需求管理、财产的出售、交换和使用、重新构造市场等等。

　　然而,尽管重塑政府的口号是鼓舞人心的,但其过于重视私人部门的管理经验以及过分的市场化倾向,也使其受到了诸多批评。在这种情况下,20世纪 90 年代以后,一种新的理论——现代治理理论开始成为世界各国进行政治和行政改革的主要依据。

　　2. 现代治理理论

　　现代治理理论从某种程度上说是新公共管理的延续和超越。说它是新公共管理的延续是因为两者之间存在着很多共同点,比如:两者都认识到公私二分原则的局限性,希望通过模糊公私之间的界限来实现社会的重新整合;两者都主张将市场机制引入公共部门,只是新公共管理把竞争当作核心机制,而治理理论则强调公私资源的结合;两者都重视产出的控制;两者都要求重新界定民选官员的权责问题,给予行政机关更多的自由裁量权;两者都强调政府应该"掌舵"而不是"操桨"。

　　从公共服务角度来说,现代治理理论强调:第一,国家与社会的重新整合。建立在国家和社会相分离基础上的传统行政模式在复杂多变的现代社会中,显得反应迟钝、能力有限,难以满足人们不断增长的各种需求。政府也感到负担过重、力不从心,因此开始更多地让私人部门提供公共服务。全球化和改革政府的浪潮促使国家权力向三种方向转移——向上交给重要性日增的国际组织,向下放给各级地方政府和组织,向外分给众多非政府组织、企业组织和公民个人。第二,政府的调控能力。政府的调控能力一方面表现在政府对社会的宏观指导即"掌舵"上,另一方面突出表现为政府能否对环境的变化和民众的需求作出有效的回应。政府的指导能力其实是要求政府减少对社会的干预,从一些不该管和管不好的领域中退出,政府的重要职责在于仲裁和协调。而政府的回应能力则要求政府在一些必要的领域行使权力、履行义务,比如对危机和突发事件的处理、对国家和社会安全的保障、对公民享有权利的保证,等等。但不论是指导还是回应都要求政府和社会之间保持及时、充分和有效的信息沟通。第三,政府的政治责任。尽管国家正在把原先由它独自承担的责任转移给公民社会,即各种私人部门和公民志愿团体,但这并不构成政府规避和减轻责任的理由。民主政府是责任政府,政府的责任就是政府在行使公共权力的同时必须履行宪法所规定的义务,归根到底就是要求政府要对社会负责、对老百姓负责。政治责任的实现需要对权力的行使过程及其后果进行有效的控制和监督,否则公共权力的行使就可能偏离公共意志,进而损害公共利益。

3. 新公共服务理论

国内学者在研究服务型政府时提到最多的应该是美国公共行政学者登哈特夫妇提出的"新公共服务"理论。如果说现代治理理论与新公共管理还是一脉相承的话,那么新公共服务理论则基于对新公共管理理论的反思,特别是针对"企业家政府"理论缺陷的批判而提出的一种全新的公共行政理论。

所谓"新公共服务",指的是关于公共行政在以公民为中心的治理系统中所扮演的角色的一套理念。新公共服务理论有四个基础理论:民主社会的公民权理论、社区和公民社会模型、组织人本主义和组织对话理论及后现代公共行政理论。新公共服务理论的基本原则如下:

(1)政府的职责是服务而非掌舵。在新公共服务中,公共行政官员不是其机构和项目的主人,他们的职责既不是单一的掌舵,也不是划桨。他们应该以一种通过充当公共资源的管家、公共组织的保护者、公民权利和民主对话的促进者以及社区参与的催化剂来为公民服务。政府越来越重要的角色趋向于协助公民表达并实现共享的公共利益,而不止于控制或引导新方向。

(2)追求公共利益,公共利益是主要目标,而非副产品。公共行政人员必须致力于建造一个共享的集体的公共利益观念,其目标不是去寻找个人选择的快速解答,而是分享利益和分担责任的创造。

(3)战略地思考,民主地行动。即满足公共需要的政策和项目,通过集体努力和协作的过程,能够得到最有效且最负责任的贯彻和执行。

(4)超越企业家身份,重视公民身份,服务于公民而不是顾客。新公共服务理论强调公共利益源自价值的分享,而非个人利益的简单相加。公共人员回应的是公民需求而非仅仅是顾客,且要把焦点建设在信赖关系和与公民的合作上。

(5)责任并不是单一的,即不应仅仅关注市场,亦应关注宪法和法令,关注社会价值观、政治行为准则、职业标准和公民利益。

(6)重视人而不只是生产率。公务人员所参与组织的公共组织与网络,如果能够通过基于尊重公民的合作过程与领导分享,就更有可能获得成功。

(7)超越企业家身份,重视公民权和公共服务。与传统行政理论将政府置于中心位置而致力于改革完善政府本身不同,新公共服务理论将公民置于整个治理体系的中心,强调政府治理角色的转变即服务而非掌舵。推崇公共服务精神,旨在提升公共服务的尊严与价值,重视公民社会与公民身份,重视政府与社区、公民之间的对话沟通与合作共治。

第三章 服务型政府的职能体系

政府职能体现了政府管理活动的实质和方向,是政府活动内容的总概括,是建立政府组织结构的基本依据。服务型政府是我国政府当前改革的方向和目标,其职能体系既要体现服务型政府价值目标、理念和活动内容,也要能反映当前社会发展阶段的需要。政府组织结构是职能实现的载体,只有建立科学合理的组织结构才能更好地使政府发挥政府职能作用。服务型政府的组织结构是由服务型政府职能的性质和内容决定的,二者相辅相成、相互制约,并随着社会的发展而不断调整。

第一节 政府职能的历史变迁及发展规律

政府职能的产生、发展和变革是人类社会不断发展变化的结果。自有人类文明以来,政府职能就随着国家和政府的产生而产生了,并随着国家和政府的变革而不断发生着变革,从而形成了不同的政府职能模式。每一个社会发展阶段的政府职能都有该阶段的特殊性或个性,但同时每个阶段也都有普遍性或共性,体现着政府职能演变和发展的规律性。

一、政府职能的内涵

政府是人类文明的产物,是国家进行阶级统治和社会管理、代表国家意志、处理社会公共事务的机关,对社会发展起着不可替代的作用。国家和社会的需要是政府职能存在的理由,政府职能就是政府适应国家和社会发展的需要所承担的职责和功能,它规定着政府活动的基本方向和根本任务。

政府作为国家的代理机关，从其诞生之日起，就有二重性：①其一，是从原始社会公共管理机关那里继承的社会公共管理，它与公共权力联系在一起，进入国家以后，它与"特殊的公共权力"联系在一起，执行着社会的公共事务，体现为社会性；其二，是实现经济上占统治地位的阶级利益的机关和工具，体现为阶级统治性。因此，阶级统治职能和社会公共管理职能是政府最基本的职能。阶级统治职能就是维护统治阶级的统治，执行统治阶级意志的职能，如镇压被统治阶级，防御外敌入侵。阶级统治职能是统治阶级建立政府的根本宗旨，是政府职能的核心。社会公共管理职能就是对全社会政治、经济、文化、社会等各项公共事务的管理职能，如民主建设、经济管理、科技管理、社会保障等，它是政府存在的基础和前提。正如恩格斯所说："政治统治到处都是以执行某种社会职能为基础，而且政治统治只有在它执行了它的这种社会职能时才能持续下去。"②这两种职能是任何国家和政府都始终存在的职能，政府职能的其他分类或划分都是以此为基础，是不同标准的表达形式。如从职能的属性来看，有统治职能、保卫职能、管理职能、服务职能等；③从职能行使的方式的角度可把政府职能分为：维护、保卫、扶助、管制、服务、发展六个范畴。④当然，从发展趋势来讲，政府的社会公共管理职能不断得到增强，阶级统治职能逐渐渗透到公共管理职能当中，愈来愈具有隐蔽性。服务型政府的提出可以说就是这种发展趋势与社会主义的政府性质和社会发展阶段相结合的反映。

二、政府职能的纵向考察

人类社会发展至今，先后经历了原始社会、奴隶社会、封建社会、资本主义社会和社会主义社会等五个发展阶段。这是以生产关系，主要是生产资料所有制关系为标准的。此外，以社会技术形态为标准可以把人类社会分

① 王时中：《现代政府管理通论》，江苏人民出版社 1999 年版，第 4 页。
② 《马克思恩格斯选集》第 3 卷，人民出版社 1995 年版，第 600 页。
③ 张国庆：《行政管理学概论》，北京大学出版社 2000 年版，第 96 页。
④ 张金鉴：《行政学典范》，台湾中国行政学会 1992 年版，第 103、104 页。

为农业社会、工业社会、全面自动化社会(或信息社会);以社会交换形态为标准,人类社会可以分为自然经济社会、商品经济社会和产品经济社会;以社会主体形态为标准,人类社会可以划分为人对人依赖的社会、人对物依赖的社会、自由人联合体的社会。

对人类发展历史阶段的诸多划分,反映了政府职能在不同社会发展阶段的政府职能性质、目的、内容、结构、重心和实现方式。如以"生产关系"为标准的五个社会形态划分,反映了政府职能性质和目的,即分别维护社会民众、奴隶主、地主、资本家和人民的利益,主要反映他们的意志。以"社会技术形态"为标准的划分,反映了政府职能的主要活动内容和方向,农业社会的政府以农业为主要活动内容和方向,如我国古代"重农抑商"的传统实际上是由农业社会的性质决定的。以"社会交换形态"为标准的划分,反映出政府职能结构、重心和实现方式的差异,如商品经济社会,政府职能主要是以经济职能为重心的职能结构,政府职能的实现方式更多的体现为以管理为主导,统治和服务的方式居次要地位。以"社会主体形态"为标准的划分,反映出社会主体在政府职能定位、配置和实现中的地位和作用,如人对物依赖的社会,政府职能定位、配置和实现要么是以政府为主导的供给型模式,社会主体(如民众、组织团体、企业等)的影响作用有限(如封建社会)或根本没有(如奴隶社会);要么是以社会为主导的需求型模式(如现代的资本主义社会),社会主体与政府的互动或博弈。所以,政府职能的历史变迁与社会发展阶段是紧密相联的,政府职能的内容、重心、实现方式和模式等方面的选择和确立,一定要分析人类社会的发展阶段和世情、国情。

(一)政府职能模式的纵向考察

根据上述分析,从政府职能的性质、目的(价值目标)、内容、结构、重心和实现方式等方面,我们把自国家和政府产生以来的政府职能模式划分为权威型政府职能模式(近代以前)、规制型政府职能模式(近代至 20 世纪 70 年代)和服务型政府职能模式(现代及未来)。见下表 3-1:

表 3 - 1　政府职能模式

特征 模式标准	权威型政府职能	规制型政府职能	服务型政府职能
价值目标	统治	管理(统治寓于管理)	服务
职能方向	第一产业	第二产业	第三产业
职能结构	政治主导型	经济主导型	社会服务主导型
职能重心	政治统治	经济建设	公共服务
职能实现	政府单向供给	政府供给主导,双向互动	社会需求主导,双向互动

(二)权威型政府职能

从国家政府产生到近代资本主义产生以前的漫长人类历史时期里,农业及农业生产活动是政府职能活动的主要领域,经济上是封闭的自给自足的农业经济占据主导地位,大多数人则作为统治者的私有财产而被束缚在土地上,处于完全的无权地位。没有人身自由,没有发言权,也就不可能有自主意识,此时的统治阶级及政府通过其掌握的强制性的公共权力将整个社会控制在不会危及其统治地位的秩序内,政府的经济社会管理从属和服务于政治统治的需要。政府职能的目的是以稳定政治秩序、维护统治阶级的统治地位为主,政府职能的形成和实现是一种单向的政府供给,政府该做什么,怎么做完全由国家及政府说了算,社会及民众无任何发言权,这种政府职能模式就是权威型政府职能模式。

1.权威型政府职能模式形成的社会历史条件

权威型政府模式是人类社会由野蛮时代迈入文明时代,随着私有制、国家的产生而发展起来的一种政府职能形态。它是奴隶社会、封建社会时期,国家与政府合而为一、国家与社会界限不清,政府职能十分单一的一种政府职能模式,它的出现是与奴隶社会和封建社会生产力低下、经济政治制度相对落后相适应的。

(1)权威型政府职能模式形成的经济制度条件。从生产方式的角度来看,以权威性政府职能模式为特征的奴隶社会和封建社会都属于农业社会,以自然生物体为劳动对象的农业生产是最主要的生产形式,社会生产生活的各个层面都脱离不了农业,农业经济始终占主导地位。在农业社会,生产资料的私有占有是主导的经济制度形式,生产资料所有者完全或部分占有劳动者,是一种赤裸裸的剥削与被剥削关系。由于社会流动性弱,各阶级阶层之间壁垒森严,社会关系以血缘和地缘关系为主,个人的发展受到极大限制。同时,奴隶主和封建地主阶级始终从政治文化制度上维护着这种经济制度关系。经济组织形式上,由于社会分工不发达、社会分化程度低下,以家庭为基本生产单位、以手工工具为主要生产方式的自给自足的小农经济在社会中占主导地位,生产的目的主要是为满足家庭生活需要而不是交换。

（2）权威型政府职能模式形成的政治制度条件。以小农经济为主导的农业经济状况要求有相应的政治制度结构,形成了中央集权或贵族统治的政治制度。从中国来看,几千年的政治制度的主要特点,在于其血缘宗法的中央集权制度。血缘结合是人类历史上最古老最自然的结合方式,中国的社会组织关系是以血缘关系为基础,在父子、夫妇、君臣之间的宗法原则指导下建立起来的。从整个历史来看,像是一种"家长式"的国家社会组织,其制度或许可称为"家国制"或"家国主义"。具体来讲,社会组织和政治关系就是"三纲五常",其中"君臣"拟父子,"朋友"拟兄弟,从广义上来讲都属于血缘关系,是一种广义的"家"。国家、社会行为很大程度上是一个"家"的运作。中国家族制度在其全部文化中所处地位之重要及其根深蒂固,是世界闻名的。中国老话说"国是家之","有国才有家",认为国家就是家的放大。所以,中国的"家长制"的统治和社会管理方式就成了必然,人治为政治系统运行的基本方式。究其原因无疑与农业自然经济有关,农耕民族的经济单位,只需简单的一个家庭,其社会生活就是家庭生活,纵然有时超越了家庭范围,也只是家庭关系的扩大或延伸。农耕经济,有利于生产力的稳定,人口支持力能显著提高,村落比较固定,各种工艺技术也会应运而生,社会分工的产生也会迟早到来,有分工就有协作,传统的"家"就得到巩固和延伸。以家为本位的生产方法会导致以家为本位的生产制度和社会制度,其结果是一切社会组织都以家为中心,人与人的关系由五伦联系、确定着。

（3）权威型政府职能模式形成的思想文化条件。在漫长的古代农业社会中，生产力发展水平低下，人类的物质生活处于简单粗放的状态，人们对自然界的了解还十分的贫乏。这个时代的教育通过保存和延续前人积累下来的经验、习俗，更多地反映了人类对自身的了解和认识，强调了对于维护社会生存、稳定社会秩序的愿望和认识。古代农业社会的本质是统治者的教育，由手脑分工导致阶级分化，产生了垄断教育的统治者和大多数"无知"的被统治者，所谓劳心者治人，劳力者治于人。因此古代农业社会的教育目的，是要培养少数统治人才，与这个目的相适应，其思想教育内容主要是传递统治阶级的价值观文化。在西方，这种思想文化教育的核心内容是神学以及七艺（文法、修辞、辩证法、算术、几何、天文、音乐）。在中国，则有六艺（礼、乐、射、御、书、数）以及逐渐占据"独尊"地位的儒学经典。农业生产对自然及土地的依赖，容不得人们有过分的举措和非分的想法，人们活动空间相对狭小，交流、交往较多的限于宗族亲情之间，重视的人际关系，培养了人们的"中庸"性格。在各种条件约束下，农民既勤奋耕作，又安于天命，生活节奏缓慢。农业生产周而复始，人生老病死，循环往复，没有新意与刺激，生活封闭、单调、形式化，从而造就了人们的思想观念陈旧，迷信权威，社会的变革和进步也非常迟缓。从政治社会的角度来看，小农经济思想有利于社会的稳定，也是专制社会政治得以稳固的基础。

2. 权威型政府职能模式的主要特征

在资本主义政治经济制度建立之前，奴隶制和封建制国家与政府是没有严格意义区分的，但作为实体意义的政府及职能却是始终存在着的，诸如中国古代的"朝廷、王朝"，国外的宫廷、内阁、行政等都等同于现代意义的政府，这是我们讨论政府职能及其模式的基础。纵横分析权威型政府职能模式的特征，可以概括为以下方面：

（1）政府职能的性质和价值目标。权威型政府职能的性质从属于其政府的性质，即经济上占统治地位阶级的政府，维护着统治阶级（奴隶主和封建地主）的利益。权威型政府职能首要目的就是为了维护一定的政治秩序，使社会对立的两大阶级不至于在相互冲突的矛盾中走向灭亡。这种政治秩序更多的是靠暴力机器和强制手段来实现和维持的,这种暴力机器和强制手段的执行者就是政府。当然,为了实现统治者所追求的政治秩序,也会有一些社会公共管理职能,但它是以更好的统治为目的和前提的,是从属于政治统治和为政治统治服务的。这时的"管理追求的是与统治一体化条件下的管理,管理行为自身未得到充分自觉,管理从不隐瞒为统治服务的职能特征,统治职能与管理职能处于一种混沌统一的状态"①。

(2)政府职能的活动领域和方向。权威型政府职能模式下的政府职能主要活动领域和方向,主要集中于第一产业,且主要是农业,政府维护统治阶级在经济的统治地位就是确保统治阶级在农业领域的统治地位,其主要形式是占有土地和农民剩余劳动,并占有或控制农民生产和人身自由,社会公共管理也是围绕农业生产展开的,如兴修水利、农田改造等。正如马克思所说:"不管在波斯和印度兴起和衰落的专制政府有多少,每一个专制政府都十分清楚知道它们首先是河谷灌溉的总管;在那里,没有灌溉,就不可能有农业。"②农业生产的分散性和自给自足的生产方式,使权威型政府的政府职能比较单一、简单,如我国自秦朝到清朝,县级政府的职能就只有三大项:治安、听讼和赋税,其他职能可能会有,但都是临时或短期的。由于农业是权威型政府的统治基础,那么如何保持农业的基础地位就成了政府职能的一贯性和经常性的目标,也是中央政府或上级政府考核地方政府和下级政府主要方面,如中国历朝都有对地方官员关于垦荒和农田基础设施建设情况的考绩。为了鼓励发展农业,稳固农业这一根本,中国封建社会的大多数时候都采取的是"重农抑商"的政策,把弃农经商看作是"舍本逐末"。当然,在对待商业的态度和政策上,中西方会有差异,但西方在奴隶社会和封建社会时期也始终坚持农业是国民经济的根本,各级贵族和封建主首先是地主,然后才可能是商人或手工业主。

(3)政府职能的结构和重心。政治统治和社会公共管理职能是政府最

---

① 张康之:《论政府的非管理化——关于"新公共管理"的趋势预测》,《教学与研究》2000年第7期。

② 《马克思恩格斯选集》第3卷,人民出版社1995年版,第523页。

基本的职能,我们把政府职能分成政治职能、经济职能、文化职能和社会职能实质上就是这两大基本职能的具体化或细分。其中,政治职能包括政治统治和政治民主两个方面,在权威型政府职能模式下,由于民主职能和经济职能、文化职能和社会职能相对于政治统治职能的首要和至关重要的地位,是微乎其微或微不足道的,所以这种政府职能模式是一种政治统治主导性的职能结构。这种职能结构决定了其职能重心就是政治统治,为加强这一重心,政府的其他职能都会服从这一职能需要,如思想文化上"三纲五常"的道德教化等。

(4)政府职能的实现方式。政府职能是满足社会需要的产物,社会需要是政府职能存在的基础。但权威型政府职能模式下,政府该做什么和怎么做,都由政府单方面决定,是一种政府单向的供给,几乎不存在政府与社会互动或博弈的过程。社会相对于政府或国家没有任何独立地位,也不存在现代意义的公民,"普天之下,莫非王土;率土之滨,莫非王臣",老百姓都是国王或皇帝的臣民。在奴隶社会,奴隶作为"会说话的工具"是奴隶主的私有财产,根本谈不上任何地位或权力,也就谈不上对政府和国家的要求。当然,消极意义的社会需要(如奴隶起义)也可能成为政府职能的组成部分,如西周初建时,统治阶级从商纣王的丧国看到民心可畏,提出"保民"的思想,并采取了一定政策和措施。其主要方面有:一是让康叔在卫地访商代贤王,讨教如何了解民心及引导的经验;二是提出正确对待民怨,"怨不在大亦不在小。惠不惠,懋不懋",言民怨不在大小,而在于能正确对待;三是要以德化民,无作怨于民,不用不善之谋,不做不法之事,尊其道德宽其徭役,足用其度,则民自安宁。① 这些措施和做法,使西周初期的社会矛盾得到了极大缓和,促进整个社会的发展。但这只是开明的统治者偶尔为之,周朝后期的腐败和社会民不聊生状况,很好地说明统治者对社会利益的平衡和照顾,都是从维持统治的角度出发的。在农业社会,作为社会主体部分的

---

① 中国人民大学历史系、中国古代史教研室、深圳市博物馆:《中国历朝行政管理》,中国人民大学出版社 1998 年版,第 61、62 页。

农民,虽然有了一部分生产资料和一定的自由,但仍然没有摆脱对地主阶级的人生依附关系,随时可能沦为农奴或受雇于地主的农民,这种经济和政治地位决定了农民对强大的国家或政府的影响力是极其弱的,对政府做什么或怎么做几乎没有任何发言权,也可能有"为民请命"的少数代言者,但大多时候其声音是弱小的。

(三)规制型政府职能

自资本主义生产关系产生(15~16世纪)到20世纪70年代信息化浪潮的革命,人类进入工业主义主导的工业社会,专业化、规模化的工业生产,带来人类社会面貌前所未有的改变。生产力得到极大地发展,国家统治由地主阶级转到资产阶级手中,政府从维护封建的生产关系和地主阶级的利益转向维护资本主义的生产关系和维护资产阶级的利益。适应这种转变,政府的主要活动领域由农业转向了工业,工业生产与消费的分离、劳动者与生产资料的分离使政府管理社会的职能凸现出来,政治统治更多的是通过社会管理职能来实现。这一方面是由于工业及工业经济的发展是资产阶级统治的基础,另一方面政治上的民主形式也需要把政治统治寓于社会的公共管理中,这是取得形式合法性的基础。因此,经济建设成了资本主义国家和政府的职能重心。同时,由于政治与经济、公域(政治活动领域)与私域(经济活动领域)的相对分离以及市民社会的形成和公民的产生,社会力量得到增强,渴望权利、自由、民主的政治、经济斗争,先后产生了宪政、法治的理念以及相应制度设计,从而一方面为社会和公民赢得了一定的民主权利和自由,另一方面约束了国家和政府的权力,增强了国家和政府对社会的回应性,使政府该做什么和怎么做由单向的政府主导走向政府主导、双向互动。这种以发展工业或第二产业为导向,把经济建设作为政府活动的重心,把政治统治寓于管理和民主之中,强调政府与公民或社会互动的政府职能模式,就是规制型政府职能模式。这种政府职能模式,产生和发展于资本主义社会,成熟和合理化于社会主义,表现在:社会主义是人民民主和统治,政府是人民的政府、以人民或社会的需要作为职能活动的依据,工业化是实现更高级社会的必经阶段,因而工业发展和经济建设仍然是较长历史时期内政府活动的主要领域,这对在经济文化落后条件下建设社会主义的国家来说更为重要。

1.规制型政府职能模式形成的社会历史条件

规制型政府职能模式形成于工业社会时期,工业社会是对农业社会的继承与超越,与农业社会相比具有自身显著的特点,表现在生产力的飞跃式发展、经济基础的大变革和上层建筑的创新性进步,这些特点构成了规制型政府职能模式形成历史条件。

(1)规制型政府职能模式形成的经济制度条件。资本主义产生以后,在科技革命的推动下,劳动对象得到极大地扩展,由农业社会的活自然物为主转向了以非自然物为主,劳动工具由手工工具转向了机器和生产线,能源、动力系统由分散的、可再生的自然物转向了大量利用无生命自然资源(原材料、能源)产生源源不断的动力,交通运输工具和通信联络手段得到高度发展,个人、群体、组织、区域、国家的交流日趋扩大并联系得越来越紧密,教育、文化的转播和扩展使劳动者的素质大幅度提高,从而带动了工业时期生产力的飞跃式发展。正如马克思所言:工业革命一个世纪创造的生产力比以往人类所有世纪创造的生产力还要多、还要大。生产力的发展带来了生产关系的变革,广大劳动者已经摆脱了封建社会对地主的人身依附关系,人们的自由权利有了一定程度的扩展,劳动剩余的提高使人们的生活水平也得到大幅度提升。但在资本主义条件下,形式和表面的平等、自由与劳资合作却掩盖着剥削和压迫的关系,只不过比以往更为隐秘而已,这是由于生产资料仍然掌握在资本家的手里,资产阶级控制着国家机器,无产阶级及广大劳动人民的经济政治地位虽有改善,但相对于他们的贡献是微不足道的。正是出于对资本主义制度的揭露、批判和超越才产生了社会主义思想,并由理论变成实践,从而极大地改变了工业社会时期的政治经济状况。但不论是资本主义还是社会主义社会,在工业社会时期的目标和选择的发展道路是大同小异的,即工业化、现代化的实现,社会由传统向现代的转变,用商品经济或市场经济取代传统封闭的自然经济,等等。

每个文明都有支配自身发展的一套规则或范式,它是由该文明的生产方式所决定的,并不断地规范或操纵着社会生产生活的所有活动。工业社会的这套规制或范式体现为六个方面:①一是标准化。表现在标准化的产品、标准化的组织、标准化的管理方式、标准化的生产方法、标准化的货币、语言和交流工具等。二是专门化。以泰勒的科学管理为标志,分工和专门化成了标准的工业生产方式,专门化打破了低效率的手工作业方式,使生产线式的生产成为可能,从而极大地提高了劳动生产效率。三是同步化。机器生产和流水作业要求每一个作业者必须步调一致才能工作,因而要求全社会都要遵守相同的时间,守时或按规定程序运转成了社会的基本规则,大人定时上班、小孩准时上学,同时工作、规定时间进餐、准时睡觉,生产、生活和消费必须同步起来,否则有一个环节没有同步,就会打乱整个局面。四是集中化。表现在人口的集中,人口由农村流向城市,城市越来越大;能源要集中,分散的能源难以满足集中化生产的需要;资本和生产要集中,这样才能产生规模效应。生产、生活、学习、工作等都要集中起来,才能满足工业化生产方式。五是极大化。表现在城市、工厂或公司、政府或其他组织等越大越好,大量生产、大量消费、大量丢弃、大房子、大车,"大"成了工业社会的标志。六是集权化。工业化时期的中央政府、总统、总理、总裁、中央银行、经济中心等都体现了权力集中化。

(2)规制型政府职能模式形成的政治制度条件。经济决定政治,生产方式的标准化、专门化、同步化、集中化、极大化和集权化要求政治制度与之相适应,因而有了民族国家的兴起、资产阶级的掌权、无产阶级的自由流动和三权分立、普选制、多党制等资本主义的政治制度,同时也有了对之超越的社会主义政治制度。工业时期掌权的资产阶级陶醉甚至迷信机器的魅力,把整个社会的经济、政治和文化都机器化了,认为社会的每一个领域都必须像机器一样构成一个系统,牵一发而动全身才是最有效率的。所以,我们现在看美国政治制度的创造到其他国家的效仿,都可以看出有类似机器构造的影子,三权分立有发动的部分——议会、运行部分——政府和平衡部

---

① [美]阿尔文·托夫勒:《第三次浪潮》,黄明坚译,中信出版社 2006 年版,第 30—39 页。

分——司法,还需要个关键机关——总统,因为这些制度的设计者如富兰克林、麦迪逊、杰弗逊等人既是政治家又是科学家和发明家。诞生于工业时代的社会主义者也浸淫这种机器思考,如列宁认为,国家就是暴力机器,是阶级统治的工具。通过对工业化时期的社会规则和政治制度的机器化设计的分析,我们可以理解官僚制或科层制为什么会产生,说到底就是适应工业化时代的产物。科层制的专业分工、层级节制、非人格化、效率中心等特征与工业时代的社会规则是一致的。

从国家与社会、权力与权利的关系来看,工业社会比农业社会有了极大地进步。国家与社会的二元分化并相互制约的作用凸现出来,工业化的发展带动商品和市场发展产生了相对独立的市民社会,政治领域的国家控制和社会领域的市民或公民自治成为基本的原则,从而使国家和政府的权力受到了监督和制约。政府做什么和怎么做已经不能为所欲为了,必须考虑社会的影响,因为国家和政府的运行需要社会的支持,如提供税收、思想上的认同等,这也客观上促使政府职能由传统赤裸裸的统治转向了社会管理和服务,用法治的方式取代人治的方式,社会需要成为政府职能定位和履行的必要条件。工业社会使人的发展迈出了一大步,主要体现是承认公民具有与生俱来的天赋权利,公民应该享有政治、经济、文化和社会等各项权利;国家和政府是公民和社会经契约组建的,国家和政府的权力必须服务于公民和社会的权利(虽然在资本主义社会是表面和形式上的),应该服务于人民和社会。为了体现和保证公民享有真正的民主、自由和平等的权利,资本主义和社会主义都设计了相应政治制度和体制,如议会制度、人民代表大会制度、选举制度、政党制度、监督制度等。这是规制型政府职能模式的重要政治制度条件。

(3)规制型政府职能模式形成的思想文化条件。规制型政府职能模式的形成,既是工业社会政治经济制度决定的产物,也是该时期思想文化影响的结果。工业时代的民主、自由、平等的思想,以及崇尚科学、追求真理的精神形成与市场经济、法治制度紧密相连的,但也体现了自身的发展规律,推动着整个社会的发展和进步。如政治与行政分开的思想、科层制度的思想、福利国家的思想等,既是由工业化的特点决定的,也是针对社会突出问题的创新思考。但思想都有时代的局限性,工业化时代的思想反映了该时期的社会现实,制度设计是该时代思想的产物,因而规制型政府职能模式也是工业时代的产物。

2. 规制型政府职能模式的主要特征

规制型政府职能模式产生、成熟于工业时代,它建立在公民社会兴起、政府与社会二元化、经济工业化和市场化的基础之上,因而反映了该时期的发展特点。

(1)政府职能的性质和价值目标。规制型政府模式先后存在于资本主义和社会主义国家中,其职能的性质是有本质区别的。资本主义的政府职能是维护资产阶级在经济政治上的统治地位,反映资产阶级的利益,虽有诸如福利国家的政府职能,形式上促进社会的发展和人们生活水平的提高,但其本质上不过是对资本主义危机挑战的一种应对。社会主义的规制型政府职能模式存在于社会主义工业化实现的过程,是借鉴和创新的结果,虽然与社会主义的价值目标有一定的差距,但也是社会主义发展过程中必经的阶段,是社会主义初级阶段的一种过渡性政府职能模式。在规制型政府职能模式中,政府的统治职能已经让位于它的社会管理职能,标准化、专业化的管理是规制型政府的主要行政理念和价值目标,它追求的是社会秩序,而且更多的是靠管理而实现的社会职能来保证的,"它的统治职能被作为一个总目标和总原则而深深地隐藏在各项管理职能的背后,表露于外的是管理的政治职能、经济职能、文化职能以及其他各项社会职能"[1]。也就是说统治是寓于管理之中的,统治因素越来越居于幕后,管理因素越来越彰显。

(2)政府职能的活动领域和方向。在工业社会中,第二产业尤其工业一统天下,农业退居次要地位,资本代替土地成为最主要的生产资料,第三产业在工业化后期逐渐愈来愈重要,这意味着时代的转型和政府职能模式

---

[1] 张康之:《论政府的非管理化——关于"新公共管理"的趋势预测》,《教学与研究》2000年第7期,第33页。

的转变。适应工业发展的需要,政府的主要活动领域也由传统的农业为主的第一产业转向了工业为主的第二产业,如何更好地发展工业,提高工业生产的能力成了政府职能的重点。一个国家要强大,首先要看工业发展的水平如何,历史上的大国发展之路充分地说明了这一点,如德国的崛起、美国的崛起以及前苏联的超级大国地位的确立,无不通过工业水平和工业产值来衡量。在政府如何更好地为工业经济发展的问题上,资本主义国家的政府与市场的关系先后经历了几个曲折反复的阶段:工业发展之初,原始积累需要国家和政府的强有力的干预,充当工业经济发展的"拐杖",所以产生了主张国家和政府干预的重商主义思想;资本原始积累完成以后,工业基础奠定、资本家"羽翼渐丰",国家和政府对工业经济干预的"拐杖"已成了"路障",因而出现了反对政府干预市场的自由放任主义的思想;进入垄断资本主义时期,自由竞争被垄断所窒息,酿成了一次又一次的经济危机,于是产生了凯恩斯主义的政府干预理论,再次强调政府对工业和市场的强有力的干预,当然这次干预的形式和手段都是对重商主义的一种扬弃。凯恩斯主义风行资本主义世界近 40 年,极大地推动了资本主义的发展,但时代的转换(社会由工业时代开始迈入信息时代)使工业化国家的政府管理普遍面临危机,因此自 20 世纪 70 年代以来,各工业化国家掀起了政府改革运动以适应时代变化的需要,这种改革运动正处在风起云涌的浪潮之中。社会主义国家由于普遍是工业化未完成国家,工业化和现代化的任务决定了社会主义国家的政府职能也把发展工业为主的第二产业作为职能活动的主要领域和方向。

(3)政府的职能结构和重心。规制型政府职能模式的职能结构是完整和全面的,政治职能体现了专政和民主的统一,资本主义国家政府的民主职能由统治阶级内部逐渐向被统治阶级扩展,人们享有了法律和形式的民主,虽然是不完全的或甚至是虚假的,但毕竟有很大的进步。社会公共管理职能由经济职能拓展到文化和社会领域,教育的大众化和普及化作为工业化发展必要条件受到各国政府的普遍重视,尤其是科技革命浪潮的推动,很多国家把教育、科技的发展作为一种战略提出来,政府的文化职能已经走出了思想控制和培养统治人才的窠臼。社会职能主要涉及与人们日常生活紧密相连的领域,如医疗卫生、住房、养老等,这在权威型政府职能模式下是个人和家庭的责任,但在工业时代,工业的发展和市场经济的流动性都需要把这些责任从个人和家庭中剥离出来,否则工业发展就失去了基础(如养儿防老的社会保障不可能为集中于城市的工厂生产提供持续稳定的劳动力)。所以,自资本主义产生以来,政府的社会职能在不断扩大,由原先的消极、被动逐渐走向积极、主动,到二战以后福利国家的普遍建立,反映了政府社会职能的扩张趋势。但从政府职能的结构特征来讲,规制型政府职能模式还是以经济职能为主导的职能结构,经济建设或管理依然是政府职能的重心,只不过在形式上不同阶段有很大的变化,如有时政府直接参与经济建设和市场竞争,有时主要是为经济发展创造环境和条件。进入后工业化时代的发达国家,政府经济职能更多转向宏观、间接的参数调节和经济条件的改善上,为经济发展主体提供各种服务成了最主要的经济职能;而处在迈入工业化的发展中国家,政府的经济职能具有混合性特征,既有直接的干预,甚至参与市场竞争,又有提供服务的职能,这是由经济发展的阶段性特征决定的,不存在抽象的经济职能内容。

3. 规制型政府职能模式的实现方式。在规制型政府职能模式下,政府职能的需求与供给的互动已经建立起来,政府职能的最终供给已经由政府单向决定走向了由政府主导、政府与社会的双向互动,政府通常会考虑来自社会和民众的愿望和要求并在职能中体现出来。这既有民主政治发展原因,也有工业化时代社会快速变化的原因。民主、自由、公平、正义、理性等理念的广泛传播和相关制度的建立,增强政府对社会和民众的回应性,满足社会的愿望和要求成了政府存在合法性的基础,尤其是选举制度的推行,没有回应性或是对社会需求置若罔闻就意味着政府的下台,这种责任机制极大地提高了政府与社会的互动性。但不管政府如何提高与社会的互动以增强政府的回应性,都是以不危害其阶级统治为前提的,如资本主义国家不论如何强调社会的公平和正义,但它不可能消除产生不公正的私有制根源。从这个意义上讲,要真正建立民有、民治、民享的服务型政府,首先要从根本制度上作彻底地转变,否则谈政府全心全意为人民服务,而政府代表的却是少部分人或个别集团的利益,服务和民意的政府都只能是虚假的或形式上的。另一方面,社会的快速变化也是政府增强与社会互动的重要因素。政府今天该干什么是根据昨天的社会需求确定的,如果今天的社会需求已经发生了变化,而政府视而不见、依然我行我素是不行的。此一时、彼一时,这也是科层制在现代面临危机的主要原因,产生于工业化初期的科层制已很难适应瞬息变化的现代社会。在政府与社会、市场、企业和公民的关系上,规制型政府职能模式也有自身难以克服的弊端,如强调政府的本位使社会自由和公民权利的申张受到压制,对市场的管制过多、服务不够使市场活力发挥受到抑制等。科层制下严格的等级制和"命令—执行"模式,扼杀了人们的创造性;其倡导的"高节奏、强竞争"的生活方式,加重了人的心理负担和生理不适;在人际交往中强调"事本主义",导致了人与人之间的隔膜。总之,时代发展的变化和规制型政府自身面临的危机需要一种新的政府职能模式,以适应当今经济全球化、政治多极化和社会信息化的挑战。

(四)服务型政府职能

服务型政府职能模式是在人类社会进入后工业化时代(或信息化时代),在和平、发展、合作与共赢的时代主题下,适应经济全球化和市场化、政治多极化和民主化的趋势而正在形成、发展中的一种政府职能模式,与当今世界各国政府放松管制、加强服务的政府改革趋势是一致的。服务型政府职能模式是对规制型政府职能模式的继承与超越,它把服务作为政府的目的和宗旨,并明确化和制度化,要求全面改革和创新政府;把更好的促进第三产业主要是服务业的发展作为职能的主要活动方向,并通过第三产业的发展来改造和提升第一、二产业的发展;把社会公共服务作为职能工作的重心,形成以社会公共服务为主导的政治、经济、文化和社会职能全面、协调发展的政府职能结构;把社会的需求作为政府职能定位和确立的基础和前提,强调政府职能的实现是政府与社会互动、合作,社会多元化主体治理是政府职能实现的基本形式。

1.服务型政府职能模式形成的社会历史条件

服务型政府的改革目标是由我国各级地方政府在行政管理体制改革中率先提出来,得到了社会各界特别是学术界有识之士的宣传和推动,并最终上升为国家层面的政府体制改革目标。服务型政府改革目标的提出,不仅是针对国内经济政治变化中出现的问题,也是适应当今世界发展趋势的结果。以服务型政府来命名这次改革浪潮,既是政府职能转变的革命性要求,也是政府行为方式的一次革命。正如工业社会取代农业社会,政府职能发生了全方位、多角度、多层次的一次质变,经历了对抗、反复和确立等一系列过程,这次服务型政府的改革对政府职能转变的要求也将是一个全面、系统的、长期的过程。服务型政府职能模式形成过程的难易程度和时间的长短,既取决于改革决心和动力,也取决于对不断变化的世情和国情的认识、分析和把握。

(1)信息化时代到来的挑战。20世纪70年代尤其是20世纪90年代以来的信息化浪潮,把人类社会从工业社会引向信息社会。美国著名社会学家丹尼尔?贝尔于1973年提出了"后工业化社会"的概念。阿尔温?托夫勒于1980年出版了《第三次浪潮》,阐述了社会面临"第三次浪潮"的深刻变化。西蒙?诺拉和阿兰?孟克于1980年提交了法国社会信息化的报告,讨论了信息化社会的社会模式、结构和信息化政策。1982年,约翰?奈斯比特进一步提出当代社会发展的大趋势:世界在从"工业社会"转变为"信息社会"。1988年,W.J.马丁发表专著《信息社会》。2005年5月,第38个世界电信日被同时作为首个"信息社会日"来庆祝,不仅标志着日新月异的电信技术已经向更先进、内涵更丰富的信息通信技术发展,更标志着人类社会正在向信息社会的新纪元大步迈进。在信息化浪潮席卷之下,国与国的竞争将取决于对信息的占有程度,谁占有了信息,谁就占领了政治、经济、军事、文化的制高点。为此,各国都高度重视本国的信息化建设,并把信息化发展战略作为国家总体发展战略的重要组成部分。美国通过信息高速公路计划的实施,到2001年使美国的国民生产总值增加3210亿美元,生产效率提高20%~24%。据预测到2020年美国只要用2%的劳动力作为工人,仍可保持世界第一大工业国的地位。顺应全球信息化发展的趋势,我国政府也高度重视信息化工作,提出了信息化发展的战略举措。2006年发布了《2006～2020年国家信息化发展战略》,提出了未来15年我国信息化发展的指导思想、战略目标、战略重点,并制定了推进信息化的战略行动计划和保障措施。[①]

如今,信息通信技术已经改变了传统的生产方式,并深入到人类生活的方方面面,包括知识结构、社会关系、经济和商业生活、政治、媒体、教育、医疗和娱乐等,深刻地改变着我们的社会形态。在农业社会和工业社会中,物质和能源是主要资源,所从事的是大规模的物质生产,而在信息社会中,信息成为比物质和能源更为重要的资源,以开发和利用信息资源为目的的信息经济活动迅速扩大,逐渐取代工业生产活动而成为国民经济活动的主要内容。信息社会的主要生产方式是信息的生产,其主要经济部门是以加工和服务为主导的第三产业甚至第四、第五产业,诸如运输业、公共福利事业、贸易、金融、保险、房地产、卫生、科学研究与技术开发等。特别是计算机的发明和应用开始深入地开发信息资源,并使信息资源与物质、能量资源相结合,创造出各种智能化、信息化、网络化的信息控制生产工具,与动力机械工具相结合形成了有强大生产能力的复合生产工具,生产出越来越多的信息产品和工业产品,而在工业产品中则占有越来越多的信息成分。进入新世纪,随着移动通信、互联网等信息通信技术的成熟,信息社会的发展浪潮再次掀起。

信息社会规则或范式是对工业社会规则或范式的全面转变,多样化、复合化、非同步化、分散化、碎片化和分权化全面取代了工业社会的标准化、专门化、同步化、集中化、极大化和集权化的规则或范式。社会规则的转变意味着社会生产方式、生活方式、交往方式、组织方式等全方位的转变,与之相应,政府职能的内容、结构、重心和职能的实现方式都会发生深刻的变化,信息管理和服务是政府职能的主要内容并随着快速变化的社会需要随时调

---

① 洪黎明:《从工业社会到信息社会》,《人民邮电报》2006年12月21日。

整,信息经济领域将是政府职能的主要活动方向,政府作为服务者的角色将由被服务者——社会和公众决定政府该做什么或不该做什么和怎么做,组织结构的弹性化使政府职能的履行也不会由固定的、单一的部门来完成,根据任务的性质和要求选择最胜任的部门或多部门合作完成将是主要的趋势。

(2)经济全球化的挑战。经济全球化是当今世界经济的一种发展趋势,也是一种客观现实存在。任何国家或地区,只要选择了市场经济,也就意味着要面临经济全球化的挑战,而且经济全球化是一把双刃剑,机遇与挑战同在,利益与风险并存,如何把握全球化带来的机遇和迎接全球化带来的挑战,是每一个国家和政府都共同面临的问题。当然不同国家在经济全球化的条件下,所面临的机遇和挑战是不等同的,对于发展中国家和体制转轨的国家来说,其机遇和挑战都是巨大的。应对挑战能力的大小决定了经济全球化对某一国来说是利大于弊,或是弊大于利。面对全球化的挑战,政府如何抓住机遇、化解风险,美国经济学家约翰·唐宁教授认为,政府应是"一个弱势的、柔性的、能够预知变化的政府"[1]。这实际上道出了面对全球化,政府职能面临的挑战:[2]

一是政府职能的范围和形式将发生变化。一些职能的范围可能扩大,而另一些职能会受到更多的限制。前者如政府将继续在谈判桌上代表一个国家发挥重大项目上的决策作用,而且这种决策和影响作用在不断加强;后者如政府需要转变观念,鼓励和授权其下属机构最大限度地提高和利用可能得到的资源,在具体项目和微观组织活动上减少政府干预。全球化条件下的政府不能像以前很多政府歧视或尽力阻止其他企业进入本国市场。现在任何政府都不可能在国内竖起一道屏障来保护国内经济的发展,但可以通过调整关税政策、使用反倾销调查等手段来维护本国的经济利益。政府

---

① John H. Dunning, *Government*, *Globalization*, *and International Business*, Oxford University Press Inc 1999, p. 13.

② 刘永艳:《经济全球化条件下的政府职能转变》,《中共中央党校学报》2001年第5期,第103、104页。

仍然承担着以最低的代价和最大的收益支持来驾驭本国经济完成经济变革的主要责任。由于经济全球化的推动,各国都不得不进行经济结构调整和产业结构调整,把政府改造成具柔性的、能够适时应对经济变化形势的政府。

二是政府职能维护经济主权的挑战。从生产全球化的角度看,国别的概念是模糊的。如何理解和维护国家利益,如何确定一个生产销售各个环节分布在好几个国家或地区的多国企业所代表的国家利益? 一个美国企业将其大多数的研究开发、产品设计和复杂的生产过程都放在了国外,在美国之外创造了比美国本土更多的就业机会,是这个企业更能体现其总部所在国的国家利益,还是一个总部设在纽约的日本公司更能体现美国的国家利益。相应的问题是,在多大程度上联合企业可以得到一个国家或地区为了增强其国内的竞争力,而提供的资助或研究开发项目。如果一个外国生产者确实能够代表其所在国的国内生产者的利益,它可以主张和国内生产者同样的权利吗? 回答是肯定的。由于各国经济上的联系日益紧密,经济间的边界就变得模糊起来,政府为本国企业制定国内政策的经济主权就受到限制。全球经济各因素之间越是相互依赖,就越需要各国政府和国际组织加强协作,更为广泛深入的决策上的协作就是对日益加深的经济一体化的反应。过去主权更多地是从个体意义上来理解,今天更多地要从主权的经营管理上来把握,也就是说,通过政策协作而越来越由各国"分享"主权。这里的主权实际上主要是国家经济主权。但是经济主权的不断让与会不会影响国家主权? 这取决于国家经济实力和综合国力,而像美国这样的经济霸主,其政府的权力范围,可能随着其在世界经济中的占主导地位的跨国公司的活动,而延伸到世界的各个角落。所以,政府如何应对这种涉及国家经济主权全球化的趋势是大多数国家政府必须面对的。

三是要求强化公共管理和宏观调控的职能。发展中国家的政府往往充当着改革者和经济建设者双重角色。而在经济全球化下,政府经济建设者的角色将会受到挑战,它可能阻碍生产要素在国际间的自由流动,不利于利用全球资源发展本国经济。因而,政府应更多作为改革者出现,加强社会公共管理和服务职能,以创造良好的投资环境,吸引更多的国外资金,提高本国的竞争力;强化宏观调控职能,包括利用国际市场的能力、利用国际资源的能力、保护国内幼稚产业的能力;强化政府公共服务领域职能,包括公共信息服务能力、公共教育和职业培训能力、政府公共转移支付能力和加强公共基础设施建设职能等。

(3)国内行政管理体制改革的基本要求。自1956年社会主义改造完成以来,前20年(1956～1976年)先后进行了数次的行政管理体制改革,但都是在计划经济体制框架内以机构的精简或撤并为中心的改革,由于受经济体制和改革思路的限制,机构改革也一直在"精简—膨胀—再精简—再膨胀"中循环。改革开放以后,适应经济放开搞活的需要,几乎是每5年都要进行一次行政管理体制改革,直到党的十三大提出把机构改革与转变职能联系起来,党的十四大提出行政管理体制改革要以完善社会主义市场经济体制为目标,政府职能转变经历调整、再造和重心转移几个阶段。1992年至1997年是政府职能调整的阶段,主要围绕政企分开展开;1998年至2002年是政府职能再造的阶段,在加强政企分开的基础上,进一步提出政资分开、政事分开、政府与市场中介组织分开,强调经济职能由微观向宏观、由直接向间接、由行政方式和手段向经济、法律等综合方式和手段的转变,提出要加强文化和社会管理职能体系建设,但依然是以经济职能为中心;2003年至2007年是政府职能重心转移的阶段,党的十六大提出在继续完善政府职能体系前提下,重点加强经济调节、市场监管、社会管理和公共服务等四项职能的建设,政府职能的重心由经济职能为中心转向经济、文化和社会职能的并重,经济职能的重心由微观转向宏观,强调经济环境建设和市场秩序的维护。尤其是"非典"以后,更着力强调这几个转变。2003年9月,温家宝总理在国家行政学院省部级干部政府管理创新与电子政务专题研究班上的讲话中,对这四项职能进行了阐述和界定:关于经济调节和市场监管的职能,必须进一步转变经济调节方式,主要运用经济手段和法律手段管理经济;要把政府经济管理职能转到主要为市场主体服务和创造良好发展环境上来,集中力量搞好统筹规划、制定政策、信息引导、组织协调、提供服务和检查监督;关于政府社会管理职能,主要包括政府承担的管理和规范社会组织、协调社会矛盾、保证社会公正、维护社会秩序和稳定、保障人民群众生命财产安全等方面的职能;关于政府公共服务职能,主要包括政府承担的发展各项社会事业,实施公共政策,扩大社会就业,提供社会保障,建设公共基础设施,健全政务、办事和信息等公共服务系统等方面的职能。解读这四项职能,实质上就是要求政府职能由"划桨"到"掌舵",由"管理"到"服务"作重心的转移。为促进这两个转变,党的十七大进一步提出建设服务型政府的目标,并强调重点加强社会管理和公共服务职能的建设。服务型政府改革目标的提出为政府职能的转变规定了目标和方向,服务型政府职能模式与当前服务型政府职能转变的目标是一致的,四项重点转变的政府职能是服务型政府职能模式建设的阶段性目标,与当前中国整个社会改革开放的进程要求是紧密相连的。因此,服务型政府职能模式也是当前我国行政管理体制改革的基本要求。

2. 服务型政府职能模式的主要特征

服务型政府职能模式是信息化时代和当今经济全球化对政府职能的基本要求,正如社会信息化和经济全球化正处在形成之中,服务型政府职能模式也是一种正在形成的政府职能类型。它既是对规制型政府职能模式的继承和超越,也反映了社会信息化和经济全球化的发展趋势和要求,具有自身鲜明的特点。

(1)政府职能的性质和价值目标。关于政府的性质,马克思主义从国家和政府本质与联系的角度已作了充分论述,即政府的性质由国家的性质决定的,其本质是服务于统治阶级利益、反映统治阶级意志的工具。对于社会主义国家的政府而言,广大人民作为国家的主人,全心全意为人民服务是政府本质的具体体现,即政府是为人民服务的工具,政府工作人员是为人民服务的公仆,政府的行为以人民的利益和需要依规。因而,对社会主义国家来讲,反映广大人民的利益和要求,全心全意为人民服务是服务型政府职能的基本性质,这种服务的性质决定了政府职能的价值目标也就是服务,提出服务型政府的建设目标实质上就是对服务的一种重新认识或理念的回归。

对于如何体现服务或以何种方式达成服务的目标,我们过去的认识是不够的。计划经济时代,政府明确提出为人民服务的理念和目标,但在实践中却给人民以管制或管理的印象,如为迅速实现工业化,搞高度集中的政治经济的计划体制,把管制作为政府主要的行为方式;为积累工业化资金,走高积累、低消费的政策,使人民的生活水平长期难以提高等,可以说走了一种"理性的原因,非理性结果"的道路。这种道路的选择是与我们建国初期的国情和当时的国际环境紧密相连的,快速工业化和求富的愿望使我们一定程度上急于求成,颠倒了目的和手段的关系,以管理或管制求服务,却把管理或管制作了目的本身。同时,当时国际工业化的浪潮方兴未艾,适应工业化时代的科层制管理被我们有意或无意地借用过来指导我们的工业化建设。改革开放后,我们不断进行的包括行政管理体制在内的各项改革实质上就是对传统政府从职能到行为方式的彻底转变,到十七大提出服务型政府的建设目标就是长期改革成果和经验的结晶,也是对信息化时代到来和全球化程度日益加深的主动应对。

(2)政府职能的活动领域和方向。根据马克思主义理论,生产力是社会发展的基本动力,发展生产力是政府最基本的职能。每个时代都有该时代经济活动的主要领域和中心,引导、管理甚至控制该时代经济发展的主要领域是政府理所当然的选择。农业社会,作为农业为主的第一产业是政府活动的主要领域,因为管理或控制好农业就意味控制着国家的经济命脉、主导了社会发展的方向。而农业社会生产方式的特点,如兴修水利、大规模的农田改造和抗击自然灾害等,也造就了政府的集中控制和高度集权。工业社会,社会经济活动的重心已由农业转向了工业为主的第二产业,政府活动的领域也相应地转向了工业领域。适应社会分化和市场分工的需要,政府的管理方式发生了巨大的转变,由过去的统治转向了管理和服务。近代以来的历史充分证明,没有作这种转变的国家和政府,要么被取代(被殖民),要么被奴役(被半殖民),清政府伤权辱国、奴颜婢膝和欧美国家迅速崛起的强烈对比就是最好的证明。所以,20世纪70年代以后,进入后工业化时代的国家和政府的活动领域或职能重点都转向了以信息技术为重点的第三产业,美国提出信息高速公路使其遥遥领先于其他国家(如日本与美国的差距扩大了)。与此相应,各国也掀起了政府改革的浪潮,这个浪潮掀起既是各国政府主动选择的结果,也是信息化时代到来的必然要求,因此具有必然性。因为政府活动的领域发生了变化,政府不可能以工业化时代的政府职能和以第二产业的管理方式来管理信息化社会和第三产业。因此,进入信息化时代,服务型政府的活动领域应该有一个重要的转变,即由以第二产业为主转向以第三产业为主,并协调好第一二三产业之间的关系。正如工业以农业为基础,第三产业的发展也必须以第一二产业的发展为基础。政府活动领域的转变并不是置其他领域而不顾,我国提出科学发展观、构建和谐社会的目标,就是要求我们在发展中做好重点突出、统筹兼顾,把农业作为国民经济的基础,提高工业发展的质量和水平,大力发展第三产业。

(3)政府的职能结构和重心。适应政府职能活动领域的转变,服务型政府职能模式的职能结构是以社会公共服务为职能为主导的政治、经济、文化和社会职能全面、协调发展的政府职能结构。把社会公共服务作为职能的重心,既是政府职能活动向第三产业转向的需要,又是信息化时代和经济全球化的基本要求。当今时代,服务业在国民经济中的地位愈来愈重要,发达国家以服务业为主的第三产业在 GDP 中比重已超过第二产业成为第一大产业。因此如何更好地提供服务就成为政府职能的重心。信息化时代社会规则的多样化、复合化、非同步化、分散化、碎片化和分权化使政府难以通过标准化、专门化、同步化、集中化、极大化和集权化的管理和控制达到政府管理社会的目标。政府既不能替代市场和社会包办社会事务,因为信息时代社会事务愈来愈多样,涉及的领域愈来愈多,政府年难以通过专业化的部门来提供标准化的服务,也不能通过传统的政府计划和专门化政策手段来达到目的,因为社会变化愈来愈快,信息交流愈来愈迅速,政府计划和政策手段的滞后性难以适应市场和社会快速变化的需要。既然不能直接参与市场和社会的竞争,也难以通过传统的管理方式来达到政府的目标,那么政府最好的选择就是为市场和社会提供各种社会服务,弥补市场和社会自身的不足。对市场而言,就是通过政府提供的服务来弥补市场的失灵,而不是通过政府的直接干预弥补市场的失灵,实践证明这是行不通的,因为政府本身也存在失灵的问题,20世纪70年代发达资本主义国家的"滞胀"就是明证。对于社会而言,政府要承担起提供公共产品和服务的职责,弥补社会在提供公共产品和服务上的不足。

3.政府职能的实现方式。政府"做什么"和"怎么做",应该根据社会的需要作出,这是由政府本质决定的,在社会主义国家更是如此。但在权威型政府和规制型政府的条件下,很难做到由社会需求决定政府的职能。服务型政府作为对前二者的超越,其职能的定位和最终供给只能根据的社会需求作出。但社会需求的多样性、多元化和政府满足需求的有限性,决定了政府不能满足所有的社会需求,只能是有选择的满足。之所以是有选择的,基于以下四个方面的原因:一是需求的性质,需求有个人的、组织的和社会的,政府只是满足公共的、全社会性或大众性的需求,而个人的、个别组织或团体需求的满足是由个人、企业和市场提供。二是政府满足社会需求时,也面临一系列的约束,包括政治的、经济的、法律的、文化的等约束。从职能供给的角度讲,政府职能的界定和行使需要一定的条件或基础,条件的有限性决定了政府职能不可无所不包、满足一切社会需要,而只能是有选择性的。三是政府自身能力的限制。政府该做什么和能做什么并不是一回事,能做什么涉及到政府能力的问题,政府应该做的事由于政府能力的限制政府可能并不会去做。政府只能提供力所能及的职能,配置政府职能必须对政府的现实能力进行考察,如果赶鸭子上架式的赋予政府职能,只能是适得其反。四是成本和收益的比较。在上述三个条件都满足时,政府还要从全社会、统治阶级、利益集团以及自身的成本与收益的角度进行权衡,只有收益大于或等于零时,政府才会为社会提供现实的政府职能,形成政府职能供给。这就决定了服务型政府职能供给有一个政府与社会互动的过程,从而形成了社会需求为主导、政府与社会互动的职能供给模式。

三、政府职能模式的横向比较

有关政府职能模式,目前在理论上和实践上都有多种形式。从理论上讲,界定的角度有差别,模式的分类也不同。

　　根据政府与社会的关系,政府职能模式可以分为"大政府、小社会"、"小政府、大社会"和"大政府、大社会"等三种模式。① 这三种模式在现实世界中都有相应的例证。持"大政府"观点的理由有:一是行政国家说,认为随着社会经济的发展,行政权力日益增强,必然要求强化政府职能。如德国学者 A. 瓦格纳曾经指出:政府不可避免要变大,经济中的公共部门在数量上和重要性上都具有一种内在扩张的趋势。这被称为公共活动递增的"瓦格纳定律"。二是经济国家说,认为国家机构不仅是政治实体,而且是一种特殊的经济实体。如计划经济的国家就持这种观点。持"大政府"观点,在对社会的看法上可分为两类:"大社会"和"小社会"。"大社会"就是指在保持政府强有力干预社会的同时,社会也得到应有的发展。"小社会"是指认为国家机构是特殊的经济实体的国家,其社会被国家所掩盖必然是一个小社会或社会得不到应有的发展。计划经济下必然形成"大政府、小社会"的模式。持"小政府"观点的理由也有两点:其一,认为从革命取得国家政权到实现完全的共产主义是一个把国家权力还给社会的过程,其间政府职能逐步弱化,权力逐渐缩小,社会职能不断扩大,直到国家和政府完全成为多余;其二,认为政府职能不在于多少或大小,而在于职能的强弱或职能的有效性。政府应提高政府能力和政府行为效率,尽量减少对社会的干预,除非必要,不要对社会进行干预。持"小政府"的观点,必然形成"小政府,大社会"的职能模式。形成了"小政府,小社会"的局面,要么是政府无能,要么是社会发展水平低下。如一些非洲国家,政府不够强大,社会的发展水平也低,力量也薄弱。

　　从政府与市场的关系上看,政府职能模式在理论和实践上有两种形式,一是市场主导型模式,二是政府主导型模式。市场主导型的政府职能模式大多被发达资本主义国家所采用,有多种因素促成这种模式的形成。首先,这些国家都是市场机制完善的国家,市场经济经历的时间比较长,有自由放

---

　　① 金太军、赵晖、高红等:《政府职能梳理与重构》,广东人民出版社 2002 年版,第 25 页。

任市场竞争的传统;其次,传统文化上对政府的不信任,认为政府是必要的,但是社会迫不得已的选择,主张对政府的权力和活动范围进行限制;最后,这些国家政治民主化程度比较高,公民社会成熟,自主、自治能力普遍较强,不需要政府强有力的干预。政府主导型的政府职能模式主要被发展中国家所采用,也是多种因素作用的结果。除了不具备市场主导型国家的上述特点外,其原因有:一是经济市场化和迅速现代化的需要。市场化是全球趋势,实践证明也是最有效的社会资源配置方式,已被大多数国家所采用。发展中国家是现代化的后来者,面对发达国家高水平现代化示范效应和压力,如何迅速实现现代化,赶上发达国家,政府的主导就成了必然的选择。因为大多数发展中国家的现代化已经错过了可以自由成长的历史阶段,它的成长不仅需要政府为现代化的发展提供良好的政治、文化环境,而且现代化的发展方向,经济社会的发展速度,都需要政府的正确引导。二是保护国家利益的需要。经济全球化的迅速发展,知识经济初露端倪,都是发展中国家回避不了的。如何在目前的国际大环境下,参与国际政治经济竞争,保护本国经济、政治利益不致受冲击,是发展中国家的政府必须思考和应对的。不论是把握机遇,还是应对挑战,政府都是首当其冲的。因此提高政府能力和加强对经济社会的引导就成了发展中国家政府的重要任务,而这必然导向政府主导型的政府职能模式。三是传统文化上对政府权威的崇拜和管制社会的传统,以及其他诸多因素的综合影响,使发展中国家普遍选择了政府主导型政府职能模式。因而从一个较长的时期看,发展中国家选择政府主导型模式都是必然和必要的。

从政府职能内容的大小来看,世界银行将政府职能模式分为大型、中型和小型三种形式。① 小型政府职能是指市场经济体制中政府的最低限度的基本职能,政府如果不履行这些职能,其他经济主体也不会进入这些领域,一国的经济和社会也就不能正常运转。小型政府职能主要包括两部分:一是提供纯粹的公共产品,如国防、法律与秩序、宏观经济管理等;二是保护穷

---

① 卢洪友:《政府职能与财政体制研究》,中国财政经济出版社 1999 年版,第41—43 页。

人,包括制定和实施反贫困计划等。这种职能模式主要针对那些政府能力低、社会发展水平也低的国家。中型政府职能,又称中介功能。除小型政府职能的内容外,中型政府职能还主要有四项职能:一是解决外部效应;二是规范垄断企业;三是克服信息不完整问题;四是提供社会保险,包括再分配性养老金、家庭津贴、失业保险等。在这四项政府职能中,政府也不能选择是否做,而只能选择如何做才能收到最好效果。在政府职能履行中,政府只有与市场机制和市民社会形成合作关系,才能保证这些公共品得到有效提供和节约使用。如教育、医疗卫生和基础设施的提供,政府可发挥中心作用,但这并不表明政府必须是上述公共品的唯一的提供者,政府对这些公共品或服务的提供、组织和调控管理的选择,必须建立在市场、社会公众、社区和政府机构相对力量的基础之上,才能收到最好的效果。若政府统包统揽,则往往事与愿违。大型政府职能,又称政府的积极职能。除小型政府、中型政府职能的内容外,它还有两个方面:一是协调私人活动,政府通过制定和实施积极的产业政策和财政、金融调控政策,来促进市场的发育、发展,诱导、调控私人经济资源在不同产业部门和地区间的合理流动,优化经济结构等。二是在促进社会公平方面,政府可发挥更加积极的作用,除了收入分配外,可适当参与资产的再分配,使资产极少的个人也能得到一定的收入,以达到社会上可接受的生活水准,维护社会的长期稳定。在市场经济国家里,有较强能力的政府可以发挥更积极的职能,以促进市场经济发展、社会进步和社会公平。

从政府职能的表现形式来看,政府职能模式可以分为统治型的政府职能模式、管理型的政府职能模式和服务型政府职能模式。① 统治型的政府职能模式主要体现在农业社会,政府职能主要以阶级统治为目的,有限的社会公共管理职能也是出于阶级统治和社会控制的需要;管理型的政府职能模式是工业化和民主政治发展的结果,政府的社会管理职能得到极大增强,阶级统治通过社会管理而隐蔽起来,整个政府职能体系体现为社会管理;服

---

① 张康之:《公共行政中的哲学与伦理》,中国人民大学出版社 2004 年版,第 217 页。

务型政府职能模式是正在形成中的一种职能模式,政府职能主要表现为服务于社会。

通过对政府职能模式的横向比较,我们可以看出当今世界各国政府职能模式的多样性,每种模式的选择都是一国多种因素综合作用的结果,但不管采取哪一种职能模式,都是为了对社会进行有效地管理和更好地服务于社会需要。因此,可以说,有效性是政府职能模式选择的标准之一。

四、政府职能发展的基本规律

人类社会发展至今,每一个历史发展阶段的政府职能都有该阶段的特殊性,其总的趋势是政府职能的由无到有、由简单到复杂、由低级到高级,直到国家或政府消亡,政府职能回归社会,被社会公共服务性的组织替代。政府职能之所以产生,是由于社会不断发展的需要,政府职能的发展变化是社会需要发展变化的结果。不同社会或同一社会的不同发展时期,社会对政府的职能需求是不同的,政府的职能供给也会发生相应的变化。

政府职能是如何随不同社会需求发展而变化,变化中有哪些必然性、本质性、稳定性的联系,这是政府职能规律规定的。从总体来看,政府职能是呈现一种不断扩张的趋势。政府职能是以一定的生产关系为基础的社会上层建筑,当生产关系发生变化,作为上层建筑的政府职能必将随之发生变化。生产关系复杂化、多样化,政府职能相应也呈现出复杂化、多样化的趋势;生产关系范围和内容扩张,政府职能的范围和内容也相应地扩张,即政府职能的发展变化是受生产关系的变化决定的。随着生产力的发展,生产关系的变化是必然的,不同社会发展阶段,生产关系的结构和占统治地位的生产关系不同,所以政府职能的发展变化也是必然的。从原始社会到社会主义社会的整个人类社会形态的发展过程中,各个时期的政府职能都是按照这个规律进行演变的。由于生产力的不断发展、社会的不断进步、生产关系的不断复杂,政府职能的内容日益复杂多样,政府职能采取的方式和手段也日益呈现多样化趋势。

1.政治职能的民主化和社会公共管理职能扩张发展的趋势

政治职能是国家和政府最根本的职能,是国家和政府本质性的表现,其他政府职能都是政治职能的衍生。政治职能就是进行政治统治、发展统治阶级民主和保持国家的稳定与存在等,这些职能是与政府的产生相联系的,伴随政府的发展而发展。国家和政府不是从来就有的,也不是永恒存在的,都是社会发展到一定阶段的产物,当社会发展到高级阶段(即共产主义),阶级消灭,国家和政府也就随之消失。因而,政府的政治职能也是一个发生、发展到灭亡的过程,呈现出"弱小—强大—减弱—消失"的演变规律,消失的过程也就是国家和政府权力逐渐回归社会的过程,逐渐由社会自身进行自我调节和管理到完全自治的过程。

纵观人类自有国家和政府以来的发展历程,先后经历了奴隶社会、封建社会、资本主义社会和社会主义社会几个发展阶段,产生了相应的政府职能和政治职能。从政治职能的发展趋势看,封建社会比奴隶社会、资本主义社会比封建社会的政治职能不论从内涵和外延上都是逐渐增强的,到资本主义社会发展到最高峰,职能的实现形式是由公开的、赤裸裸的统治和压迫逐渐向形式上更为民主、更为隐蔽的方向发展。资本主义社会的政治职能实现形式是最隐蔽的,给人以政治职能弱小,甚至消失的假象,但只要国家和政府还是为少数人所拥有,还没有消灭以前,政府的政治职能绝不会消失或弱化,只不过是形式上的民主掩盖着本质上的统治和压迫,只有透过各种假象或迷雾才能够看清楚。从历史上的诸多事实可以看出,不论统治阶级如何宣扬民有、民治和民享,一旦危及到它们的利益和统治,就会毫不犹豫地抛弃,代之以暴力和强力,几乎不约而同地宣称是维护人民和国家利益,而实际上是保护统治阶级的统治和利益。这是剥削阶级社会必然的、不可动摇的原则。而改变这一千年不变的法则就要消灭这种少数人统治多数人、剥削多数人的社会,社会主义社会是改变这一法则和规律的第一阶段。社会主义社会是多数人统治和改造极少数人的社会,它消灭了阶级压迫和阶级剥削,阶级矛盾已经不再是社会的主要矛盾,主要矛盾是人民内部的矛盾,即人民日益增长的物质文化生活的需要同满足这种需要的矛盾。因而,社会主义时期的政治职能已不是阶级统治和剥削压迫多数人,而只是要对少数敌对分子进行专政,防止其他国家进行的颠覆和破坏。政治职能更多转向保障和实现人民民主,使广大人民真正成为国家和社会生活的主人,享有管理国家和社会事务的各项权利。所以,人类社会进入社会主义阶段以后,政府的政治职能由发展的高峰逐渐向减弱的方向发展,直到实现共产主义,国家和政府灭亡,政治职能也随之消失。

作为政治职能存在和实现基础的社会管理职能,不是国家和政府的伴生物,在阶级国家产生以前都一直存在,是伴随人类社会发展始终的职能,即使是到了共产主义社会,社会管理的职能亦不会消失,只不过由有别于政府的其他社会组织来行使。从人类社会由简单到复杂、由低级到高级、由不完善到完善的发展趋势,可以得出社会管理职能也是由少到多、由简单到复杂的发展过程。因为社会由简单、低级到复杂、高级的发展过程,也是社会事务增多和复杂化、多样化的过程。社会事务的复杂化和多样化会带来诸多的社会问题和社会矛盾,而缓和、解决或调节这些问题和矛盾都是社会管理职能应有的范畴。从政府职能发展的历史看,社会管理职能也呈现递增的趋势,如资本主义社会代替封建社会,生产力得到解放和发展,生产关系由简单走向多样;市场化使人与人、国家与国家的交往增多;民主政治的推行和发展,社会需要政府保障其政治、经济和文化的权利,等等,都促使资本主义的政府承担了更多的社会管理职责和义务。

同样,社会主义社会代替资本主义社会是人类社会发展的一次重大的质的飞跃,这种飞跃的表现就是政府服务社会和管理社会,促进社会经济、文化发展职能的增多,以及政府职能性质,包括社会管理职能性质的变化,即由为少数人统治和服务的工具变成为多数人服务和谋福利的工具。因此,相对于资本主义社会而言,社会主义社会的管理职能要大得多。在同一社会形态不同的发展阶段,社会管理职能也体现出递增的趋势。如资本主义的自由竞争时期、垄断时期和后现代化的当代,后一个发展阶段的社会管理职能比前一个阶段从质和量上都有很大的跃升。虽然目前资本主义国家正在进行改革,以减轻政府的负担,但就其承担的职能而讲,并不是内容的减少,而只是实现形式和方式的转变,即把内容与形式、承担职能与实现职能、政府管理与社会自我管理统一起来,由政府、市场和社会共同行使社会管理职能替代单纯由政府监管、服务社会的方式。

2.政府职能重心的"政治统治—经济建设—公共服务"发展趋势

在前资本主义社会,以农业为主的生产方式决定了政府职能活动领域主要集中在以农业为主的第一产业,而农业生产的分散性、脆弱性和封闭性使集中统治和高度集权成为必然。农业生产以自然生物活体为劳动对象,受自然环境的影响非常大,尤其对洪涝旱灾的抵御成为农业生产的关键,因而兴修水利、提高抗御自然灾害的能力就成为国家和政府的主要职责。大规模的水利工程建设或抵御洪涝旱灾需要动用全社会的力量,集中全国的资源,组织大规模的协作,依照严明的纪律、强有力的合作才能够成功。这种人力、物力、财力和思想的集中与统一,客观上造就了政治上的集权和经济上的控制,而这种集权和控制又促进了国家和政府对社会的统治。农业生产的分散性和封闭性是社会很难形成与国家和政府抗衡的组织力量,从而形成"强国家、弱社会"的局面。此外,农业社会定居的生产方式与流动的游牧生产方式始终存在冲突与对抗,而战争又是其冲突和对抗的主要形式。战争的集权和资源的集中必然导致集中控制,考察集权制国家的形成无不与频繁的战争相联系着。因而,农业社会的这种集权特征与私有制生产关系相结合使政治统治就成了政府主要职能。

到了资本主义社会,以工商业为主的第二产业成为生产活动的中心,工业生产方式不需要国家和政府强有力的干预,政府的职责是为经济发展维持秩序和创造良好的内外环境,包括本国工业向外扩张或殖民的国际环境。工业和市场的发展使以市民为主体的公民社会发展起来,成为抗衡或制约国家和政府的组织力量,从而促进了政治上分权和制约制度的形成。虽然国家和政府作为超社会的力量统治社会的职能并未发生改变,但如何达到统治目的的方式却发生了很大的转变。国家和政府需要社会的税收支持和信任支持,获得这些支持需要国家和政府提供管理和服务,即为市场和社会发展创造发展条件作为交换。这些变化客观上促进了政府职能重心向经济建设和管理的转变。虽然在不同的发展阶段,政府的经济职能有很大的不同,但经济建设作为工业社会资本主义政府的职能重心并没发生改变。社会主义在工业化时期,政府的职能重心也是经济建设,这是由于社会主义国家的历史前提和面临的历史任务决定的,即经济文化落后条件下进入社会主义和工业化、现代化的历史任务需要社会主义国家和政府把经济建设作为职能的重心。到了信息社会,进入后工业化和后现代化时代,经济的信息化、知识化和全球化使生产方式发生了质的转变,以经济建设为重心的政府职能结构面临着挑战。不管是政府直接参与经济建设还是为经济建设创造环境都不能适应社会经济转型的需要,因为社会经济的重心已由第二产业转向了第三产业,从而推动了政府职能重心由经济建设向提供公共服务的转变。

3.政府职能需求主导的发展趋势

政府职能主体是全国及地方各级政府,它们承担着国家和社会赋予的职责和功能。从理论上讲,政府是人们通过契约或授权或派出代表而组成的,通过行使社会公共事务,为社会和公众谋福利。它们的行为应以人们和社会的意志为转移,反映公众和社会的需要,采取相应的政策和措施满足这些需要,也就是反映、表达和满足社会的职能需求。但在政治运行的实践上,由于社会的分散性和组织化程度一直很低,利益需求的聚合和表达并不明确或很难被政府接受,或利益只是少数人的反映,使得以社会需求为中心、反映社会需求和为社会服务变成了以政府为中心、政府对社会的管制。这样一来,政府该做什么、不该做什么,就很大程度上由政府自我定位或政府根据对社会发展需要的理解来确定自身的职能,即政府职能的界定以供给为主导。由于社会需要的多样性、复杂性和多变性以及政府信息的不完全或不充分,政府做出的决策和行为可能并不是社会所需要的,而且还可能对社会造成伤害。中外诸多决策失误的事实,能够很好说明这一点。如我国的1958年左右的"大公社运动"或跑步进入共产主义的决策,实际上是政府中心主义,给社会生产力和人民生活造成极大的破坏。可见,以政府为中心来界定政府职能存在很大的弊端,也违背了政府职能的宗旨,即政府职能是政府满足社会需求的产物,是需求决定供给,而不是相反。因此,随着社会组织化程度的提高、民主政治的发展、法治国家的推行以及社会对政府权力监督、制约的加强,政府反映社会需要、以社会需求为中心和出发点来界定政府职能就成为必然。社会需要具有多样性和复杂性,政府不可能满足所有的需要,政府是有选择的。政府要根据社会需要的公共性程度、社会发展趋势和自身能力等条件来综合权衡,确定自己应该做什么和能做什么。从这个角度讲,政府职能的界定过程应是政府职能需求与供给双方互动的过程。中国共产党提出要把群众高兴不高兴、满意不满意、拥护不拥护作为党和政府各项工作的出发点,以及当今世界各国提出的服务型政府的改革目标,一定程度上就是适应政府职能需求主导发展趋势的要求。

4.政府职能供给的社会化和市场化趋势

政府职能供给的社会化和市场化是现代政府职能发展基本趋势。从西方 20 世纪 80 年代以来掀起的行政管理体制改革,到中国改革开放以后进行的机构改革和政府职能转变,都体现了一种政府职能供给向社会化和市场化转移的趋势。[①] "政府职能社会化是指政府调整公共事务管理的职能范围和履行职能的行为方式,将一部分公共职能交给社会承担并由此建立起政府与社会的互动关系,以有效处理社会公共事务的过程。"[②] 这里的政府职能供给社会化主要是指政府的经济职能、文化职能、社会职能的社会化,从理论和实践上来看,政治职能是不可能社会化的。政府职能供给的市场化是指政府按照市场规律和原则转变职能的供给方式,主要表现为:"一是放松或取消对市场的某些管制,促进市场的发育和发展;二是在公共服务领域引入市场机制,将政府的权威和市场交换的优势有机结合,借助于市场

---

① 以美国的科技投入为例,1980 年企业的科技投入为 309 亿美元,占总投入的 48.97%,1990年分别达 834 亿美元和 54.98%,1995 年分别达到 1111 亿美元和 60.71%,企业已经成为美国科技投入的最大主体。参见陈昭峰:《美国科技投入社会化的微观基础》,《科学与管理》2002 年第 4 期,第 30—31 页。

② 王乐夫、李珍刚:《论中国政府职能社会化的基本趋向》,《学术研究》2002 年第 11 期,第 92页。

手段和方式达到实现政府职能的目标。"①政府职能供给社会化和市场化趋
势是由以下因素决定的：

其一,经济市场化和全球化的结果。世界绝大多数国家已经走向市场
化道路,市场配置资源的优势,市场对民主政治的奠基作用,市场对社会的
自主自立意识的增强,必然对政府职能产生很大的影响。传统政府垄断一
切政治、经济和文化事务管理的职能,暴露出许多问题。如效率低下、成本
高昂、服务质量不高等等,这一切都使政府职能供给市场化和社会化成为政
府职能转变、走出困境的必然选择。同时,经济全球化的趋势使一国的政府
既要应付国内日益复杂的政治、经济和文化事务,又要应付来自世界经济对
本国各领域的挑战;既要承担国内经济社会发展的职责,又要承担需要全球
各国共同负担的一些职责,如环境保护问题、打击跨国犯罪问题、全球疾病
防治问题等。这样一来,政府职能任务日益繁杂,已不可能面面俱到地管理
社会事务的所有方面,需要把一些社会和市场能够承担并且效率较高的公
共事务转移给社会和市场来行使,这种做法已经构成世界各国政府行政改
革过程中的普遍性选择。

其二,公民自主自立意识增强的结果。在一个发育程度低、具有较强同
质性的社会,一方面社会资源和权力高度集中于政府手中,政府具有很强的
组织和动员能力;另一方面社会组织简单划一,按照统一的模式构建和运
行,并受政府的直接控制和管理。在这种社会架构中,政府职能供给是不可
能社会化的。政府职能供给的社会化和市场化必须依托于较发达的社会和
社会组织。当今,市场经济的发展和完善,政府对经济和社会领域的控制逐
渐放松,社会和私人经济拥有了越来越广阔的自主领域,公民自主自立性不
断增强,社会组织正越来越多地担当起过去只有政府才能担当的某些职能,
发挥着自我管理、自我服务的作用,从而为政府职能供给的社会化和市场化
创造了条件。目前,推进政府职能供给社会化和市场化的关键,是要把政府

---

① 王乐夫、李珍刚:《论中国政府职能社会化的基本趋向》,《学术研究》2002 年第 11 期,第 92 页。

行政管理与社会自我管理分开,把部门职能与一般社会职能分开,培养社会自我管理组织和社会中介组织,提高社会的自律水平,将大部分社会事务还给社会组织(中介组织、社会团体、民间的服务机构以及群众的自我教育组织)进行管理。

其三,社会组织自治空间拓展的结果。社会组织是联系个人与政府之间的桥梁,是社会利益聚合和向政府表达利益的组织,是社会实现自我管理必不可少的一种形式。如各种社会团体、行业协会、民办非企业单位等,这些组织都对某些社会领域和行业具有约束和监管作用,可以承担许多政府职责范围内,而又力不从心或行使效率低下的事务。把部分职能转移给社会性组织也是政府职能转变的重要环节,它不仅避免了政府"一竿子插到底"的对个人或具体事务管理,减少一些矛盾和冲突,而且提高了政府行使职能的效率,减少了因信息不完全而造成的决策和政策执行上的失误。

所以,政府职能通过向社会和市场的转移,使政府由直接向间接、由微观向宏观管理转变,不仅有利于市场和社会的发展,也有利于政府减轻自身的负担,专注于宏观经济社会事务的管理。政府职能供给社会化和市场化已经成为一种世界性的趋势,西方掀起的重塑政府、新公共管理运动和我国正在进行的行政体制改革都体现了政府职能这一发展趋势。①

第二节　服务型政府的职能体系框架

服务型政府的职能体系是一个完整、系统的体系,由众多有机联系的职能组成。服务型政府职能体系的建立必须按照科学的原则,以满足社会发展和公众的需求为目标,采用符合中国国情的政府职能模式,从政治、经济、文化和社会领域全面构架政府职能体系。根据当前服务型政府建设的目标和要求,结合我国现代化进程和世界政治经济发展趋势,应重点加强经济调

---

① 王乐夫、李珍刚:《论中国政府职能社会化的基本趋向》,《学术研究》2002年第11期,第94、95页。

节、市场监管、社会管理和公共服务职能建设,"实现政府职能由以经济增长为中心的发展战略,向经济增长和社会发展并重的发展战略转变;由以物质资本为中心的发展,向以人力资本为中心的发展转变;由以产业干预政策为中心促进经济增长,向创造平等竞争的市场环境促进经济社会全面进步转变;由以经济建设为主向以公共服务为主转变;由单一推进市场化进程向完善市场竞争机制与完善社会安全网并重转变",[1]从而更好地为社会公众提供服务,更好地促进社会的快速稳定持续发展。

一、价值目标的选择

服务型政府职能界定的价值目标是适应社会主义不同发展阶段社会需要的产物,其本质和形式都体现为人民性、公共性和服务性的特点。具体地说,政府职能的价值目标主要有以下几点:

1. 政治民主

服务型政府是民主的政府,政府的首要职能是保护人民民主,使人民真正行使当家作主的权利。这包括:

第一,保护人的基本权利。人的基本权利是指人作为人,不管其种族、性别、语言、宗教、财产、文化、才能等状况如何,都应该拥有的权利,它包括基本权利和社会经济权利。基本权利是指人的生存权、自由权和平等权等。社会经济权利指各种社会福利权利,如医疗权、教育权等。《世界人权宣言》共列举了282项人的基本权利,主要有平等权、自由权、生命权、独立权、人格尊严权、公诉权、公正审判权、婚姻权、庇护权、参政权、受益权、财产权、追求幸福权等。[2] 人的基本权利是个人对国家和社会的要求,而不是社会和国家对个人的要求,是政府要保护而不能侵犯的权利。人的最基本权利直接决定了政府对个人应该做什么、不应该做什么,或能做什么、不能做什么。人的基本权利的实现状况是评判一个政府民主与否的基本标准之

---

① 高小平:《政府管理与服务方式创新》,国家行政学院出版社2008年版,第7页。
② 俞可平:《权利政治与公益政治》,社会科学文献出版社2000年版,第105页。

一,也是政治民主的核心。社会主义的最终目标是实现人自由而全面发展的共产主义,保护人的基本权利是对政府最起码的要求。

第二,限制政府的权力。政府的权力与人们的权利是此消彼长的,政府权力的扩大必然限制人们的权利行使,必然以人们权利的丧失为代价。人类社会的发展,就是不断扩大人们的权利,减少国家和政府的权力,直到完全把权力还给社会,达到人自由而全面发展的共产主义社会的过程。因此,限制政府权力是政治民主的重要环节。限制政府权力,要处理好几个关系:一是人民当家作主与代议制民主的关系。代议制民主是社会发展到一定阶段而又不充分的产物。代议制民主是人民民主的实现方式和途径,各级代表首先应反映所代表人民的意愿,代表人民发言,而不是代表个人发言或某个集团利益发言。二是为民做主与替民做主的关系。为民做主是人民赋予的权力,为人民办事,应以人民的意志为转移。如果人民赋予其权力,也没有要求其反映自己的意愿,就擅自作出决策,这叫替民做主,与为民做主是背道而驰的。独断专行是替民做主的典型现象,打着为民做主的旗号,实则是对人民权力的侵犯。因此,限制政府权力就必须让人民真正行使主权,政府行使治权,治权必须从属于主权,一切以人民的主权意志为转移。目前,政府要做的就要大力发扬民主,让人民充分参与政治过程,培养公民的公民意识,增强保护其权利的意识。

第三,加强对政府权力的监督。对没有制约、限制和监督的权力的危害性,古今中外的学者论述最多。如"绝对的权力导致绝对的腐败","无限制的权力易于腐蚀那些拥有它的人的头脑",等等。对政府权力的监督和制约要多种措施并举,如司法部门、权力机关、社会团体和公民等多方面共同监督。同时,加大对滥用权力的惩治力度,严刑峻法,使其不敢越雷池半步。

政治民主作为服务型政府职能界定的价值目标之一,就是要求政府职能的边界以保护人民当家做主的民主权利为限,一切有侵犯或破坏民主的政府职能都应消失或转变,一切可能危害民主的政府职能都应谨慎行使,一切造成危害民主的行为都应受到惩罚或赔偿。

2. 经济效益

服务型政府职能的经济效益至少应包括两个方面,一是政府职能的设置和行使应以经济效益为标准;二是政府职能的行使要能促进社会经济效益的提高。政府职能的行使都要消耗一定的社会资源,具体表现为财政收入,也即社会税收。从政治权力的来源上说,社会税收都是纳税人的钱,因此,不允许有丝毫的浪费。如果一项职能的行使,用于"养兵"和业务支出的成本比产生的收益还大,这种政府职能要么是多余的,要么是政府不计成本的浪费。因而,政府职能的配置必须要核算成本与收益,如果干预成本太大,得不偿失,政府还是不干预为好。当然,这不包括公共产品的提供或必须由政府提供的产品和服务。由于存在政府运行过程的相对封闭、社会监督的困难、经济效益的衡量难以量化、政府本身也缺乏降低成本的意识和动力等因素,在赋予政府职能时,对政府行使该职能的优势和能力要做详尽的调查和研究,尽量减少把政府行使效益低下或无效益的职能赋予政府。

另一方面,政府职能的目的在于发挥其独一无二的优势,如组织优势和强制性优势,促进社会经济效益的提高,使社会不能做或做不好的事能够有效益地得到行使和完成。如果社会、组织和个人能做好,政府就不应该干预或强行进入。如公路、铁路、水网、电网等,具有非竞争性和消费的非排他性,社会组织或企业都因无利可图而不愿提供,只能由政府承担,而且只有政府承担才会取得更高效益。对于竞争性的行业和部门,实践证明由政府运作是低效益的,政府这时的作用只能是为市场、企业提供良好的制度环境和维护稳定、健康的经济发展环境,为市场、企业经济效益的提高提供支持和保障。

3. 社会公正

社会公正体现在政治、经济、文化等各个方面,如选举权一律平等、法律面前一律平等、机会均等、社会普遍受益等等。公平正义是人类社会进步的基本价值取向,保护社会的公正是政府职能公共性的体现,也是坚持"以人为本"发展观的重要体现。政府职能是公共权力的行使,为社会公众服务,其对象为全体社会的公民,而不是个别人、组织或利益团体。因而,政府职能从界定、行使过程和行为结果都应体现其公共性,公正对待社会所有个人组织或团体。政府职能界定的公正性,主要有以下三个方面:一是保证每一个公民享有基本的政治权利;二是保护每个公民、团体、企业独立自主追求经济利益的权利;三是保持社会公平,维护和平、稳定的社会发展环境。

每个公民都享有基本的政治权利是宪法作出的规定,是民主政治的基本要求。保护公民的政治权利是政府的基本职责,但公民的政治权利也最易受到政府的危害,如宪法规定,对任何国家机关和工作人员的违法失职行为,有向有关国家机关提出申诉、控告或检举的权利。但在现实生活中,公民的政治、经济利益受到伤害后(很多是政府的伤害),不但无法申请,连检举的权利都被剥夺,政府或为了维护自身的形象,或为了个别组织、个人的利益,禁止有意见的公民上访,采取堵、截,甚至逮捕的方式剥夺其检举的权利,这些行为不但侵犯公民的政治权利,也是对政府职责的一种亵渎。所以,服务型政府职能的界定首先要让政府明确哪些是公民的基本权利,是要受政府保护的,其次才谈得上界定政府职能。如果政府把保护职能变成了侵害职能,政府的合法性就已经丧失,迟早会被人民选举下台或自动倒台。

经济主体独立自主追求经济利益是市场经济区别于计划经济最主要的特点之一。传统计划经济下,经济主体没有自主追求经济利益的权利,一切生产、分配、销售环节都是受政府计划和行政命令的控制,实践证明这是一种不经济、低效率的经济体制。市场经济之所以能有效地配置资源,带来经济的高效率,关键在于赋予经济主体独立自主的经营发展权,靠市场来调节生产环节,而不是靠政府的行政命令或计划。经济主体的独立自主,不但是市场经济推动社会经济高速发展的秘密,也是市场经济基本功能发挥的前提。只有经济主体独立自主,社会资源才能通过市场调节,才会有市场的竞争和不断创新的动力。所以,保护经济主体独立自主追求经济利益的权利是市场经济下政府的基本职能。由于计划经济体制的惯性,政府应尽快转变经济管理职能实行政企分开,培育现代市场经济主体,尤其要减少对国有企业的特殊照顾政策,给所有企业主体以同等的国民待遇,这也是我国加入WTO 的基本要求。

竞争是市场经济的灵魂,是社会发展的动力之源,但有竞争,就有失败者和胜利者,由于个人、企业或组织地区所具有的条件或禀赋的差异,使一部分的个人、企业或地区在竞争中处于劣势地位,而造成竞争失败,形成社会的弱势群体或落后地区。如何保护市场经济下的失败者或落后者,使之保持生存和发展甚至恢复其竞争的力量,是政府的基本职能之一,也就是政府社会公平的职能。竞争产生效率,政府应提倡和促进。同时,公平是保持社会效率的条件,只有社会公平才有社会稳定,健康发展也才会有效率。所以,政府应尽力维持一个公平的社会环境。政府这两个方面的职能是对立中的统一,如何在保证社会效率的前提下,促进社会公平,保持社会稳定,是对政府职责和作用的考验。在市场经济下,相对于提高经济效率的职能,政府保持社会公平的职能更为重要,因为它直接关系到社会效率的保持和社会的稳定。

4. 职能的手段性

政府职能是政府为社会谋福利的手段,其本身不能构成政府的目的。从利益的角度分析政府,政府至少有三个方面的利益,一是社会公众利益,是政府存在的合法性所在;二是政府部门利益,是政府纵向分层次,横向分部门的结果;三是政府中的个人利益,是工作人员生存和发展的需要。一般情况下,部门利益和个人利益应该从属于社会公众利益,只有在满足社会公众利益的前提下,才能兼顾部门利益和公众利益。

政府职能是政府服务社会、为社会公众谋福利的手段,其最主要特点是其公共性,面向社会全体人民的利益。如果把政府职能作为满足部门、地区或个人利益的手段,政府职能已经从利他手段变成了利己手段。这也容易理解,为什么有些政府部门或地方政府争投资决策权、争审批权,以及行业垄断和地方保护主义盛行愈演愈烈。政府职能一旦成了目的,必然是政府职能的畸形发展,有利可图的政府职能领域得到极大的膨胀。而无利可图、社会公益性的职能领域受到忽视,甚至被放弃。

我国自改革开放以来,一直在进行政企分开的改革,但极其缓慢的深层次原因,就是地方政府或政府部门的利益在作怪。中央下放给企业的权力,被地方政府截留,许多政府部门变换手法和方式,抓住有利可图的行业不放。所以在现实中,招商引资就成了许多地方政府的头等大事和主要职能,而一些诸如卫生、体育、教育等职能受到忽视,不得不为其他职能让路。这样的结果,就使有利可图的领域或行业,"婆婆"越来越多,而无利可图的事却无人管,从而造成政府职能的缺位、易位或越位的现象。因而,科学、合理界定服务型政府职能,要求政府树立正确的职能观,把职能作为社会服务的手段,而不是满足地方、部门或政府自身利益的目的。同时,要正确理解以经济建设为中心和统筹经济社会发展的关系,把科学的发展观与正确的政绩观结合起来,把社会利益和自身利益统一起来。真正把政府职能由经济管理为主转向社会全面管理和公共服务,以实现政府职能全面、协调的发展。

二、职能确立的原则和要求

政府职能的合理界定是每一个国家在政治体制建构时所遇到的重大问题。政府职能作为上层建筑的重要方面,必须与其赖以生存的经济基础相适应。也就是说,政府职能不可避免要随着经济发展阶段的不同和经济制度的变迁而改变。我国目前处于建设服务型政府的初期阶段,政府职能的界定也必须与该时期的社会经济发展及其制度相适应,其职能的界定和确立具体要遵循以下原则:

1. 科学性原则。服务型政府职能的确立首先必须遵循科学性原则,政府职能的确立并不是凭空臆造出来,而要根据一定的科学规律确立。政府职能本身产生于社会发展的需要,其职能的确立及发展变化是不同社会时期社会需要发展变化的结果,即政府的职能是为了满足一定时期社会的需要而设置的,因此,服务型政府职能的确立一定要以社会发展规律以及社会经济的发展情况为依据,确立一套切实可行的政府职能。只有这样才能有效地促进社会经济稳定发展。否则,将会导致政府机构膨胀、政府职能得不到有效执行等问题。

2. 追求公共利益原则。服务型政府职能的确立必须以追求集体的、共同的公共利益为目标,这个目标不是要在个人选择的驱动下捞到解决问题的方案,而是要创造共享利益和共同责任。在确立社会远景目标或发展方向的过程中,广泛的公众对话和协商是非常重要的。政府的职能作用将更多地体现在把人们聚集到能无拘无束、真诚地进行对话的环境中,共商社会应该选择的发展方向。除了这种促进作用,政府还肩负道义责任,即确保经由这些程序而产生的解决方案以及程序本身符合公正和公平的规范,并确保公共利益居于主导地位。

3. 社会需要原则。由于政府职能产生于社会发展的需要,一定时期的政府职能就是政府满足社会对职能需求的结果,社会发展的不同阶段、同一社会的不同发展时期、同一社会发展时期的不同国家,政府的职能都是不同的。目前,我国依然处于社会主义初级阶段,建立服务型政府是我国现阶段政府改革的方向和目标,确立服务型政府的职能也需要从社会发展和公众的需求出发,才能建立起一套科学有效的政府职能体系。

4. 战略地思考、民主地行动原则。政府存在的目的在于满足公民的需要,能够为公民服务并为公民资格的实现创造机会。因此政府职能在确立时要从战略角度进行思考,要符合公共需要的政策和计划,在具体实施时要体现民主原则,通过集体努力和协作的过程,才能够最有效、最负责任地得到贯彻执行。

5. 服务原则。我国宪法确立了人民组织政府的权力,这一关系的确立也表明了政府为人民服务的本质要求,服务型政府的主要功能就是为公民提供令他们满意的服务。公务员越来越重要的角色就是要帮助公民表达和实现他们的共同利益,即有效地为公民进行服务,而非试图在新的方向上控制或驾驭他们。因此政府职能的设置必须从全心全意为人民服务的立场出发,政府也只有对人民大众的愿意和要求做出快速度和高质量的反应,才能得到社会大众的好评和拥戴,一旦背离服务的原则,它就会变成一个私利和腐败的集团,必定为人民大众所抛弃。

6. 公平效率原则。服务型政府的职能确立还要坚持公平与效率。现代公共组织尤其是政府调控行为被看作是解决自由市场经济产生的各种不公正问题的合法途径,在平衡效率与公平、效率与民主、效率与质量等方面发挥着重要作用。在这二者之中,何者为先,要因时、因事和区分主体。改革开放初期,我国提出"效率优先、兼顾公平"的基本原则,是基于长期的平均主义窒息了社会活力,改革主要集中在经济领域。因此,公平与效率问题不是非此即彼的选择问题,其侧重是随着主要矛盾的变化而变化,目的是实现二者的平衡,从而推动社会进步与和谐。政府与市场的职能是不同的,市场运行必然以效率为取向,这是市场机制的本质属性;市场运行也要求公平(竞争规则、秩序的公平),但市场本身并不能完全提供这种公平。政府虽然在促进社会经济效率方面有重要作用,但这种作用主要是通过市场环境的改善而间接实现的,不是政府直接追求微观效率,政府在价值取向上必须坚持维护社会公平与正义。改革开放的巨大成就,主要是政府坚持了"效率"的原则,但不是政府直接追求效率的结果,而是把效率机制交给了市场和社会,促进了市场和社会效率的提高。所以,整个社会效率的提高主要是通过市场和社会提供的,政府的职能是在维护公平正义的基础上促进全社会效率的提高,这是服务型政府应始终坚持的目标和原则。

三、服务型政府的主要职能

人类社会自从有了国家,政府就相伴而生了,并逐渐成为国家意志最主要的执行机关,在整个社会中的地位日趋突出。政府在社会中的作用也愈来愈大,特别是市场经济产生以后,更凸现出政府的影响力。政府的职能也从政治统治的职能逐渐发展到社会管理职能,包括经济职能、社会职能和文化职能等多个方面。对于国家和政府的起源,各派学者众说纷纭,有阶级调和产物说,有契约论学说。但众多的学派,都承认国家和政府应该代表公众的利益,服务于整个社会。服务型政府的职能建设,既是强调政府的服务性职能,又是对政府职能体系改革和完善的要求,即政府的政治、经济、文化和社会职能都要体现为社会、公民服务的理念,把服务作为政府职能界定和履行的原则和要求。目前,根据我国市场经济的完善程度、现代化进程和世界政治经济的发展态势,服务型政府职能体系应重点建设四个方面,即经济调节、市场监管、社会管理和公共服务。

(一)服务型政府职能体系的规范分析

从社会活动领域划分,社会可以细分为政治领域、经济领域、文化领域和狭义的社会领域,相应地政府在这4个领域的职能也就体现为政治职能、经济职能、文化职能和社会职能,分别反映了政府在相关领域的活动内容和方向。政府职能模式从权威、规制到服务的转变就是体现在这四个方面的理念、内容、结构、重心和实现方式的不同,但无疑都包含上述四方面的职能。因此,从规范的角度,服务型政府的职能体系包括政治、经济、文化和社会职能4个方面。

1. 政治职能

政府是代表国家行使国家职能的政治实体,它首要的职责和功能就是实现和维护国家的政治制度,反映和表达统治阶级的意志。这是政府的最基本职能,只要国家还没有灭亡,这种职能会永远保持下来,并且任何类型的国家,都具有基本相同的职能内容,服务型政府也不例外,只不过在不同时期或不同国家其实现形式不同而已。政治职能是指政府为维护国家统治阶级的利益,对外保护国家安全,对内维持社会秩序的职能,它涉及军事保卫、外交、治安和民主政治建设等方面。政治职能根据其行使的对象,可以分为对外职能和对内职能。在社会主义国家,政府对外职能就是维护社会主义国家的独立和主权,防止外敌入侵,保卫国家和人民的安全,执行独立自主的和平外交政策,发展同世界各国的友好、合作关系,维护世界的和平与稳定,解决全世界共同关心的政治经济和社会问题。对内职能有两个基本的方面,一是专政的职能,二是民主的职能。专政的职能就是镇压破坏社会主义政治、经济制度少数敌对分子,维护国内的政治稳定;民主的职能包括保障人民充分享有政治、经济、文化权利,发展社会主义民主政治,进行制度规范和法治化建设,界定和维护明晰的产权,实现产权制度创新等。在建设社会主义市场经济的阶段,服务型政府的政治职能应从为市场经济创造良好的政治环境出发,发挥政治对经济的服务职能。主要体现以下几个方面:

（1）坚持四项基本原则，保证社会主义市场经济的发展方向。社会主义市场经济区别于资本主义市场经济就在于我们坚持走社会主义道路，坚持以公有制为主体，坚持按劳分配为主体，坚持兼顾效率与公平的结合，坚持走共同富裕的道路。因而，政府的首要政治职能就是保持市场经济发展的社会主义方向，它是社会主义市场经济健康发展的前提和基础。

（2）维护国内政治稳定，为市场经济发展创造良好的发展环境。市场经济的原则及其发展规律与传统的计划经济是完全不同或完全相反的，市场经济的发展建设过程中，社会经济成分、组织形式、就业方式、利益关系和分配方式日益多样化，必然导致价值观念的变化，引发社会政治的不稳定。而市场经济建设恰恰最需要稳定的社会政治环境，需要政府发挥维护社会稳定的职能。正如邓小平同志远见卓识的指出：稳定压倒一切。只有保持社会政治稳定才能有精力、有信心地发展经济。发展是硬道理，是政府的第一要务，它直接关系到国家的繁荣富强，关系到社会主义制度的巩固和发展。只有保持社会政治稳定，才能充分利用有利的国际环境发展自己。只有稳定，才能抓住国际机遇和各种有利条件，才能吸引投资，发展对外开放，俗话说"危邦不入，乱邦不居"。稳定的国内环境才能使中国真正成为一个稳定可靠的投资场所和富有潜力的巨大市场，才会有人员、技术、资金的流入。

（3）坚持和发展社会主义民主。没有民主，就没有社会主义，就没有社会主义现代化。发展社会主义民主是社会主义的本质要求和反映，坚持和发展社会主义民主也是社会主义市场经济发展的内在要求，市场经济与民主相伴而生，并随市场经济的发展，民主的内容和形式都随之发展和完善。市场经济与民主有着天然的亲和性，二者是相互促进、相互影响的。"不是所有市场取向的制度都是民主制度，但每一种民主制度都是市场取向的制度。"[1]没有社会主义民主也不会有社会主义的市场经济，政府的职能和行为，首先是保障人民民主，使人民真正成为社会的主人，成为平等的市场主

---

[1]　王寿林：《当代中国社会主义民主论》，中共中央党校出版社2001年版，第258页。

体,有对政治的参与权、建议权、决策权,有对经济利益追求的平等权和自主权,社会主义市场经济才能够真正的建立起来。而作为政府,要切实按照市场经济的发展要求,转变政府行为的方式和手段,由"替民做主"向"由民做主"转变,由"人治"民主向"法治"民主转变,政府行为也要由单向的制约向双向的制约转变。

(4)合理界定和保护产权。这是社会主义市场经济中政府必须承担的职能,产权明晰是市场经济的应有之义。但在我们传统的计划经济下,公有制生产资料所有制形式,产权主体是不明晰的。国有财产的所有权主体是社会主义全体劳动者,而全体劳动者只是一个抽象的理论概念,不能构成实践意义上的所有权主体,事实上国家代表全体劳动者在行使所有权,即全民所有制或国家所有制。政府作为国家的主要实体代表,理所当然成了产权主体,而政府是纵横交错的多部门、多单位的一个系统,不是一个单一的个体,也不能成为真正意义的产权主体。经济运行主体是千万个国有企业,只是代表国家使用生产资料进行生产的单位,也不是独立或相对独立的产权主权。市场经济是以企业的产权独立为前提,以社会持续承认和保障其财产权利作为制度要求的。平等的交换要以平等的产权为前提,界定清晰并得以有效保障的产权是市场有效运作的起点。而我国国有企业都只有一个产权所有者主体,即政府代表的国家,这种情况下,市场交换和市场竞争都只能是形式上的,形式的交易和竞争,缺乏独立的产权利益机制和对交易主体权、责、利对称的制约。因此,要建立完善的社会主义市场经济体制必须进行产权组织和制度创新,形成明晰的产权主体和制度,维护公正的产权交易,有效制止各种侵权行为,这是市场经济正常运行的一种基本的制度环境。我国现实中,政企始终分不开、国有企业的低效率和国有资产的流失严重,等等,都与产权界定不清直接相关。

2. 经济职能

经济职能是指政府为国家经济的发展,对社会经济生活进行管理的职能。现代政府的经济职能主要是宏观经济调控,市场监管和提供公共产品。现阶段,服务型政府的经济职能,既要能够克服市场的缺陷,又要保持自身干预市场的限度,充分发挥市场配置资源的基础性作用。

(1)加强市场培育,建立竞争、有序、统一的国内市场。中国作为由计划经济向市场经济转型的国家,不仅会出现成熟市场经济国家出现的"市场失灵"情形,还会出现"市场缺损"的问题。所谓市场缺损是指市场发育不健全、不完善,在我国主要体现在市场主体不自主、市场体系不完善、市场竞争不规范和市场分割严重等,因而政府必须加强对市场的干预,以促进市场的发育。首先,培育和完善市场主体。培育、完善市场主体,政府要转变职能,真正实行政企分开,还市场主体以自主权,使企业真正成为自主经营、自负盈亏、自我约束、自我发展的市场主体。国有企业要真正成为市场主体,还有赖于政府承接从国有企业中分离出来的社会职能,如社会保障等。其次,政府要培育和完善市场体系。当前培育和完善的市场体系要:大力发展生产要素市场(资本、劳力、技术、信息等),促进无形市场与有形市场的统一,协调国内市场与国际市场的关系,加快高级市场等。再次,建立公平竞争的市场规则和秩序,打破地区封锁和垄断,促进全国开放统一大市场的形成。各种不正当或不公平竞争和地区性的市场封闭已严重影响了全国统一市场的形成,为此政府应加大以法治力度,使市场的竞争法律化、规范化、制度化。对行政权力性的地区市场封锁,要加强整治,以割断政府对企业的干预为治理的根本,结合地方政府的改革,彻底转变政府直接干预经济的行为方式。

(2)组织重要的基础设施、工程及基础产业的建设,增强国民经济发展的后劲,为社会经济发展提供坚实的基础。基础设施、工程又称社会分摊资本,①如电力、电信、道路、桥梁、大坝、机场、港口等,它们的初始投资量大,建设周期长,具有自然垄断性,规模效益特别巨大,对市场影响力大,被视为国民经济的命脉。由于这类设施的投资有很强的外部性,市场决定的投资量会远远低于最佳点,因此,这个任务往往要由国家来承担。在我国,政府在基础设施方面所扮演的角色难以替代,广阔的地域、复杂的自然环境,决

---

① 胡家勇:《一只灵巧的手——论政府转型》,《社会科学文献》2002 年第 2 期,第 143 页。

定了基础设施如铁路的投资成本高、周期长,使其他市场主体难以胜任,因此从事基础设施建设是我国政府的重要职能。我国的基础设施落后是经济发展的瓶颈,近几年大力投资兴建的基础设施、工程,对全国的经济拉动作用极其显著。

(3)制定中长期的经济、社会发展规划,确定经济社会发展的长远目标,为微观经济主体提供必要的宏观经济发展信息、趋向和正确的导向。[①]市场主体都有自己的利益和目标,分散独立的决策,使其与社会整体利益和目标难以吻合,这就要发挥政府的集中宏观决策作用,制定中长期的发展战略和规划来加以协调。政府的中长期规划、目标是在综合国民经济整体情况的基础上形成的,反映了国家对未来经济发展的倾向和安排,因而对市场主体具有引导和定向作用,有利于市场主体作出正确的决策,安排自身的发展规划和目标。政府的这项职能是计划体制下政府管理经济方式的"扬弃",对促进我国经济快速、健康发展有着重要意义。

(4)发展对外经济关系,提高国际竞争力。经济的市场化、全球化发展,闭关锁国行不通,只有积极、主动地参与国际竞争,才有可能在国际市场上争得一席之地。世界各国政府无不把扩大本国的经济实力,提高本国的经济竞争力作为外交关系的最高利益原则。如何处理好与世界各国的关系,发展互利互惠的经济合作,为本国经济发展护驾导航成为政府行为必不可缺的部分。经济实力和经济竞争力是国际地位的象征,在如今弱肉强食局面没根本变化的情况下,经济状况和政府对发展经济的能力直接体现为政府在国际上的发言权力和维护国家、民族利益的能力。

3. 文化职能

理念是行为的先导,观念指导行动,服务型政府建立首先应是理念的转变,服务型政府的文化职能对服务型政府理念的树立和行为方式的转变具有先决性作用。服务型政府的文化职能是指政府为满足人民日益增长的文化生活的需要,依法对文化事业所实施的管理,它是加强社会主义精神文

---

① 陈秀山:《政府调控模式比较研究》,北京出版社 1997 年版,第 58 页。

明,促进经济与社会协调发展的重要保证,涉及科学技术、教育、文化事业和卫生体育等方面。具体来说,主要包括:

(1)坚持社会主义文化的前进方向,贯彻实施社会主义初级阶段的文化纲领和文化方针。在当代中国,坚持社会主义文化的前进方向就是坚持发展面向现代化、面向世界、面向未来的,民族的、科学的、大众的社会主义文化;坚持以马列主义、毛泽东思想、邓小平理论和"三个代表"的思想和科学发展观为指导,以"为人民服务,为社会主义服"为方向,以适应社会主义现代建设的需要,培养"四有"新人,提高整个中华民族的思想道德素质和科学文化素质为根本任务。贯彻实施上述纲领必须同时坚持"百花齐放,百家争鸣"的方针,弘扬主旋律,提倡多样化,坚持以科学的理论武装人,以正确的舆论引导人,以高尚的精神塑造人,优秀的作品鼓舞人。大力发展先进文化,支持健康有益文化,努力改造落后文化,坚决抵制腐朽文化。

(2)弘扬和培育民族精神。民族精神是一个民族赖以生存和发展的精神支柱,一个民族,没有振奋的精神和高尚的品格,不可能自立于世界民族之林。中华民族在五千多年的发展历程中,形成了以爱国主义为核心的团结统一、爱好和平、勤劳勇敢、自强不息的民族精神。面对发展社会主义市场经济的要求和世界范围各种思想文化的相互激荡,政府必须把弘扬培育民族精神作为文化建设极为重要的任务。

(3)大力发展科技和教育事业。科学技术是第一生产力,科技进步是经济发展的决定性因素,充分认识科学技术特别是高、精、尖技术发展对综合国力、社会经济结构和人民生活的巨大影响,把加速科技进步放在经济社会发展的关键地位,使经济建设真正转到依靠科技进步和提高劳动者素质的轨道上来。要从国家长远发展需要出发,制定中长期的科技发展规划,统观全局、突出重点,有所为有所不为,加强基础性研究和应用技术的开发,促进科技成果转化为现实的生产力。教育是发展科学技术和培养人才的基础,在现代建设中具有先导性、全局性作用,应摆在优先发展的战略地位。全面贯彻国家的教育方针,坚持教育为社会主义现代化建设服务,为人民服务,与生产劳动和社会实践相结合,培养德智体美劳全面发展的社会主义建设者和接班人。为此,要深化教育体制改革,优化教育结构,合理配置教育资源,全面推进素质教育和普及九年义务教育,转变教育观念和方式。由一次性教育向终生教育转变,由封闭式教育向开放式教育转变,由单一的教育方式向灵活多样的教育方式转变,等等。

(4)加强思想道德建设。建设与社会主义市场经济相适应、与社会主义法律规范相协调、与中华民族传统美德相承接的社会主义思想道德体系,是政府目前和今后一段时期的重要职责和任务。为此,要深入进行基本理论、基本路线、基本纲领和"三个代表"重要思想的宣传教育,引导人们树立中国特色社会主义共同理想,树立正确的世界观、人生观和价值观,认真贯彻公民道德实施纲要,弘扬爱国主义精神,以为人民服务为核心,以集体主义为原则,以诚实守信为重点,加强社会公德职业道德和家庭美德教育,引导人们在遵守基本行为准则的基础上,追求更高的思想道德目标。

(5)加强对公民市场意识和效率、风险意识的培养。市场经济是法治经济,是竞争经济,是市场主体自主自立的经济。必须加强对公民的竞争意识,法治意识,效率意识、规范意识和自主自立意识的培养,摒弃平均主义,权大于法、等、靠、要的旧思想观念,使参与市场的每一个公民都能自觉按市场经济规律办事和自觉维护市场经济秩序。中国没有市场经济的传统,人们普通缺乏对市场的认识和市场意识,因而政府必须加强对人们的市场思想、意识的灌输和教育,使全社会形成了解市场、参与市场、建设市场和维护市场的良好氛围,为尽快建成完善的社会主义市场经济体制提供思想保证。

4. 社会职能

政府的社会职能是指政府经济、政治和文化职能以外,所有的政府应该履行的职责和功能。这类职能一般具有社会公共性,无法完全由市场解决,应当由政府从全社会的角度加以引导、调节和管理。它是从相对于政府政治职能的社会管理职能中分化出来的。在古典经济学家那里,社会是相对于公共利益(如政府、国家)之外的私人利益关系的总和,它以商品经济为基础,以契约关系为纽带,以人格独立为特征。政府的社会职能就是调节私人利益关系和增进私人福利。因此,它们把社会与政府区别为不同性质的两个社会领域,即私域和公域。① 自此,在市场经济发展过程中形成了许多社会与政府关系的模式,如"小政府,大社会","大政府,小社会","大政府,大社会",等等,社会主义市场经济下应该是一种什么样的政府与社会的关系呢? 首先,我们说社会主义市场经济下不存在政府与社会的关系模式;其次,如果说计划经济下是一种"大政府,小社会"(或"强政府,弱社会")的关系,那么在市场经济下应该是一种"小政府,大社会"或"强政府,强社会"的关系。所谓"小"就是讲政府应从包办一切的状态下解放出来,放权于社会,或说让有些权力回归于社会,政府不再办社会该办能办好的事。所谓"强"是说政府应强化自己的职责和功能,办好自己该办的事,这是相对于计划经济下,什么事都干,什么事都没办好,政府功能处于弱化状态而言的。政府的社会职能包括了经济、文化和狭义的社会职能。这里我们主要说狭义的社会职能,即"纯公域和纯私域之外的职能"。② 服务型政府的社会职能主要包括调节社会分配和社会保障,保护生态环境和自然资源,促进社会化服务体系建立,提高人口质量和实行计划生育等。

(1)提供公共物品和公共服务。提供公共物品在政府的经济职能中已经提到。提供公共服务是指为市场经济主体的活动提供服务和对公众生活消费提供的服务。前者包括保障市场安全、维护市场秩序、保障企业合法权益、提供高水平的信息服务等;后者主要是通过发展第三产业,如商业、旅游、娱乐设施等,优化市政或社区建设,为人们生活提供更多、更好、更便捷的服务。

(2)调节收入分配和社会保障。这两项职能已在社会经济发展中处于不可缺少的地位并且业已形成体系。仅靠市场进行利益分配无论在何种社会经济制度下,都是有弊端的、不公的,需要加以调节。资本主义国家的各个发展时期如此,社会主义条件下也是如此。市场竞争必然造成两极分化、分配不公,从而引起社会动荡、不安定。政府有责任以政权的力量、以政府

---

① 曹沛霖:《政府与市场》,浙江人民出版社 1998 年版,第 129 页。
② 曹沛霖:《政府与市场》,浙江人民出版社 1998 年版,第 129 页。

的行为,来干预社会收入再分配,以使社会最终的分配成果,能够更加符合政府和公众所追求的社会公正的目标。① 社会保障既是对公民基本生存环境的保障,也是对社会经济体制正常运行的保障,一个文明的社会应该有健全、完善的社会保障体系,以保证其成员都能享受到最基本的生活资料。社会保障是现代市场经济的安全网和减震器,是非政府组织和机构不能承担的,必须由政府兴办或组织。我国传统的社会保障是和就业政策连在一起的,劳动者的生、老、病、死、伤等都由政府或企业包下来,已不适应社会主义市场经济的要求,必须改革和完善。借鉴成熟市场经济国家经验和教训,结合我国的国情,社会主义市场经济条件下的社会保障体系应包括:一是社会保险体系,主要有养老保险,医疗保险,失业保险,工伤保险四类;二是社会救助,是社会保险体系的补充,凡是没有保险的领域和地方,不管是哪个公民,是什么原因,只要陷入困境,就应得政府的救济和社会的帮助;三是社会福利。当然,政府的社会保障职能与国家的经济社会发展水平要相适应,同政府的财力要相匹配。

(3)控制人口数量,提高人口素质。人口过快增长是发展中国家的普遍现象,也是发展中国家经济发展的沉重负担。这是多种因素造成的,如社会保障水平低,"养儿防老"的观念的普遍存在等。依靠市场机制调节,很难奏效,政府必须担负起控制人口过快增长的职责。我国人口多、基数大,正处在快速增长阶段,实行计划生育,严格控制人口增长,在今后一段时期,仍应是政府的基本国策。人口多既是中国经济发展的最大资源优势,又是中国经济发展的最大限制因素,一方面形成了巨大、持久的就业压力,另一方面又存在人才短缺现象。这就要求政府在控制人口数量的同时,能采取有效的措施,大力提高人口素质,以满足经济快速发展的需要。

(4)保护自然资源和生态环境。中国是世界资源大国,但人均资源却是较低的国家,随着人口增长,经济发展,耕地、水源、能源等都日渐短缺。因此,保护自然资源,合理开发利用资源,节约使用资源,是保证可持续发展

---

① 陈秀山:《政府调控模式比较研究》,北京出版社 1999 年版,第 22 页。

迫在眉睫的任务。另一方面,随着经济的快速发展,生态环境也正遭受空前的破坏。治理跟不上破坏,局部在改善,整体仍在恶化,环境质量每况愈下,这是市场经济外部负效应的典型表现。对此政府要以生态文明建设的基本要求,应用必要的手段把破坏、污染控制到最低水平,同时要组织财力加大治理环境的力度。

(5)培育和发展市场中介组织。市场中介组织(如会计事务所、审计事务所、律师事务所、资产评估和资信评估等),连同其他社会性的公共组织,被称为市场经济中的"第三只手"。① 它的主要功能在于规范市场行为,维护市场秩序,减轻政府负担,缓和政府、企业与个人三者之间的矛盾,沟通政府与企业和社会成员的联系,等等。目前,我国的社会中介组织普遍存在法制化建设滞后,政社不分、行政化色彩过浓,结构不合理、重复设立、职责交叉和行为不规范等问题。因此,必须大力规范、发展和完善社会中介组织。主要是完善社会中介组织行业准入和资质认可制度,依法加强对社会中介组织和中介行为的监管,明确社会中介组织和中介人员的法律责任,培育发展与社会主义市场经济和社会需要相适应的功能完备、行为规范、责任明确的社会中介组织体系。

(二)现阶段服务型政府职能建设重点(经济调节、市场监管、社会管理、公共服务)

改革开放以来,适应经济市场化、全球化和政治体制改革的需要,政府职能转变取得了很大的成绩,适应社会主义市场经济的政府职能体系基本形成。但政府职能缺位、易位或错位的问题还未彻底改变,主要体现在政府对微观经济的干预还很多,市场监管的力度不够,社会管理的职能尚不到位,公共服务职能尚很欠缺。因此,十六大以来,国务院提出在继续完善政府职能体系前提下,重点加强经济调节、市场监管、社会管理和公共服务等四项职能的建设,实现政府职能从生产建设型向公共服务和社会管理型转变,从提供经济物品向提供制度环境转变,从行政管制型向公共服务型转

---

① 曹沛霖:《政府与市场》,浙江人民出版社 1998 年版,第 445 页。

变,从集中管理型向依靠市场调控型转变。

1. 经济调节职能

经济调节是建设服务型政府的一项重要职能。就其实质就是政府要转变经济调节方式,主要运用经济手段和法律手段管理经济;要把政府经济管理职能转到主要为市场主体服务和创造良好发展环境上来,集中力量搞好统筹规划、制定政策、信息引导、组织协调、提供服务和检查监督。政府的经济调节职能主要包括以下4个方面:

(1)经济增长。经济增长是一个国家和社会发展的推动力,一个不能促进本国经济发展的政府是不可能得到公民的认可的。经济增长是通过一定的增长速度来体现的,这个速度必须根据客观实际来确定。1998年以来,我国通过确立了扩大内需的方针,实施积极的财政政策和稳健的货币政策,经济增长速度一直保持在较高的水平上,有力保证了经济增长目标的实现。

(2)增加就业。失业率过高会使国家经济总产出大幅降低,给劳动者及其家庭造成生活困难,进而不利于社会稳定。今后一个时期,我国面临就业人口高峰,就业压力将明显加大,千方百计增加就业,并使之与其他宏观调控目标相协调,无论从经济发展还是社会进步的角度看,都是十分重要的。

(3)稳定物价。稳定物价是指促使物价水平稳定地在一个合理的区间内变动。物价稳定与否,不仅影响经济发展,而且影响居民生活水平和质量。宏观经济调控的一项主要任务,就是消除或避免出现物价不稳定,包括通货膨胀和通货紧缩。目前,我国正在着力解决的问题,是努力摆脱通货紧缩的阴影,为经济社会发展创设一个相对宽松而稳定的货币环境。

(4)国际收支平衡。国际收支平衡是经济总量平衡的一个重要组成部分。过大的赤字会造成外汇紧缺并冲击本国市场,过大的外汇盈余则会使外汇资源得不到充分利用,并会造成国际贸易摩擦。所以,无论是哪一种国际收支失衡,都不利于国民经济的健康发展。宏观经济调控的目标之一,就是保持国际收支的基本平衡。

2.市场监管职能

政府维护市场秩序,确保市场领域适度、公平竞争的职能,即市场监管职能是服务型政府的重点职能之一,是指政府通过法律法规并依法对包括一般商品市场和生产要素市场中的一切行为进行监督管理的政府管理职能。政府市场监管职能的目标是:通过对各类市场交易中市场主体的资格认证、交易行为和秩序的规范约束、交易权益的保护等监督管理,以保护广大消费者及合法经营者的权益、限制垄断和鼓励公平竞争、建立一个诚信的社会。政府在开展市场监管的活动中,其监管的重点主要是在市场准入、公平竞争和维权保护三个方面。

(1)严格市场准入监管、确保市场主体的合法性。政府对市场准入的监管,是政府市场监管活动的环节。主要是指政府依据国家的有关法律法规,依法对各类市场主体的资格进行审查,根据一定的标准判断其是否具备进入市场开展交易活动的许可或审批行为。同时,要根据相应的市场准入法律法规,坚持依法行政,组织各级政府市场监管职能部门依法对各类市场主体的资格进行严格检查和核实,坚决依法取缔一切非法市场主体及其市场交易行为,从而为创造良好的公平竞争环境奠定坚实的基础。

(2)限制垄断、鼓励公平竞争。现代市场经济下,政府对企业市场准入监管的原则是宽进、严管和严出。因而,政府应该发挥其职能作用逐步改变目前某些行业还存在的一些垄断状况,实现各行业的公平竞争。此外,政府还要对市场上的一些不正当竞争行为,以及欺诈、隐瞒、假冒、侵权、行贿、诽谤等一系列不公正的市场交易行为进行严格监管,从而有利于维护公平竞争的市场秩序,促进市场竞争效率的提高。

(3)制定严格的市场监管法律法规,保护消费者及合法经营者的权益。政府市场监管的首要目标就是要保护广大消费者和合法经营者的合法权益,因此,作为政府市场监管职能部门,要根据国家有关市场交易行为的法律法规,对各类市场交易行为的过程与结果进行监督检查,尤其是对市场交易的双方是否诚信、依法履约等行为进行监管,并依法纠正侵权行为和强制违约者履约,从而为经济和社会发展提供良好的市场竞争环境。现在市场秩序已经有所好转,但是在某些方面和领域依然存在着很多问题。例如,偷税、骗税、商业欺诈、财务失真、违反财经纪律等行为时有发生,假冒伪劣商品、文化市场混乱、工程质量低劣等问题比较突出,影响正常的市场秩序。这些都表明政府的市场监管力度不够,政府市场监管的职能还不到位。

3. 社会管理职能

政府的社会管理职能是指政府以调整社会关系、规范社会行为、维护社会秩序为目的对社会活动所进行的管理,主要包括政府承担的管理和规范社会组织、协调社会矛盾、保证社会公正、维护社会秩序和稳定、保障人民群众生命财产安全、保护资源和环境等方面的职能。目前我国政府的社会管理职能还不能完全适应市场经济发展和社会全面进步的要求,社会事业与经济发展不平衡。我国经济社会发展存在着"一条腿长、一条腿短"的问题,一方面我国经济发展取得了巨大成就,另一方面片面追求经济增长,带来社会发展的相对滞后,一些重大民生问题长期得不到解决。政府需要加强社会管理职能,提高社会治理能力,构建起新型的社会利益整合、社会冲突化解和社会秩序维持机制,协调经济与社会、人与自然之间的关系,实现我国经济社会的全面可持续发展。政府的社会管理职能主要包括以下几方面:

(1)完善社会管理,维护社会安定团结。社会稳定是人民群众的共同心愿,是改革发展的前提。随着改革开放不断深入和社会主义市场经济不断发展,我国的经济体制、社会结构、利益格局和人们思想观念发生了深刻变化。这种空前的社会变革,给我国经济社会发展带来巨大的活力,但也带来了许多矛盾和问题,增加了社会管理的难度和复杂性,所以必须大力加强社会管理,维护社会稳定与和谐。第一,推进社会管理体制改革创新。健全党委领导、政府负责、社会协同、公众参与的社会管理格局,健全基层社会管理体制。坚持以人为本,创新社会管理理念和管理方式,在服务中实施管理,在管理中实现服务,最大限度地激发社会创造活力,最大限度地增加和谐因素,最大限度地减少不和谐因素。第二,妥善处理人民内部矛盾。完善信访、纠纷处理机制和政府主导的维护群众权益机制,统筹协调各方面利益关系,预防和化解各类社会矛盾。第三,加强社会组织建设和管理。社会组织具有提供服务、反映诉求、规范行为的积极作用,把它们的作用利用好、保护好、发挥好,有利于降低政府社会管部成本,有利于增强公民的社会认同感。要支持各类社会组织承担社会事务,参与社会管理和服务。第四,强化安全生产管理和监督。坚持安全第一、预防为主、综合治理的安全生产方针,完善安全生产体制机制,健全安全生产责任制度,维护安全生产秩序,遏制重特大安全事故。完善突发事件应急管理机制,提高保障公共安全和处理突发事件的能力,加强综合减灾能力建设,提高防范和应对自然灾害能力。第五,健全社会治安防控体系。要加强社会治安综合治理,改革和加强城乡社区警务工作,依法防范和打击违法犯罪活动。完善国家安全战略,高度警惕和坚决防范各种分裂、渗透、颠覆活动,维护国家安全。

(2)完善收入分配,保持社会公平。政府在价值取向上必须坚持维护社会公平与正义,这是政府作为公共权力受托者的本质要求。改革开放以来,我国收入分配制度改革不断深化,打破了平均主义、"大锅饭"制度,形成了按劳分配为主体、多种分配方式并存的分配制度,有力地促进了经济社会发展,但也出现了城乡、地区、行业和部分居民之间收入差距持续拉大的现象。因此,要完善收入分配制度,调整收入分配结构,整顿和规范分配秩序,加快形成合理有序的收人分配格局。第一,坚持和完善按劳分配为主体、多种分配方式并存的分配制度,健全劳动、资本、技术、管理等生产要素按贡献参与分配的制度,放手让一切劳动、知识、技术、管理和资本的活力竞相迸发,让一切创造社会财富的源泉充分涌流,以造福于人民。第二,提高居民收入在国民收入分配中的比重,提高劳动报酬在初次分配中的比重。提高这"两个比重",调整国民收入分配格局,有利于理顺国家、企业和个人二者的分配关系,有利于增加广大劳动者收入,维护劳动者权益,也有利于合理调整投资与消费的关系,促进经济社会协调健康发展。第三,调节个人收入分配,合理调整收入分配格局。一是提高低收入者收入。要强化支农惠农政策,促进农民持续增收,建立职工工资正常增长机制和支付保障机制,逐步提高扶贫标准和最低工资标准,使城乡居民特别是低收入者收入随着经济发展逐步增加。二是扩大中等收入者比重。中等收入者是社会稳定的基础,要创造条件让更多人拥有财产性收入,使更多低收入者进入中等收入者行列。三是过高收入进行有效调节。要运用税收手段,使过高收入者的一部分收入通过税收等形式由国家集中用于再分配。四是取缔非法收入。要严格执法,对偷税漏税、侵吞公有财产、权钱交易等各种非法收入依法取缔和惩处。五是规范垄断行业的收入,引入竞争机制,打破经营垄断,规范垄断性企业资本收益的收缴和使用办法,合理分配利润。要通过改革和发展,扩大转移支付,强化税收调节,打破经营垄断,创造机会公平,整顿分配秩序,逐步扭转收入分配差距扩大趋势,防止两极分化,使全体社会成员逐步共同致富。

(3)保护生态环境。党的十六大提出,要加强环境保护和实施可持续发展战略,并把推动整个社会走上生产发展、生活富裕、生态良好的文明发展道路作为全面建设小康社会的重要奋斗目标之一。十六届三中全会进一步提出了全面、协调、可持续的发展观。如何落实科学的发展观、加强生态建设、保护生态安全、推进生态文明,关键在于政府行政管理。切实加强政府的生态管理职能,是当前的一项重要任务。近年来,由生态危机所引起的各种问题深刻而普遍,仅仅依靠科学技术或单纯依靠市场法则都无法得到解决。其全局性、综合性、历史性、长期性决定了这个问题已经成为全人类面临的重大的公共问题,必须由政府出面,整合各个方面的资源,设计公共政策,履行公共职能,加强公共管理,才有望得到解决。因此政府需要建立一个既符合生态规律,又符合社会经济发展规律的政府生态管理职能体系;采用以科学为依据,以法律为基础,以政企分开为切入点,以发展林业为龙头,以治理污染为重点,形成机构人员网络化、管理职能集合化、政策措施配套化、执法工作经常化、管理方式信息化的有机整体管理架构,并形成统一协调与各负其责结合、建设为主预防为主与治理得力应急有效结合、中央宏观调控与地方微观管理结合、市场机制为主与适度行政审批结合的工作方式。当前,加强生态环境保护应着力做好4个方面的工作:一是坚持节约资源和保护环境的基本国策,完善有利于节约能源资源和保护生态环境的法律和政策,加快形成可持续发展体制机制;二是发展清洁能源和可再生能源,建设科学合理的能源资源利用体系,提高能源资源利用效率;三是加大节能环保投入,重点加强水、大气、土壤等污染防治,改善城乡人居环境;四是加强水利、林业、草原建设,促进生态修复。

4.公共服务职能

政府有根据社会的公共需求为社会提供公共产品和服务的职能,主要包括政府承担的发展各项社会事业,实施公共政策,扩大社会就业,提供社会保障,建设公共基础设施,健全政务、办事和信息公共服务系统等方面的职能。在经济学中,公共服务是指具有共同消费性质的产品和服务。例如,国家安全、社会治安、教育文化、医疗卫生、交通通信等等。

(1)大力发展教育,建设人力资源强国。教育是民族振兴的基石,教育公平是社会公平的重要基础,发展教育也是把我国巨大人口压力转化为人力资源优势的根本途径。第一,全面贯彻教育方针,要以育人为本、德育为先,提高全民的思想道德素质、科学文化素质、身体素质、心理素质和劳动技能素质。第二,优化教育结构。要坚持按照教育发展规律和经济社会发展需要,优化教育资源配置,促进义务教育均衡发展,加快普及高中阶段教育、人力发展职业教育,提高高等教育质量,重视学前教育,关心特殊教育,形成各级各类教育全面协调可持续发展的良好格局。第三,推进教育改革创新。要着眼于构建现代国民教育体系,提高国民综合素质,大力实施素质教育。目前,关键是更新教育观念,改进人才培养模式,深化教学内容方式、考试招生制度、质量评价制度等改革,全面提高教育质量和水平。第四,坚持教育公益性质。教育是关系社会公共利益,对全体国民、对国家和民族的现在和未来具有重大影响的公共事业,政府负有义不容辞的重要责任,必须加大财政对教育的投入,规范教育收费,健全公共财政投入和保障机制,为全体国民提供接受良好教育的机会和条件。要扶持贫困地区、民族地区教育,健全学生资助制度,保障经济困难家庭、进城务工人员子女平等接受义务教育,鼓励和规范社会力量兴办教育。

(2)实施就业发展战略,提高就业水平。就业是民生之本,是保障和改善人民生活的重要条件。我国劳动力资源十分丰富,这是促进经济持续较快发展的有利条件。但就业形势严峻将是我国今后较长时期面临的一个重大课题,必须把扩大就业放在经济社会发展的突出位置。目前,要坚持实施积极的就业政策,坚持劳动者自主择业、市场调节就业、政府促进就业的方针,多渠道扩大就业。第一,增加就业岗位。坚持发展经济与促进就业互动,以发展促进就业,扩大就业规模,改善就业结构。大力发展劳动密集型产业、服务业和各类中小企业,发展有利于扩大就业的新行业、新产业,鼓励、支持、引导非公有制经济发展,推进小城镇建设和加快县域经济发展,尽可能多地增加就业岗位。第二,为社会自主创业提供条件。以创业带动就业是解决就业问题的一个重大方针,要完善支持自主创业、自谋职业政策,加强就业观念教育,营造自主创业的社会环境。运用好财税、金融政策,增加融资渠道,放宽市场准入限制,加强技能培训和信息服务,积极培育创业主体,使更多劳动者成为创业者,推动创业型社会建设,扩大就业容量。第三,推进就业体制改革创新。要统筹城市就业和农村劳动力转移就业,统一规范的人力资源市场,形成城乡劳动者平等就业的制度,健全覆盖城乡的就业服务体系。要完善面向所有困难群众的就业援助制度,及时帮助零就业家庭解决就业困难。第四,规范和协调劳动关系,依法维护劳动者权益,发展和谐劳动关系。要规范企业行为,继续完善和落实国家对农民工的政策;要加强劳动执法监督,特别要解决好非法用工、超时加班、劳动条件差等问题,维护劳动者合法权益。

(3)建立健全覆盖城乡居民的社会保障体系。健全的社会保障体系,是国家的一项重要社会制度,是维护社会稳定和国家长治久安的重要保障。改革开放以来,我国社会保障体系建设取得了重要进展,但还存在着覆盖面小、保障水平低、制度不健全等问题。建设服务型政府是坚持党的全心全意为人民服务宗旨的根本要求,在经济发展的基础上,不断扩大公共服务,逐步形成惠及全民、公平公正、水平适度、可持续发展的公共服务体系;根本目的是进一步提高政府为经济社会发展服务、为人民服务的能力和水平,关键是推进政府职能转变、完善社会管理和公共服务,重点是保障和改善民生,推进基本公共服务均等化。总的要求是:坚持广覆盖、保基本、多层次、可持续的指导方针,以社会保险、社会救助、社会福利为基础,以基本养老、基本医疗、最低生活保障制度为重点,以慈善事业、商业保险为补充,加快建设覆盖城乡居民的社会保障体系。第一,完善基本养老保险制度。要促进城镇职工基本养老保险制度规范化,完善社会统筹与个人账户相结合的企业职工基本养老保险制度,促进机关、事业单位基本养老保险制度改革,探索建立农村养老保险制度。第二,完善基本医疗保险制度。要推进城镇职工基本医疗保险、城镇居民基本医疗保险、新型农村合作医疗制度建设,使基本医疗保险制度覆盖城乡全体居民。第三,完善最低生活保障制度。在城市要继续健全最低生活保障制度,做到应保尽保;农村要将符合条件的贫困人口全部纳入最低生活保障范围,切实解决他们的基本生活问题。第四,发展社会救助与慈善事业。社会救助与慈善事业是中国特色社会保障体系的重要组成部分,具有不可替代的促进社会和谐的特殊功能,应当支持其加快发展。第五,积极发展商业保险的补充作用。商业保险能够满足人们更高层次和多样化的社会保障需要,也应支持其加快发展。第六,要采取多种方式充实社会保障基金,搞好基金投资运营,实现保值增值;加强基金监管,杜绝非法侵占、挪用,确保社保基金安全。要逐步提高社会保险统筹层次,制定统一的社会保险关系转续办法,促进劳动人口在全国范围的流动就业。

(4)建立基本医疗卫生制度,提高全民健康水平。建国以来,我国医疗卫生事业取得了显著成就,但与人民群众对医疗卫生的需求仍然差距较大,存在着看病难、看病贵的问题。大力发展医疗卫生服务,是广大人民群众的迫切愿望。建立基本医疗卫生制度,要坚持公共医疗卫生的公益性质,以农村为重点、中西医并重,实行政事分开、管办分开、医药分开、营利性和非营利性分开,强化政府责任和投入,完善国民健康政策,鼓励社会参与,建设覆盖城乡居民的公共卫生服务体系、医疗服务体系、医疗保障体系、药品供应保障体系,为人民群众提供安全、有效、方便、价廉的医疗卫生服务。第一,要加快推进医疗卫生事业改革和发展,完善重大疾病防控体系,提高突发公共卫生事件应急处置能力。第二,要以深化公立医院改革为突破口,深化医疗卫生管理体制、医疗机构运行机制、卫生投入体制、医疗服务和药品价格形成机制改革。第三,建立国家基本药物制度,保证人民群众基本用药,扶持中医药和民族医药事业发展。第四,坚持计划生育的基本国策,稳定低生育水平,提高出生人口素质。

第四章 服务型政府的组织结构

政府的组织结构,是指为了实现政府的职能而建立的政府机构,具有明确的目的性,是人、财、物、信息等多元要素有序组合的行政组织。具体而言,就是指按照国家宪法和法律的规定,行使国家行政权,担负组织、管理国家内政、外交、国防、经济、文化以及社会各个领域的行政事务的国家行政机关及其所属部门。服务型政府组织结构是适应服务型政府目标及其职能而建立起来的行政组织结构,与传统的组织结构相比,既是一种批判和吸收,又是一种超越和创新,是体现现代社会发展要求和时代特点的行政组织结构。

第一节 服务型政府组织结构的基本要求

一、政府职能与组织结构的动态平衡

政府组织结构作为行使职能的国家行政机关及其所属部门,在我国主要包括 2 大类:一是国务院及其下属的工作部门;二是地方政权组织中的省、市、县、乡 4 级政府及所属工作部门,它们共同构成了我国政府的组织结构体系。政府职能与政府组织结构的关系是内容和形式的关系,政府职能的内容决定政府组织结构的形式,政府组织结构是职能主体根据政府目标和职能内容选择的结果。有什么样政府职能就需要什么样的政府组织机构与之相适应,二者相互作用、相互影响,并随环境的变化保持着动态的平衡。政府职能与组织结构的动态平衡主要体现在以下三个方面:

1.组织结构的设计必须与政府职能的变化相适应。政府职能的发展变化是政府组织结构改革的内在动因,组织结构设置与改变必须服从职能的变化。主要表现在以下方面:首先,当政府职能内容增加或减少时,如政府职能向社会转移和市场转移、向各级政府转移、向基层自治组织转移时,政府组织结构也要作出增、减或合并等相应的调整。其次,当行政环境发生重大变化,政府职能必须适应行政环境发生的变化,政府组织结构也应随之变化。社会信息化和经济全球化促使政府的职能发生根本的改变,而政府职能的变化必然带来行政组织结构的调整和变革。从我国行政管理改革的历程来看,我们的组织结构改革与职能的转变呈现出明显的正相关状态,趋势是与市场经济的发育程度密切联系的,市场经济越发展,政府职能转变越深入,组织结构改革就越有成效,职能设置和组织结构设置的科学化和匹配程度也会相应提高。

2.组织结构的设计必须与政府管理方式的变化相适应。如我国实行计划经济体制时,政府采取行政手段对经济生活进行集中的直接控制与直接干预,从中央到地方各级政府都设立了许多专业管理部门,直接管理企业的生产经营活动。当我国由计划经济体制转向市场经济体制时,政府的管理方式由直接干预企业经营活动转向宏观调控和公共管理,政府的专业经济管理部门就不断萎缩或被撤销。

3.组织结构对政府职能具有能动作用。科学合理的组织结构有助于降低行政成本,提高政府职能的实施效率,这是当今世界各国政府机构改革浪潮的主要动因。相反,臃肿的组织结构就会导致政府不堪重负,效率低下和行政成本急剧上升。20世纪70年代以后,西方发达国家政府合法性的降低与政府机构膨胀带来政府职能履行能力不足直接相关。

二、政府组织结构的历史演变

(一)政府组织结构的历史演变

政府组织结构是政府履行职能,实现管理国家和社会公共事务目标的载体,它随着政府体制和政府职能的变化而变化。与政府体制由权威型政府、规制型政府向服务型政府和政府职能由权威型模式、规制型模式向服务型模式的转变相适应,政府的组织结构也由统治型组织结构、管制型组织结构向服务型组织结构转变。(表4-1)

表4-1 政府组织结构类型

	统治型组织结构	管制型组织结构	服务型组织结构
组织目标	统治效率(控制效率)	管理效率(机械效率)	服务效率(5E:经济、效率、效益、效果、公平)
权力关系	专制、集权,等级森严	集权与分权相结合,等级严格	分权、授权,动态变化
分工协作	直线管理,部门间各自为政	纵向分层、横向分部,专业化、部门化	层次减少、幅度扩大,综合化、合作化
人际关系	非理性的人格化	非人格化	理性的人格化
信息交流	自上而下和自下而上的垂直交流	垂直交流和平行交流	网络化和交互化
开放程度	封闭,与外界交流极少	比较封闭,尽量减少外界的影响和保持稳定性	开放,随外界的变化而动态调整

1. 管制型组织结构的特征①

管制型组织结构是适应工业时代的产物,是一种以“管”为中心的大政府模式。就其组织方式而言,它是由纵向层级制和横向职能制构成的二维模式,这种结构具体特点如下:在纵向上,传统的行政组织系统由若干层次构成,除最高层外,每一层次依地域行政单位划分为若干板块,层次越低块数越多,层次越高块数越少,整个系统形成一个金字塔式的自上而下的科层制结构。在横向上,传统政府又由若干部门构成,部门的设置一般按业务职能划分,每一部门行使不同的但多是单一的管理职能,每一部门在全国范围内形成一个相对独立的系统,在这些系统内部则实施金字塔型的垂直领导。

2. 服务型组织结构形成的背景及发展趋势

一是组织结构的扁平化。即纵向的组织层次减少,横向的管理幅度扩

---

① 李鸿艾:《信息社会中的行政组织结构改造》,《科技文汇》2007年第4期,第108页。

大。这种趋势是由信息化时代信息的特点决定的：首先，信息社会中信息源的杂散分布促使组织结构扁平化。信息资源已成为现代社会最基础、最重要的战略资源，与传统社会信息的高度集中和唯一不同，现代社会的信息是分散的、众多的。信息源的杂散分布以及信息资源的重要性必然使组织的各个层次都必须要灵活主动地获取信息，决策权必须分散，政府信息化使处于较低层的一般工作人员借助于信息网络和决策支持系统等各种应用系统作出更为科学、合理的决策。这必然导致组织结构的分散化，使多层少点的金字塔组织结构演变成层少点多的扁平结构。其次，信息的传递和加工方式使组织结构扁平化。传统科层组织通过层层节制的中层管理人员承上启下，达到沟通和交流的目的，而信息化不仅使网络和信息系统承担了大量中间管理层的角色，而且现代信息技术的广泛应用使管理幅度大大超越了工业社会时期，一套网络管理系统服务一人与服务一万人的投入是一样的。

二是组织结构精干化。即机构精简，政府规模缩小。现代政府职能涉及领域是多方面的，职能履行应以多个部门以任务为中心进行，因此在信息化的过程中，传统的很多部门机构将被整合或出局是必然趋势。同时，在全球化的趋势下，政府不再是全能的设计者，而是与企业及个人等经济主体一样，是靠固有利益驱动机制行事的市场主体，政府的公共管理职能将逐渐社会化和市场化，强调行政绩效、分权和市场化操作。政府是要"掌舵"，而不是"划桨"，由公共管理的直接服务提供者转变为介绍服务的中间者，逐渐向地方和社会下放权利，使组织精干化。

三是组织结构弹性化。弹性化的组织结构能根据环境的变化制定回应策略，组织机构设置从固化转向动态，人员打破部门禁锢向以任务为纽带，跨部门、跨组织组成临时团队转变。信息化使信息的传递和职能的实施可以跨越科层的纵向和水平的限制，组织之间的横向协调和交叉性联系通过信息网络得到加强，注重对外在环境的反应和协调一致，维系行政组织的动态管理和动态平衡，能快速地对不断变化的社会和经济情况做出反应。信息化时代，需求的多样性和个性化以及信息的时效性要求政府以事务为中心、以客户需求为导向、以服务为宗旨重新整合政府资源，因此相应的组织机构设立同样要与之相适应,使之成为具有弹性化、回应性强的公共组织。

四是组织结构网络化。组织结构网络化是指纵向层级和横向部门体系之间,政府部门间和政府内外部的各项运作日益通过网络平台进行。随着信息化的深入发展,政府从信息资源分布、传递、获取和加工的多角度出发,进行了一系列行政业务流程重组或再造,使政府部门机构设置和职能职权、资源的分配日益依附于网络。网络逐渐成为组织的中枢神经系统,而组织的各个部门就像是依附于神经系统的各种器官。根据信息基础设施和信息资源管理的特性以及管理目标重新整合业务工作流程、界定部门职能、改变部门机构的设置,将信息网络与现代行政组织融于一体,将是政府组织结构的发展趋势。在组织信息处理方式上,网络的结构比任何其他现有的组织以速度更快、效率更高的方式沟通信息,政府信息按照一定的标准和格式进行数字化处理,使之在政府内部和全社会之间能实现快速传递和共享,从而打破了科层的层级阻碍。

五是组织权力结构分权化。[①] 信息化时代,行政组织的环境和任务的经常变化,使非程序化工作成为管理的主要方式,惯例和制度的作用极为有限,管理者需要掌握大量的动态信息。谁掌握有效的信息,就能处在非程序化管理中的主动地位,影响和引导他人或组织的行为,因此知识和信息已逐渐发展成为行政组织权威的基础。而知识和信息的分散性决定了行政组织在权力结构上必须实行分权和权力下放,让下属或下级拥有更大的管理自主权。在分权式组织结构中,行政组织将被分解在一个行政组织总部尽可能直接领导之下的,由数量相对较多、规模相对较少的行政组织单元构成的行政组织系统。这种组织权力结构类似于原子结构或恒星结构,行政组织总部充当原子核,其下属的各个行政组织充当着电子或行星及卫星的角色。原子核或行星决定着行政组织系统的运行方式和轨迹,但电子或行星及卫星也有自身的运行规律及自主权。

---

① 唐兴霖:《公共行政组织原理:体系与范围》,中山大学出版社 2002 年版,第 361、362 页。

(二)我国政府组织结构改革历程

1949 年新中国建立后,根据当时特殊的历史条件和客观环境,中国政府组织结构设置基本上是高度集中的行政管理体制,这种体制与计划经济是相适应的,使国民经济迅速得到恢复。从 1949 年到党的十一届三中全会召开,我国政府的组织结构设置虽然也进行了多方面的探索,并且实施过多次政府组织结构改革,对提高政府管理水平和效率起到一定作用,但整体上看,没有突破性的进展。自改革开放以来,中国先后进行了六次大的组织结构改革,这六次组织结构改革,除了 1982 年的改革外,五次都是围绕转变职能、下放权力、理顺关系和创新管理方式等内容进行的,每次改革都是针对社会发展阶段的要求进行,体现阶段性和渐进性的特点,大体经历了精简机构、审批制度改革和行政管理创新三个改革阶段。2000 年以前改革的主要是以政企分开主线,减少宏观经济管理职能,通过精简机构实现政府职能转变;2000 年至 2003 年的机构改革主要以行政审批制度的改革为中心;2003年后机构改革进入全面创新阶段。① 2008 年提出服务型政府的改革目标,围绕转变职能对政府机构进行了又一次调整,体现了政府改革理念和思想的成熟,这次改革不仅是针对当前改革发展的一种制度创新,也是对当今世界经济政治发展趋势的科学分析和把握。

1982 年改革,主要围绕解决机构臃肿、人浮于事和效率低下的问题。当时的官僚主义、组织结构臃肿、人浮于事的现象十分严重,已远不能适应改革开放和经济社会发展的需要,亟待改革。当年 3 月,五届全国人大常委会第二十二次会议通过了关于国务院组织结构改革问题的决议。改革的主要内容是撤并组织、裁减人员,以解决干部副职过多和干部老化问题。通过改革,在下放经济管理权限、财政收支权限、人事管理权限的同时,对各级政府组织进行了较大幅度的精简,提出了干部队伍"四化"方针(即革命化、年轻化、知识化、专业化,开始建立正常的干部离退休制度,取消了干部职务终身制。以国务院为例,国务院的组织结构由改革前的 100 个,精简为 61 个,

① 高小平:《政府管理与服务方式创新》,国家行政学院出版社 2008 年版,第 4 页。

工作人员总编制缩减25%。这次改革虽然是阶段性改革,但对保证改革开放的顺利进行起到了重要作用。

1988年改革,目标是理顺关系、转变职能、精简机构、提高效率和建立公务员制度。1983～1986年,组织结构再度膨胀,国务院工作部门增至72个。1984年后,中国改革的重心由农村转移到城市。城市改革要复杂得多,不仅遇到了传统计划经济体制的阻力,而且党政机关和人员再次膨胀,行政体制不适应经济体制改革的问题充分暴露出来。为适应政治体制改革和进一步深化经济体制改革的需要,1988年4月,七届全国人大一次会议通过了国务院组织结构改革方案,启动了新一轮的组织结构改革。这次改革着力推进政府职能的转变,其内容是合理配置职能,科学划分职责分工,调整组织结构设置,转变职能,改变工作方式,提高行政效率,完善运行机制,加速行政立法。改革的重点是那些与经济体制改革关系密切的经济管理部门。改革采取自上而下,先中央政府后地方政府,分步实施的方式进行。通过改革,国务院工作部门调整为65个,国务院部委由原来的45个精简为41个,直属组织结构从原有的22个减少为19个,人员组织结构编制比原来的实际人数减少19.2%。这次改革虽然没有在地方推行,精简的组织结构、人员后来也有反复,但在这次改革中提出的"转变政府职能"的目标,对以后的组织结构改革产生了深刻影响。

1993年改革,重点是按社会主义市场经济的要求,实行政企分开,转变政府职能。1988年的组织结构改革,部门又膨胀至86个之多。1993年3月,八届全国人大一次会议审议通过了关于国务院组织结构改革方案的决定。这次组织结构改革和以往组织结构改革的不同,就是把适应社会主义市场经济发展的要求作为改革的目标,改革的重点是转变政府职能,其根本途径是政企分开。其具体要求是:按照建立社会主义市场经济体制的要求,加强宏观调控和监督,强化社会管理职能部门,减少具体审批事务和对企业的直接管理;理顺国务院各部门之间的关系,合理划分职责权限,避免交叉重复,调整组织结构设置,精简各部门的内设组织结构和人员。这次改革是在认真试点的基础上自上而下展开的,历时近3年。经过改革,把政府的职能转向统筹规划、掌握政策、信息引导、组织协调、提供服务和检查监督;各级政府普遍精简了队伍,并把建立适应社会主义市场经济发展的政府组织结构设置作为重要目标。通过这次改革,国务院直属组织结构由 19 个调整为 13 个,办事组织结构由 9 个调整为 5 个。

1998 年的改革,可以说是大体走出了精简与膨胀的循环怪圈,其关键是着眼于市场经济建设的需要,精简了很多与计划经济相关的经济部门。这些经济部门转变为国家经贸委下属的 9 个局,而这 9 个局没有在改革之后恢复原来的身份,在 2001 年 2 月 19 日,终于找到了各自的归宿:7 个局撤销,国家煤炭生产局改称国家安全生产局,只有国家烟草专卖局依然保留。到此为止,中央各部委办直属局公务员从 1997 年 3.4 万人减少到 1.7 万人,国务院人员编制总数减少了 47.5%。不过,改革的动力虽然是有很大的财政压力,但是改革的成本依然是很高的,中央财政并未因此而节约,反而为此多支出了 20%。除此之外,一些市场监管组织结构得到了强化,规格提高了,如国家工商行政管理总局、新闻出版总署、国家质量技术监督局和国家出入境检验检疫局合并成为国家质量监督检验检疫总局,成为正部级单位。而一些部门下面也设立了很多司局级单位,比如外贸部建立了世界贸易组织司,成立了中国政府世贸组织通报咨询局、进出口公平贸易局等。还成立了一些正部级单位,如国务院信息化办公室等。为了加强国家对重点大学的管理和支持力度,一些重点大学的党委书记和校长升格为副部级。这些部门职能的强化或许是必要的,但并非一定要通过提高组织结构和官员的行政级别来运作。这些现象都可以看作是 1998 年改革之后的回潮。但即便如此,改革成就依然得到了巩固。

2003 年改革,其核心内容是:深化国有资产管理体制改革,设立国务院国有资产监督管理委员会;完善宏观调控体系,将国家发展计划委员会改组为国家发展和改革委员会;健全金融监管体制,设立中国银行业监督管理委员会;继续推进流通管理体制改革,组建商务部;加强食品安全和安全生产监管体制建设,在国家药品监督管理局基础上组建国家食品药品监督管理局,将国家经济贸易委员会管理的国家安全生产监督管理局改为国务院直属组织结构;将国家计划生育委员会更名为国家人口和计划生育委员会;不再保留国家经济贸易委员会、对外贸易经济合作部。2003 年春天新一届政府的改革没有在组织结构数量和人员规模上下功夫,但通过组织结构调整,为建设适应市场经济需要的政府体制奠定了组织基础。

2008 年的改革,主要任务是按照建设服务型政府、责任政府、法治政府和廉洁政府的要求,围绕转变政府职能和理顺部门职责关系,探索实行职能有机统一的大部门体制,合理配置宏观调控部门职能,加强能源环境管理机构,整合完善工业和信息化、交通运输行业管理体制,以改善民生为重点,加强与整合社会管理和公共服务部门。建立健全国家发展和改革委员会、财政部、中国人民银行等宏观调控部门的协调机制,发挥国家发展规划、计划、产业政策在宏观调控中的导向作用,综合运用财税、货币政策,形成更加完善的宏观调控体系,提高宏观调控水平;设立高层次议事协调机构国家能源委员会,组建国家能源局;组建工业和信息化部,撤销了国防科学技术工业委员会、信息产业部、国务院信息化工作办公室;组建交通运输部,将交通部、中国民用航空总局的职责,建设部的指导城市客运职责,整合划入交通运输部;组建人力资源和社会保障部,将人事部、劳动和社会保障部的职责整合划入人力资源和社会保障部;组建环境保护部、住房和城乡建设部,撤销国家环境保护总局和建设部;国家食品药品监督管理局改由卫生部管理。

总之,改革开放以来的政府机构改革,经历了一个以经济体制改革为中心到以行政管理体制自身为中心的改革历程,改革目标和任务也由单维度的适应经济体制需要向多维度的适应全方位公共治理(包括政治体制、经济体制和社会体制等)需要转变,由管制型政府向服务型政府转变。

三、服务型政府组织架构的基本原则

结构是功能的载体。有什么样的职能,就需要什么样的结构与之相适应。传统的科层制就是保证在政府意志居于决定性地位的前提下,由政府所拥有的职业官僚从便于管理效率和政府自身利益的目的出发,自上而下以命令和服从关系为基本行政方式而进行管制的组织结构形式。这种组织

结构显然已经无法适应服务型政府的要求:由于这种组织结构过分强调层级节制和规章制度的作用,使得政府组织日益呆板、僵化,而与激变的行政环境形成巨大反差;这种组织结构将自身利益扩张看成组织发展的目标,而忽视其服务对象——公众的需要;这种组织结构过分强调行政效率,而忽视公民平等自由的权利,尤其是忽视缺乏政治、经济资源支持的最少受惠者的权利,违背了民主政治的基本准则。① 因此,服务型政府组织结构要对传统科层制结构进行改革和创新,建设服务型的政府组织结构。根据服务型政府组织结构的特点和时代发展的要求,服务型政府的组织架构应坚持以下原则。

(一)自治原则。组织设计必须遵循社会和公民自治原则,即:凡是市场、企业、社会、公民能办的事,政府就不要管。政府在组织设计时,要先进行社会调查,如果市场机制或社会组织能够解决此类事项,政府就不要设置相应的管理部门。这是服务型政府社会、公民本位的具体体现,即政府是否需要相应部门来提供服务或管理是由社会需要决定的,政府应尊重社会和公民的自治权利。传统那种事必躬亲式的管理理念和方式,很多时候是既没能有效地解决问题又产生新问题,政府本身就是问题的根源。

坚持自治原则,目前重要的是处理好两大关系:一是在政府与公民的关系上。凡属个人或公民能够自主处理的事务,政府就不要介入,相应的政府组织结构也应逐步退出,从干预转向培育社会自主运行的组织结构和机制。实际上,公民自治权的扩大不仅是服务型政府本身所蕴涵的一个必然要求,也是 21 世纪公共行政必然要面临的现实选择。自 20 世纪 80 年代之后,在西方的公共管理中出现的选民陪审团制度、对核心性公共问题的"选民反馈机制"以及公民复决权的扩展使用、公民系列论坛等,都是为了回应公民越来越强烈的自治诉求而做出的制度探索。② 随着民主请诉求的高涨和信息

① 孙柏瑛:《全球化时代的地方治理:构建公民参与和自主管理的制度平台》,《教学与研究》2003 年第 11 期,第 27—33 页。

② 孙柏瑛:《全球化时代的地方治理:构建公民参与和自主管理的制度平台》,《教学与研究》2003 年第 11 期,第 27—33 页。

技术的发达,越来越多的自治将是公共事务治理中一个不可阻挡的发展趋势。二是在中央政府和地方政府的关系。凡属地方和地方能够自主解决的事务,中央政府就不要干涉。上下级行政组织之间将不再是直接的命令与服从关系,而是一种合作、裁决、指导和协调关系。就世界各国中央与地方政府的关系来说,地方政府职能日益扩大是全球化的趋势,地方政府逐渐由过去以税收和治安为主的政治职能演变为以管理和服务为主的社会职能,管理社会、经济事务和为公民提供服务成为地方政府的主要职能。这就要求中央政府进一步缩小,事实上"无论是英美国家还是大陆国家,不同层级的政府对事务管理的范围都有分工,即一级政府所管的事务,另一级一般不再管理"①,地方政府为更好地管理地方事务,将拥有更多的自治权,地方政府的组织结构也将更多地通过地方立法来设计。

(二)合作原则。自治并不意味着小国寡民式的封闭治理,而是在一个开放、公开、透明和强调回应力的合作治理结构中的自治。也就是说,自治将是合作前提下的自治。这种合作包括两个方面的内容:

一是组织间的合作。组织间的合作是对科层制结构的一种扬弃。科层制认为分工越细、专业化程度越强,组织的效率也就越高。但以严格的专业分工为前提的组织实际运行的结果却往往是在专业分工十分明确的情况下,组织尚各负其责地高效运行,但组织之间的直辖市难度较大;而在分工不是十分清楚的情况下,则往往出现有利的事情各部门争着做,无利的事情彼此推诿、互相埋怨。在社会事务越来越复杂、越来越不确定的信息社会,严格的分工和划分部门,越来越难以解决问题。所以,服务型政府中强调的是组织之间的合作,并要求这些职能相关的部门之间要有经常性的信息沟通和协调机制。中国地方政府改革中实行的审批中心、阳光大厅,韩国政府在推行公共服务的改革中实行的大办公室制就是组织间合作的产物。其中韩国在 2000 年建成的釜山市政厅大楼内,就有三个局约 140 人在一个大房间里办公,目的正是为了加强各服务部门之间的合作,使得公民能更方便地

---

① 潘小娟:《市政管理体制改革:理论与实践》,社会科学文献出版社 1998 年版,第 225 页。

得到需要的服务,而不必像皮球似的被各行政部门踢来踢去。

二是治理者与被治理者之间的合作。在服务型政府的治理关系中,治理者与被治理者之间经常性地易位,治理者同时也是被治理者,被治理者又是治理活动的积极参与者。也就是说,治理者与被治理者之间的界限已经被打破,每一个人都是服务者同时也都是服务的接受者,是一种"人人为人人服务"的制度规范体系。① 在这种治理结构中,虽然也有治理者和被治理者等不同身份的划分,但这种划分只是基于某一具体的治理过程中双方所扮演角色的不同,就整个治理体系而言,他们不仅在法律规定中是平等的,在治理体系中也是平等的,双方之间是一种合作关系。这种新的治理关系显然是科层制所无法容纳的,因为科层制本身所具有的层级节制的特点,以及由这种层级节制的外延为政府对社会和普通公民的节制,已经固化了治理者与被治理者的位置,无论是在行政组织体系内部,还是在政府与社会的关系中,存在的现状都是治理者政府发出命令,被治理公众服从命令。虽然在法律上规定了二者之间的平等地位,但这种平等只能是法律规定的字面上的平等,而现实则是这种层级节制体系下实际身份的不平等。所以,一种新型的治理关系必然要求一种新型的合作型组织结构与之相匹配。另外,社会事务的日益复杂,人们需求的多样化和个性化要求也越来越高,每个人包括原有组织结构中的领导集团或领导者所拥有知识以及信息等的局限性,都使得单靠一个领导者或一个领导集团自上而下地领导既不合时宜,也不太可能。而要想使治理体系充分吸收治理者和被治理者两方面的信息和智慧,合作结构就是最好的制度安排。

(三)弹性原则。服务型政府对组织结构的弹性要求,是基于整个世界发展的现况而言的。在全球化背景下,每个家所面临的行政环境都更加复杂和多变,整个世界的社会经济结构也正在发生深刻的变化,新的社会不稳定因素也在急剧增加。这就意味着未来的社会事务将更趋复杂,各种突发事件出现的可能性也越来越大,为了更好地满足不同情况下公民提出的不

① 张康之:《论新型社会治理模式中的社会自治》,《南京社会科学》2003年第9期,第40页。

同服务要求,以及应对随时可能爆发的新的突发事件和危机,行政组织结构必须具有一定的弹性。正如管理学家克洛克所言,"组织行为的哲学正在发生显而易见的巨大变化,呼唤着一种人性化的新概念。这种新概念的基础是:我们进一步理解自身复杂的、正在变化的需求。它取代了人们关于人性的过于简单化的、无知的、程式化的理念。这种哲学上的变化呼唤着一种以人道主义—民主思想为基础的组织价值观,并以之来取代非人性化的、机械的官僚价值体系"。①

(四)扁平化原则。传统的政府组织是金字塔形的科层制模式,它是与节奏缓慢的社会生活相适应的。在社会生活节奏缓慢的条件下,科层制的政府利用层次系统的权威和功能使大规模的复杂任务得以实现。但是,这种金字塔形的政府组织结构管理层次多、组织结构重叠,信息传递慢、容易失真,反应迟缓、效率不高,且容易产生官僚主义,决策与执行难易互通信息,无法对社会的动态变化作出灵活的快速反应。20世纪80年代后期以后,全球信息、知识在以无与伦比的速度扩展,社会生活的需求也日益多样化,要求政府提供快捷、多样的服务。高速发展的电子技术也为政府减少层级奠定了良好的技术平台。因此,政府部门要更好地借助电子政务平台,减少层级,形成交互式、网络化的扁平管理体系,建立扁平化的组织结构,使政府重心更低、弹性更强,提供的服务更有针对性,更加求真务实。

第二节 建立和完善中国服务型政府的组织结构

我国改革开放以来的政府机构改革,使政府职能逐步转变,机构设置得以精简,行政效率不断提高。但改革还没有完全到位,仍然存在着一些突出问题,与服务型政府的要求尚有很大的差距。目前,建立和完善服务型政府的组织结构要以党的十七大提出的改革理念和目标为出发点,坚持我国按照职能转变的要求不断调整机构设置的成功经验,按照强化社会管理和公

---

① 肯尼思·克洛克,琼·戈德史密斯:《管理的终结》,中信出版社2004年版,第1页。

共服务职能的要求,加强就业、社会保障、流动人口管理、教育卫生、环境保护和公共安全等职能部门建设,提高政府解决社会问题和提供公共服务的能力;科学配置政府部门的职能分工,进一步理顺综合部门与专业部门之间、不同专业职能部门之间的关系;加大政府机构和职能的整合力度,探索实行职能有机统一的大部门体制,逐步设立宽职能的部委机构;逐步减少行政层次,降低行政成本,提高行政效能。

一、中国政府组织结构的现状与问题

2008 年 3 月 15 日,十一届全国人大第一次会议经过表决,通过了国务院组织结构改革方案。这次改革涉及调整变动的组织结构共 15 个,正部级组织结构减少了 4 个。其中,建设部、交通部、信息产业部、人事部、劳动保障部和国防科工委被撤销,新组建了住房和城乡建设部、交通运输部、工业和信息化部、人力资源和社会保障部以及环境保护部。改革后,除国务院办公厅外,国务院组成部门设置 27 个。这次机构改革把政府相同及相近的职能进行整合,归入一个部门管理,其他相关部门协调配合,形成"宽职能、大部门"的政府组织体制组织结构。这是市场化程度比较高的国家和地区普遍实行的一种政府管理模式,它追求的是建设以人民满意的服务型政府为价值取向。这次改革是适应建立服务型政府体制目标提出的,是改革理念和制度的一次创新。改革的成功与否要通过未来的实践来检验,未雨绸缪,目前我们要注意以往改革中容易出现或存在的问题:

1. 机构设置不稳定的问题。在数次的政府机构改革中,都涉及机构的精简、撤并或新设,有些机构的设、撤、并一直反反复复在进行。这种机构设置不稳定带来一些问题:一是造成政策或业务的不稳定性和缺乏连续性;二是降低了公务员的素质,因为机构精简时,很难留住业务能力强的官员,留下来的人员中多数不是原来的业务骨干,也使很多人员每一次改革都进入一个新的部门和面临一项新的业务,客观上不利于人员素质的提高。当然,机构设置的不稳定与没有界定政府职能和处理好职能关系直接相关,从党的十三大后虽然明确了政府职能是机构改革的关键,但对政府职能的内容

和中央与地方政府职能关系的处理等问题一直没解决好,使政府机构设置的法制化程度一直不高,导致几乎每隔五年就要进行一次机构改革。

2. 政府机构中的部门利益问题。改革开放以来,随着市场经济的发展,政府机构中的部门利益问题日益突出。在决策或履行职能过程中,有些部门过多从本部门利益出发,过于强调、维护与谋取本部门利益,影响了决策的战略性、全局性和前瞻性,损害了社会公正与大众利益,增添了国家经济及政治风险。表现在:一是部门利益最大化。过去的部门利益多体现为政治利益,随着市场经济发展,使一些部门不仅作为一个行政主体,而且还成为一个相对独立的经济利益主体。在职权法制化程度低的情况下,一些部门便从"部门利益最大化"出发,努力巩固、争取有利职权(如审批、收费、处罚等),冷淡无利或少利职权,规避相应义务。集中体现为超编、超支倾向,极端体现是部门领导个人或集体腐败。二是部门利益法定化。由于立法机构本身的因素,人大审议的法律草案多由政府部门起草,此外,还有大量由行政部门制定的行政法规、部门规章,同样具有法律约束力。在"职权法定"、"行为法定"与"程序法定"的形式下,有些政府部门就利用政策资源优势,在制定有关法律草案时,千方百计为部门争权力、争利益,借法律来巩固部门利益,获取法律执行权,进而获得相应的机构设置权和财权。

3. 部门间职能交叉、政出多门的问题。按行业和专业划分的职能部门,各守其位、各司其责,本无可厚非,但部门"各扫门前雪"的心态,往往出现"八个大盖帽,管不住一个破草帽"的问题。与此相反的却是重复执法、多头管理的问题,就如全国人大代表、上海市嘉定区区委书记金建忠以一头猪为例,向记者讲述:"同样一头猪,养殖、运输归农业部门管;屠宰归农业部门、质检部门共同管理;在流通领域,归工商、食品药品监督部门管……。"这些问题,除了上述的部门利益问题,与政府部门设置不科学、不合理和缺乏协调机构都有很大的关系。因此,机构的改革要注重部门协调的问题,尤其在现代公共事务日益复杂化的情况下,部门的协调或相关机制、制度的建立至关重要,"大部制"就是解决这种问题的一个思路。

4. 临时机构设而不撤或准常设的问题。为了适应不断变化的情况,及时处理各种临时性事务和非常事件,各级政府往往会设置一些非常设的议事协调机构和临时性机构,解决常设机构管理能力不足的问题。临时机构的职能都是因临时任务的需要专门配置的,具有定向性、协调性、辅助性、补充性、临时性、随时性和随意性的特征。它提高了政府的应变能力以及处理各种突发事件和重大项目管理能力,在政府过程中发挥着难以替代的重要作用。但临时机构设而不撤、以准常设方式存在的现象,特别是一些地方政府临时机构设置过多过滥的现象,导致了政府机构和队伍的庞大,增加了政府成本,并滋生了大量的腐败,这是政府机构改革应该正视的问题。

5. 部门管制过多、服务不足的问题。管制过多最主要的体现是行政审批,行政审批过多,审批条件不公开、程序不透明、程序繁琐和效率低下是我国久治不愈的顽症。办个审批,跑几十个政府部门,盖几十个甚至上百个不同部门的章,花几个月、一年,甚至更长时间,很多公民或企业都有切身的感受。虽然行政审批制度进行了改革,各级政府都建立政务服务大厅、审批大厅等政府公开化机构,简化了审批项目和环节、程序,但行政审批上存在的问题依然不能忽视。服务型政府建设目标的提出,要求政府要减少管制,转向更多地提供服务,审批制度改革是重要的方面,它与机构设置和职能转变紧密相连。此外,政府在社会管理和公共服务职能的弱化或不足,也凸现出各级政府机构服务不足的问题。我国政府从本质上是为社会和公民服务的,但在如何达到服务的途径和方法的选择上,各级政府机构一直存在着以"管理代替服务、以'替民做主'代替'人民做主'"的问题。如果说建国初期是一种临时性选择,则后来就变成了规则、管理或理所当然,这也是我们提出服务型政府转变职能和管理方式的主要动因。当然,由管制向服务转变,绝不是简单地对一些职能部门进行减权、夺权,而是为了要提高政府管理的水平,不该管的要勇于放弃,该拥有的职责要用好、用足、用到位,管出水平,管出效率。事实上,按照市场经济管理体制运行法则,凡是通过市场体制能够解决的问题,都应当由市场体制和中介机构发挥作用,政府主要提供服务;即使是它们不能解决、需要政府加以管理的问题,也尽可能通过法律规范下的事中监督和事后监督去解决。

二、建立和完善中国服务型政府组织结构的路径选择

(一) 基本思路

按照服务型政府的建设目标,建设服务型的政府组织结构是我国目前和未来较长时间内政府机构改革的主要任务,任重而道远,千里之行始于足下,目前建立和完善服务型政府组织结构的基本思路主要有以下方面:[①]

一是按照强化社会管理和公共服务职能的要求,加强就业、社会保障、流动人口管理、教育卫生、环境保护和公共安全等职能部门建设,提高政府解决社会问题和提供公共服务的能力。目前的重点是分类推进事业单位改革,"按照政事分开、事企分开和管办分离的原则,对现有事业单位分三类进行改革。主要承担行政职能的,逐步转为行政机构或将行政职能划归行政机构;主要从事生产经营活动的,逐步转为企业;主要从事公益服务的,强化公益属性,整合资源,完善法人治理结构,加强政府监管。推进事业单位养老保险制度和人事制度改革,完善相关财政政策"。[②] 事业单位的分类,既要考虑政府提供公共服务的需要,社会对公共服务和公益事业的需求,也要区分事业单位本身是否属于营利行业,是否属于公益事业等特征。在综合考虑和归类的基础上,分别界定各种事业单位、企业、中介组织等,并采取不同的改革措施。在实施步骤上,可有先有后,方向明确和条件成熟的类别可先行一步,不追求整体同步推进。在管理上,对于直接从事公共服务的事业单位,如学校、医院等,要抓紧建立行业服务标准、服务收费标准,并向社会和服务对象公开,建立问责机制。

二是科学配置政府部门的职能分工,进一步理顺综合部门与专业部门之间、不同专业职能部门之间的关系。精简和规范各类议事协调机构及其办事机构,不再保留的,任务交由职能部门承担。要严格控制议事协调机构

---

① 郭济、高小平、沈荣华:《行政管理体制改革:思路与重点》,国家行政学院出版社 2007 年版,第 15、16 页。

② 《关于深化行政管理体制改革的意见》(中国共产党第十七届中央委员会第二次全体会议通过),《人民日报》2008 年 3 月 4 日。

设置,涉及跨部门的事项,由主办部门牵头协调。确需设立的,要严格按规定程序审批,一般不设实体性办事机构。在同级政府中,对以提供公共服务和行政执法为主要职责的政府部门,进行权责分解,使政府组成部门主要负责政策制定,相关司局及所属机构改为专门执行机构,建立合理的决策—执行—监督关系,以提高政府绩效,避免部门"一身三任"的弊端。从理顺中央与地方的关系入手,中央部门以制定政策法规为主,地方对口部门以执行法律和政令为主,专门的监督部门一般实行垂直领导体制。

三是加大政府机构和职能的整合力度,完善"宽职能、少机构"的大部门体制。对有些职能相同或相近的部门加以整合,逐步设立宽职能的部委机构,使部门分工过细、职能交叉、政出多门等问题在大部门体制框架下得以更好解决。改革分行业监管的模式,避免行业划分过细,可考虑向混合监管体制过渡,监管机构也应从事业单位转为政府行政机构。各类协调性机构的办事机构,应依托牵头部门,一般不再"另起炉灶"。行使行政职责的事业单位应转为政府机构。地方政府也要逐步实现宽职能、少机构,并可从本地实际出发,因地制宜地设立或撤并机构。

四是应从我国实际出发,逐步减少行政层次,降低行政成本,提高行政效能。按照发挥中央与地方两个积极性的原则,科学合理地划分中央与地方的事权、财权,明确职责分工。地方政府的机构设置,在中央确定的限额内,需要统一设置的机构应当上下对口,其他机构因地制宜设置。调整和完善垂直管理体制,进一步理顺和明确权责关系,减少行政层次,从长远看,方向是建立中央、省、市县、乡镇四级行政架构;中期可考虑逐步实行省直辖县(市),乡镇政府实行议行合一的体制,中等城市在培育社区自治组织的基础上可取消区级建制。在条件成熟时,制定《中央与地方关系法》,实现中央与地方政府关系的法治化。

(二) 政策选择

按照服务型政府的基本要求,根据上述改革的基本思路,建立和完善适合服务型政府的组织结构应全面推进。

1.继续行政审批制度改革

改革审批制度是转变政府职能,建设服务型政府的迫切需要。行政管理体制改革的核心是政府职能转变,目的是形成行为规范、运转协调、公正透明、廉洁高效的行政管理体制。事实上,政府行政角色缺位、越位、错位、不到位的现象大量存在,管了很多不该管,也管不好、管不了的事。改革行政审批制度,把不该政府机关审批的事项坚决减下来,把生产经营权和投资权真正交给企业,把可以通过市场机制由社会自我调节和管理的职能交给社会中介组织,把群众自治范围内的事情交给群众依法办理,做到政府部门只当"裁判员"不当"运动员",对于加快政府职能转变,推进社会主义政治文明建设,广泛动员和组织人民群众依法管理国家和社会事务、管理经济和文化事业,把广大人民群众的积极性和主动性充分调动起来必然会起到积极的作用。

行政审批制度改革取得了阶段性成果,但也必须看到,由于社会主义市场经济体制还不完善,政府管理职能和管理理念的转变还不到位,行业组织和中介组织结构发育还不成熟,动作还不规范,行政审批制度改革不可能一蹴而就,所面临的任务还很艰巨复杂,还有许多工作要做。同时,改革还存在一些问题,需要在实践中继续探索和研究解决,这项改革还要向纵深推进。《行政许可法》体现了行政审批制度改革的精神,吸收了行政审批制度改革的成果,也为行政审批制度改革的社会化提供了依据和动力。在市场经济条件下,政府管理的总的方向是减少行政审批,把政府不该管的事交给企业、社会和中介组织,最大限度地发挥市场在资源配置中的基础性作用。行政审批制度改革就是要通过对行政审批项目的消减和调整,使政府找准在社会主义市场经济中的定位,理顺政企、政社关系,使政府在经济调节、市场监管和公共服务等方面能够更好地发挥作用。要树立"有限政府"、"透明政府"、"诚信政府"、"责任政府"的理念,改变过去那种一讲管理就是搞审批,就是发许可证,甚至"以批代管""只批不管"等观念和作为。对政府该管的事一定要管好,对需要实施行政许可管理的事项,要严格依法进行规制,加强制约和监督,确保有关行政许可真正发挥作用。另一方面,对不需要行政许可但需要政府管理的事项,要强化间接管理和事后监督,利用间接管理手段,动态管理和事后监督检查加强对经济和社会事务的管理,充分发挥行政规划、行政指导、行政合同的作用。

为进一步推进行政审批制度改革,努力取得新的成效。当前,要切实做好以下工作:一要加强审批项目取消和调整的后续监管工作。取消和调整审批项目并不意味着可以放松管理。审批项目取消了,监管的责任还在,而且要求更高。该政府管的事不仅不能一推了之,还要管住、管好。各地区、各部门要认真分析研究取消审批后还要通过其他方式监管的事项,制定并落实后续监管的措施和方法;要不断探索行政机关履行行政管理职责的方法和手段,强化间接管理和事后监督,充分发挥行政规划、行政指导、行政合同的作用。二要全面清理和规范行业组织和社会中介组织结构。要在调查摸底的基础上,针对行业组织和中介组织结构存在的滥评比、乱收费等问题,研究提出规范监督制度,逐步建立政府部门依法监管、行业组织自律管理、中介组织结构依法执行的制度,使行业组织和中介组织结构能够正确、规范地行使行政机关转出的职能,防止其利用从政府中转移出去的职能任意作为,滋生新的问题。三要深入开展理论研究。要及时总结和推广行政审批制度改革的成功经验有效做好认真贯彻落实依法治国基本方略,按照执政为民的要求和建设法治政府的目标,围绕建立科学合理的审批管理机制、规范高效的审批运行机制、严密完善的审批监控机制和明确严格的责任追究机制,组织开展理论研究,根据变化了的经济社会形式,分析研究政府与市场、政府与企业的关系,着力解决深层次问题。要做好研究成果的转化工作,通过理论创新推动制度创新。四要认真贯彻执行《行政许可法》。《行政许可法》对行政许可的基本原则、行政许可的设定、实施行政许可的机关、实施行政许可的程序、行政许可的费用、对行政许可事项的监督检查和法律责任等作了明确的规定,一定要坚决执行。五要强化监督检查。各地区,各部门要通过各种方式,采取有效手段,加强对行政审批制度改革工作的监督检查,总结好的做法,发现和纠正存在的问题,努力推动工作落实。

2. 完善问责制度

新一届中央领导集体主政以来,秉承"有权必有责,用权受监督,侵权要赔偿"的理念,问责渐成新气象,从实例到理论、从观念到制度,行政问责制已实实在在地走进了中国人的政治生活。

第一,完善法律法规,推进问责制由"权力问责"向"制度问责"、转变依据事实和法律规定来进行,是行政问责制完善与发展的必由之路。要建立真正的行政问责制度,并有效地运转,需要有完善的法律法规,即通过法律明确规定行政问责制的问责主体、问责对象、问责方式、问责程序、问责事项等等,同时还要对行政管理体制的方方面面作配套规定。第二,多种问责并行、引导问责制从既追究"有过"向又追究"无为"转变。在新一轮"问责风景"中,多数是"出问题"的官员受到追究。当然,也报道说那些四平八稳、无所作为的"太平官"被罢官去职了。整肃那些"不出问题"但"无作为"的官员,无疑是对那些混日子的"庸官"们发出了"下课"的警示。行政问责制不单是追究官员违反法律、行政规章等的责任处理问题,它真正的意义在于扭转行政官员和民众之间的关系态势,凸现出民众对官员的一种选择权。第三,增强法治意识,引导问责制从"事故型"向规制型转变在"海宁大火"、"嘉禾拆迁"、"阜阳奶粉"案之后,各地纷纷出台有关行政问责、过错追究办法。如2003年8月,长沙率先推出《长沙市人民政府行政问责制暂时办法》;同年1月,四川公布了《四川省党政领导干部引咎辞职暂行办法》;2004年5月,重庆市推出了《政府部门行政首长追究问责暂行办法》,规定了18种问责情形和7种追究责任方式,这些办法的制定表明行政问责从"事故型"向规制型转变。第四,惩处与预防并重,引导问责制从追究过错向预防过错转变,建立适应中国国情的问责制度是一个系统的工程,也是一个渐进的过程。"中国政府体系"的实质是"人民民主专政体系",由各级共产党组织、各级民主党派组织、各级人民团体组织、各级人民政协组织、各级国家组织结构组织和基层自治组织构成,中国共产党组织是这个体系的领导核心。党的先进性是当代中国政府体系与政治合法性和正确性的前提和基础。因此,应根据中国政府体系的特色,构筑惩处与预防并重的问责网络,以便各个行政问责主体获得正确的定位和基本职能。

行政问责制度的推进,其意义不在追究和处理几个官员,而是通过加强对权力的制约和监督以及对责任的有效追究,建立更透明的、对公众和社会回应要及时的责任政府,建设依法行政的法治政府,建立民众期盼的真正的服务型政府。

3.深化公共服务的市场化改革

我国公共服务改革应以市场化为取向,将政府权威制度与市场交换制度有机结合。在公共服务供给上,打破政府垄断,将部分公共服务职能如后勤管理、基础设施建设、社区服务、环境保护等推向市场,引入竞争机制,让非政府组织、私营部门加入到公共服务提供的行列,实现多元化的公共服务供给。市场化方案实行政府"掌舵"、市场"划桨"的,决策与执行相分开的公共服务提供机制,不但有效发挥了市场和社会力量提供公共服务的能动作用,有利于服务质量与效率的提高,而且政府从公共服务的"直接提供者"、"生产者"转为"合作者"和"发包人",则又达到了转变政府职能和组织结构精简的目的。在推进公共服务市场化的过程中,重点在以下三方面:

第一,在国家的基础设施和公共项目的建设中,要引入市场机制,大力推进公共服务市场化。我国目前正在进行大规模的经济建设,在今后几年内,国家为了扩大内需,拉动国内需求,还会投入大量的资金进行基础设施和大型公共项目的建设。为了确保这些重大公共项目和各类基础设施的基建质量,必须采取一系列重大举措,其中一个重要内容,就是要坚定地推进公共服务市场化。比如,在所有国家投资兴建的基础设施公共项目中,坚持公开、公正的招投标制,就是一个典型的例子。只有面向社会公平竞争、公开操作,实行社会化管理,才能保证施工队伍的质量,最终才能严把工程的质量关。

第二,政府职能外移,发挥社会在公共管理中的作用。为了推进政府职能的社会化,就要把政府行政管理与社会自我管理分开,培育社会自我管理组织和社会中介组织,提高社会的自律水平,将大部分社会事务还给社会组织进行管理。其中社会中介组织属于"第三部门",既不同于作为政府的公共机构,也不同于私营的盈利性企业。它们的主要功能是向社会提供众多的服务,承担大量政府不该做或做不好的事情,在政府与社会、政府与市场之间进行沟通、协调,发挥承上启下的作用。因此,社会中介组织在公共服务市场化的过程中,发挥着重要的作用。

第三,放松对市场的限制,扩大准入的领域。推进公共服务市场化的一个重要内容就是要放松对市场的限制,不断扩大市场主体准入的领域,我国在这方面有很大的潜力。比如在邮电、电信、电力、交通等领域,目前在市场准入方面依然限制较多,不利于这些行业的发展,也容易导致垄断。在推进公共服务市场化的过程中,除少数特殊行业和部门外,要放松政府的准入限制,减少政府的审批领域,最大限度地打破行业、部门的垄断。

4.完善政务公开

行政公开是行政参与实现的前提条件。从某种程度上讲,行政公开与行政参与的行政法律原则是不谋而合的。参与如果不与行政公开相联系,一切将变得无从谈起,更谈不上实现行政法治。没有行政公开、信息公开与知情权,公民的行政、参与,当然也仅是一句空话。因为知政是参政的前提,公民只有在充分、确实了解政府活动的基础上才能有的放矢,有效参与国家和社会事务的管理,使自己的主体地位得到彰显,使自身的利益得到维护和增进。当政府在很多方面影响每个人的时候,保障人民了解政府活动的权利,比任何其他时代更为重要。当前,我国提高行政过程的透明度应着眼于制度建设,完善确保公民参与的相关制度,如建立健全政务信息公开制度,保障公民对政务的知情权,以使公民真正具备参与的前提条件等。

一是转变观念,深化对行政公开的认识。在我们社会主义国家,只有转变观念,树立服务行政的理念;加强理论创新,深化对行政公开的认识,才能谈得上真实有效的行政公开问题。在服务行政中,政府及其公务员是人民的公仆,行政服务具有契约性,政府的信条是服务人民,视行政服务为一种责任、义务。服务人民的行政理念是民主国家的本质要求。

二是建立与行政公开相配套的制度。在我国的行政公开实践中就需要建立情报公开制度、辩论制度、听证制度、表明身份制度、行政决定送达制度、行政决定说明理由制度、当事人权利告知制度、查问制度、救济制度。完善行政公开的法律责任制度,行政机关无正当理由拖延提供或拒不提供公共信息,要承担一定的行政责任,对于造成不利后果的,要承担相应的法律责任,这有利于形成行政公开的约束机制和压力机制。

三是推动行政公开法制化。如果没有以法律的形式来确保行政公开,一切都是空谈。制定《政府信息公开法》,政府是最大的信息所有者和控制者,信息化的前提是信息的流动和低成本使用。政府信息公开是保证人民群众在知情前提下实现民主权利的需要,也是经济全球化背景下对政府透明度的基本要求。知情权是人民拥有的基本权利之一,人民有权了解政府信息。通过《政府信息公开法》规定政府信息公开的范围、方法、程序、法律责任救济等相关事项,从而达到政务公开的目的。美国著名大法官福兰克费特认为,自由的历史基本上是奉行程序保障的历史。行政程序本身具有使行政活动外化和公开化的功能。它使行政主体和公民能够看见一切、知道一切、判断一切、并自觉从事一切。通过《行政程序法》中相应的程序制度,从而使行政公开的原则和精神得以体现,所以有必要制定全国范围的程序法,来保证行政公开法中规定的权利义务得以实现。

四是以网络信息技术为主导的大众传媒的发展是行政参与实现的有效手段。以网络信息技术为主导的大众传媒的发展,增强了公民行政参与的能力,使直接参与民主成为可能。公民要参与行政活动,就必须获取充分的信息。以网络为主体传播信息技术,则以其便捷性、廉价和交互性的特性,激励着公民积极地参与行政活动。随着我国公民上网条件的成熟以及网络安全措施的健全,今后可以让公民在网上参与行政决策、电子投票、电子民意调查等一系列行政活动,以达到行政活动的透明性、时效性。可以说,信息技术的发展及其在行政领域的应用,一方面为扩大行政民主创造了良好的条件,另一方面,它对社会公众独立、平等、参与等民主意识的启发与培养,也有着不可忽视的功能。

第五章 服务型政府的运行机制与工作方式

政府行政管理体制改革、职能转变、结构优化等,与机制改进、工作方式创新是相辅相成的。建设服务型政府,必须转变传统的政府机制和工作方式,努力建设规范有序、公开透明、便民高效的政府运行机制和政府管理方式。这是服务型政府建设的重要方面。

第一节 服务型政府的运行机制

服务型政府的运行机制是要解决服务型政府的理念、目标、职能如何实现和组织机构如何运行的问题,它涉及服务型政府结构和功能实现的过程机制、保障机制和发展创新机制。服务型政府运行机制的建设目标在于促进政府过程的决策科学、执行顺畅、监督有力,实现政府运行机制和管理方式向规范有序、公开透明、便民高效的根本性转变,建设人民满意的政府。实现这一目标,机制建设的重点是完善决策、执行、监督等政府过程机制和加强相应的制度建设。

一、服务型政府的体制、机制和制度

(一)体制、机制和制度的内涵及其相互关系

制度有广义与狭义之分。广义的制度包括根本制度、体制、机制和具体

制度,即凡是组织人类共同生活、规范和约束个体行为的一系列规则,[①]如各种法律、规定、程序、习俗等所有的正式和非正式的规则,都是制度的范畴;狭义的制度,就是通常说的具体制度,如信息公开制度、听证制度、专家咨询制度、监督制度等。本书从狭义的意义上使用制度的概念。

体制、机制和制度这三者之间是相互依存、相互影响的关系,后者从属于前者,前者通过后者来体现。为进一步理解三者之间的关系,先看下列一个小故事:

> 一座庙里有七个和尚,地位相互平等。由于僧多粥少,分粥成了他们每天关注的最大问题。但又没有合适的量具,如何公平分粥呢? 七个和尚先后采用了不同的办法来分粥,其结果截然不同。最初指定专人负责分粥事宜,很快大家就发现,每次这个负责人碗里的粥最多。再换负责人,其结果还是一样——总是负责人碗里的粥最好最多。于是,大家推选一个信得过的人来负责"分粥"事宜,开始尚能公平,不久这个人又开始亲疏有别了。问题并没有解决,经过两次的教训,大家决定轮流负责,每人一天,但时间一长,发现个别和尚不仅分亲疏,而且轮到自己时还有吃又藏。痛定思痛,他们成立一个"执行委员会"和"监督委员会",建立监督和制约机制。公平分配是基本能够做到了,但是两个委员会的意见经常相悖,顿顿争论不休,等达成共识时,粥不是变凉就是变馊了,大家仍不满意。最后,经过广泛的讨论,大家决定仍"轮流坐庄",但定了一个规则:分粥者必须拿最后剩下的那一份。这个办法使分粥不公者自己首先挨饿,结果解决了分粥的公平问题。

这个故事既蕴含了体制、机制和制度的内涵,也说明了三者之间的关系。分粥公平问题的解决,首先在于需要有一个民主决策的体制,即所有的和尚都有发言权,平等参与讨论如何分粥,这是问题解决的一个前提。如果

---

① 道格拉斯·诺斯:《制度、制度变迁与经济绩效》,三联书店 1994 年版,第 3 页。

没有每个和尚都能参与的民主体制,而是一个专制的体制,即只有住持说了算,分粥者由他指定,分粥不管多么不公平,谁提意见就会遭到惩罚,那么公平的分配结果永远不会出现。其次,七个和尚找了一个很好的分配机制,即平等协商的机制,没有诉诸选出强者决定的机制。最后,公平的最终解决在于制定了一个好的规则,即"分粥者必须拿最后剩下的那一份"的制度。这个故事表明:(1)好的体制是建立好的机制的前提和基础,有好的机制才会有好的制度出现;(2)好的体制要有好的机制和制度来体现,民主的体制和协商的机制没有好的制度来体现,也难以体现出其优越性。

通过上述分析与讨论,我们认为:体制就是组织中人们之间的权力格局,是关于人们能够"做什么"的权力,政治体制、行政管理体制以及其中的决策体制、执行体制、监督体制等都是体制的范畴。机制是组织中人们做事或行使权力的规则,如原则、程序、标准、手段、方式和方法等,即人们"如何做"的规则。① 机制的内容是广泛的,如在决策体制下就有一系列的决策机制,包括决策参与机制、责任追究机制、监督机制和评估机制等。同样,如果从体制和机制上看具体制度,一种体制下或机制下有很多具体的制度,如决策参与机制就有信息公开制度、听证制度、专家咨询制度和社会公示制度等一系列的具体制度,来保障决策参与的充分有效。所以,我们经常说到体制、机制和制度其内涵上是不一样的,如决策体制、决策机制和决策制度,虽然都是谈决策的问题,决策体制主要指决策权力的分配问题或谁有决策权的问题,决策机制主要指决策过程的运行或决策权力是如何运行的问题,而决策制度则是指决策过程中应该遵守的具体规则。

(三)服务型政府的体制、机制和制度

服务型政府建设本身就是政府体制的建设,达成这一目标,需要建立一系列的政府运行机制和制度体系(见下表)。从政府运行的过程来看,服务型政府的机制可以分为决策机制、执行机制、监督机制、评价机制等,从政府运行的方式来看,服务型政府的机制可以分为领导机制、指挥机制、控制机

---

① 李习彬、李亚:《政府管理创新与系统思维》,北京大学出版社 2002 年版,第3—4 页。

制、协调机制、激励机制、沟通机制、创新机制等。这些机制可以归并分为行政体制的结构和功能实现机制、保障机制和发展创新机制,实现机制是行政体制内在功能的实现形式,即政府职能和目标实现的规则或制度体系,如决策机制、执行机制、领导机制和指挥机制等;保障机制是保证行政体制内在功能实现和运行秩序的机制,如监督机制、惩戒机制、参与机制、激励机制、博弈机制、评价机制等,发展创新机制是行政体制适应环境变化,保持良性发展的机制,如开放机制、竞争机制和创新机制等。

服务型政府制度体系

制度类别 / 制度层次	决策	执行	监控	评估
体制	民主集中制	政府主导,多方参与	内外结合,双方互动	内外结合,以外为主
机制	民主化机制、集中化机制、科学化机制、责任机制、博弈机制等	组织化机制、科学化机制、指挥机制、参与机制、合作机制、协调机制等	公开化机制、协调机制、交流机制、反馈机制、控制机制等	开放机制、激励机制、评估机制、奖惩机制等
制度	参与制度、咨询制度、公示制度、听证制度、责任制度等	宣传制度、动员制度、领导制度、程序制度、培训制度等	信息公开制度、协商制度、控制制度、交流制度等	信息公开制度、激励制度、评估制度、奖惩制度等

目前,服务型政府的机制建设,首先要完善政府职能实现的过程机制建设,尤其是决策机制和监督机制的建设。决策作为政府过程的起点和关键环节,要求决策过程的民主科学、公开透明和社会广泛的参与,而我们虽然有一系列有关决策的原则和要求,也制定了很多的法律和法规,但决策的水平和质量仍然不尽人意,其主要原因就是决策过程中重理论指导和原则要求,缺乏实践化、操作化的运行机制建设。如决策咨询的专家参与,各级政府决策程序中都作了规定,但对专家如何参与、参与的途径和形式等操作性环节的规定却都语焉不详,很多决策的专家参与都走了形式主义的路子,没有达到预期的效果。监督过程中也存在同样的问题,我国的监督体系是完善的,既有体制内的监督又有体制外的监督,既有政党的监督又有广大人民

群众的监督,但现实中的监督不力、监督缺位的现象却大量存在,究其原因也是机制和相应制度建设的落后。俗话说"徒法不足于自行",仅有监督的法律、法规,没有与之配套的实践化、操作化的机制和制度建设,也难以达到监督的目的和效果。如果说决策和监督的法律、法规是保证决策科学、监督有效的正式制度,那么机制和制度建设就是正式制度实施机制的建设。"人们判断一个国家的制度是否有效,除了看这个国家的正式规则与非正式规则是否完善以外,更主要的看这个国家的实施机制是否健全。离开了实施机制,那么任何制度尤其是正式制度就形同虚设。"①

其次,要加强保障机制建设。保障机制对政府职能和目标的实现起着支撑和保障的作用,实质上就是为政府运行提供目标实现的制度环境。目前,保障机制建设重点是加强发展相对滞后而问题又突出的责任机制、危机化解机制、公开化机制的建设。责任机制不健全在决策、执行、监督等领域都存在着,如决策责任主体不明确,"集体决策,集体负责",结果决策失误责任却无法追究。随着利益主体的多元化、生产生活方式多样化,社会问题和矛盾也在急剧增多,面对已经变化的行政环境,亟待建立社会矛盾和危机的化解机制。以往,各级政府普遍重视不够,近年来按国务院要求各级政府都建立了各种应急预案,但突出的问题是实施机制普遍缺乏或不健全,很多时候由于一个矛盾难以化解,一个重大的政策或决策就功亏一篑。公开化机制的建设主要涉及政策决策、工作程序、制度和方式方法等信息公开问题,科学化民主化决策、顺畅有效地执行、强有力监督都需要相关信息的公开,"阳光是最好的防腐剂",腐败、暗箱操作、违法违规行为都与信息不公开、过程不透明直接相关。《信息公开法》已颁布实施,为信息公开提供了法律基础,目前的主要任务就是如何建立相应信息公开机制。除了上述机制外,还有很多保障机制也要加强建设,诸如服务需求的反映机制、利益形成的博弈机制、政策效果的反馈机制等。

最后,要重视发展创新机制建设。发展创新机制建设是行政系统应对

---

① 卢现祥:《西方新制度经济学》,中国发展出版社 2003 年版,第 41 页。

环境变化,不断调适自身职能和行为,保持行政系统活力和适应能力的重要措施。适应建设服务型政府目标的需要,目前主要加强开放机制、竞争机制、创新机制的建设。只有开放才有交流和进步,才能让社会了解、理解政府的政策和措施,并配合、参与政府实现经济社会建设的目标。开放不仅是信息的公开和社会参与政府过程,更在于政府要善于学习,把建立学习型政府作为改进政府工作和提高效能的战略目标。"现在世界唯一不变是变化",创新应是现代政府永恒的主题。服务理念的树立,政府职能的公民本位、社会本位,政府行为的法治化,等等,这些服务型政府的建设目标也都需要加强政府体制、机制和制度的创新。

二、服务型政府运行机制建设的目标和原则

1. 服务型政府运行机制建设的目标。根据十七届二中全会《关于深化行政管理体制改革的意见》的要求,服务型政府运行机制建设,要着眼于提高科学执政、民主执政和依法执政的能力,促进政府运行机制和管理方式的规范有序、公开透明、便民高效,逐步形成结构合理、配置科学、程序严密、制约有效的权力运行机制,建立决策、执行、监督相协调并适度分离的政府运行机制,做到政府决策要科学民主、执行要顺畅有力、监督要透明有效、评价要客观公正。

2. 服务型政府运行机制建设的原则。服务型政府的机制建设,必须坚持以人为本、执政为民,把维护人民群众的根本利益作为机制建设的出发点和归宿;必须与社会主义市场经济体制要求相适应,体现依法执政的原则;要正确处理继承与创新、立足国情与借鉴国外经验的关系;坚持全面推进与重点突破相结合,处理好改革发展稳定的关系。具体来说:

第一,坚持服务原则。服务型政府的重要职能之一是为企业发展参与国内外竞争创造良好的条件,提供优质的服务。机制建设要把管理寓于服务之中,努力提高公共服务水平。

第二,坚持效能原则。机制建设要更新观念,从审批转向审批与管理并重,管理与服务并重,要从全面监管转向以重点监督为主;改运动式、间歇式

大检查、大清理为常规性的监管,显著提高政府的管理水平,改进监管规则,及时发现问题,及时个案处理,保护大多数守法企业,严厉处罚个别违法违规者。

第三,坚持透明原则。要提高机制建设的透明度、可预见性和稳定性,所有规则、制度、办事程序等要在相关的媒体上公布,并且要提高制定与执行政策程序的透明度,实行听证制度,避免政策的随意性和盲目性,提高政策的稳定性和权威性。

三、服务型政府运行机制的规范和完善

(一)完善决策机制

决策是人类活动的起点和基础,它规定了政府活动的方向、程序和过程,也影响着活动的结果,所以对个人来讲,作决策时要深思熟虑,三思而后行;对组织或团体来讲,作决策要统筹兼顾、精心组织、科学论证。其目的都在于要保证决策的科学、有效和具有实践的可行性,为未来能取得良好的行动成果奠定基础。组织决策的主体权威性越高或代表的利益越大,决策的内容越广泛,决策结果的影响越深远,对决策的科学化、理性化、规范化的要求越高,政府决策无疑就是这类决策。如何保证服务型政府决策的科学、理性和规范,关键是要完善进一步完善和健全政府决策机制,要努力提高行政决策的科学化、民主化和制度化水平。针对目前政府决策机制中存在的问题,完善政府决策机制,要从规范决策程序、健全决策制度、优化决策环境、强化决策责任等角度加强科学化、民主化和制度化建设。

1. 健全决策的程序化机制

完善的决策程序是保证决策科学化和民主化的必要条件。一个完整的决策程序应包括:决策目标的提出,为实现决策目标进行的调查研究和调查信息的分析加工,决策方案的提出和论证,对决策方案的可行性咨询、向人民群众和利益群体征求意见,决策方案的选择确定,决策付诸实施,对决策实施情况的评估,直至决策的修改完善或者终结。但在目前,由于行政程序理念的缺失,决策调查程序、听证程序、咨询程序和监督程序不发达,决策的

作出事实上无程序可遵循,大多是一种内部行为,只进行内部的调查、论证,既缺乏民主参与的渠道,也没有设置理性论证的环节。决策权力集中和程序不受制约导致了许多决策失误。

目前,要健全决策的程序化机制:一是要使决策程序制度化和法律化。决策程序形成制度和法律,对行政决策中"决策什么"、"谁决策"、"决策过程"、"决策责任"等作出相应的规定,使决策做到"有制可循、循制决策、严格执行、违制自负"。二是建立规范决策过程的制度。如决策议题确立制度、决策方案选择制度、信息公开制度、咨询制度、民主参与制度等。一般来说,一项行政决策必须经过决策信息公开—民主讨论—专家咨询论证—领导集体协商—主要领导决定五个阶段。尤其是对重大事项的行政决策,这五个步骤,缺一不可。

(1)决策信息公开。行政决策就是对公共事务的决策,除涉及国家秘密、商业秘密及个人隐私的事项外,行政决策的内容、依据和预期目标,都要通过有效的途径,及时、准确、充分向社会公众和利益相关人公开。决策信息的公开应在年度政府工作报告或在年度政府工作计划公布时同时予以公布,临时动议的决策事项也应在正式决策前半个月左右予以公布。(2)民主讨论。大多数行政决策事项都与社会公众或部分社会公众的利益直接相关,行政决策的有效执行也必须得到社会民众的积极配合和支持,因此从执政为民、权为民所用、情为民所系、利为民所谋的执政原则出发,作出行政决策前,给民众充分民主地参与政策决策的机会和渠道都是必不可少的。我国集权的政治传统和一元化的领导体制,使许多政府机关和领导干部很不适应漫长的、拉锯式的、议而难决的民主讨论,认为太浪费时间,决策效率低。克服这种思想,必须认识到,民主虽然部分地丧失了效率,但它保证了决策的公开、公平、公正,使执行效果会更好。很显然,我们应该选择决策效率较低、执行效果好的民主讨论式的决策方式。对社会涉及面广、与人民群众利益密切相关的重大行政决策事项,应通过举行座谈会、听证会、论证会等形式广泛听取意见;对一般性、日常性的行政决策或只涉及机关内部管理的决策事项,不需经过社会广泛讨论,也应在机关或部门内进行讨论协商,征求部门工作人员的意见和建议,以充分发挥集体智慧的多视角、多层次、全方位的积极作用。(3)专家咨询论证。某一领域或行业的专家,在专业知识方面是非专业人士难以企及的,他们对问题的全面透彻分析,认识问题的深度和广度都有助于决策选择和有效地制定实施方案。选择方案的过程,实际上也是一个审定决策的过程,行政领导者在做出决断之前,发挥专家的集体智慧,组织和依靠他们对备选方案进行进一步分析、论证,比较各个方案的优劣,对做出科学决策有着不可替代的作用。尤其是重大事项的行政决策,政府及各部门要建立健全领导、专家、群众相结合的科学民主决策机制,在领导集体讨论决定之前,应当经咨询论证,充分发挥专家学者的咨询、参谋作用。(4)领导集体协商。民主集中制是我国政府议事制度的一项重要原则,行政决策也不例外。在集体协商的过程中,要做到会议成员充分表达意见,充分讨论,要特别注意听取持不同意见的少数人的意见,对意见分歧大的问题不急于决策。(5)主要领导决定。我国政府组织原则实行行政首长负责制,行政决策的最终选择权应由主要领导作出。主要领导对方案的决定,一般是综合民主讨论、专家咨询和集体协商的意见,特殊情况下也不排除对方案的修正或另外选择方案。

2. 健全决策的制约机制

健全、完善的行政决策制约机制是决策科学化、民主化的重要组织保障。我国虽然已建立了完备的监督制约体系,但由于相关的机制和制度的不完善,对政府决策什么和如何决策的监督制约还存在很多真空地带。表现在:一是行政决策权限不清,造成政府决策的越权。实行市场经济,就意味着政府从市场、社会退出,还权于经济组织、社会组织,将那些管不了也管不好的事项交出去,只管自己必须管的事项,政府的职能应当收缩。而实践中,政府在经济运作方面的决策权依旧很不明确。再就是政府内部个人决策权与集体决策权划分不清,"一言堂"、"家长制"决策现象突出。二是内部监督机构地位不独立,无法对决策行为、决策内容实施应有的监控。

针对这些问题,首先要科学界定各级政府及各部门的行政决策权。界定基本原则是:各级政府、政府各部门对其行政职能范围内的政治、经济、文化、教育和社会生活多方面的事务享有决策权,法律法规授权的组织对法定授权范围内的事项享有决策权。同一机关内部决策权限划分,按照我国宪法和组织法的规定实行行政首长负责制,但重大问题需经集体讨论。这意味着一般的事务行政首长直接决策,重大事务的决策虽需经过集体讨论程序,但最终仍由行政首长决定。但所有的事务均由行政首长决策则未免有失偏颇。理性的处理方法是限制首长负责制的适用范围,明确划分个人决策权与集体决策权的适用范围。具体划分方式是区分重大问题、一般问题,重大问题由集体决策,一般问题由行政首长决策。如何确定是否为重大问题要由立法解决,通过法律明确规定涉及重大社会利益的事务需集体决策,如国民经济和社会发展计划、预算、国家和社会管理事务、立法事务、重大方针政策的制定、重要建设项目等。其次要强化决策监督。对决策事项的监督,要明确监督主体、监督内容、监督对象、监督程序和监督方式,并制度化和法律化,使有法可依,增强监督制约的责任性和权威性。

3. 健全决策的参与机制

民主化、科学化的决策机制应是公众参与、专家论证和政府决定相结合决策机制。实践中,决策的内部化,缺乏外部参与,决策依赖于内部获取的有限信息,代表性差,无法平衡社会不同群体、不同阶层人们的不同利益,决策很难做到民主、科学。因而,完善公众参与、专家论证制度至关重要。在决策过程中,公众参与是确保决策科学、民主、合法的根本途径。在世界范围内,公众参与决策的程序和方式多种多样。除立法机关代表制度外,民意调查制度、信息公开制度、听证会制度、院外游说制度、协商谈判制度、公民请愿和公民投票制度都是实现决策科学、民主的基本制度。在决策过程外,行政督察专员制度和违宪审查制度也是及时发现和纠正决策弊端、维护公众权利的重要制度。在我国各级政府中,也建立了如专家咨询制度、决策公示制度、信息公开制度等公众参与制度,但尚未形成系统,也缺乏经常化和制度化。

完善行政决策的公众参与机制措施有:一是建立公众评论机制和制度。行政决策的事项涉及人民的重大利益时,行政决策的方案应当公之于众,征求社会各界的意见,任何人都可以参与评论。公告的方式应多种多样,如在政府网站张贴、在官方报纸上刊载等,或者通过召开记者招待会、广告或与社会组织、行业协会和其他有关公民组织直接沟通。公告的内容应详细明确,以便公众了解情况,提高参与的质量。公众提交评论的方式不限,如亲手递交、邮寄、电子邮寄等形式可自由选择,行政机关应设置相应的咨询机构,负责答复公众对公开的信息的异议。行政决策机关收到评论后,应当公开发布意见,对公众的批评和建议作出回应,包括对所收到的意见的介绍以及建议被接受或不被接受的理由。二是公开听证会制度。行政决策的事项涉及人民的切身利益,需要引起公众的广泛关注,举行听证会听取公众意见较为可取。举行听证会应确保社会各方利益均参与,代表名额的分配应公平合理,社会各方应平等得到必要的信息,获得平等的发言权,其发言应具有平等的效力,其利益应得到平等的尊重和考虑、切实的维护和体现。三是专家论证制度。随着现代社会的发展,行政决策事项日趋复杂,向专业化、技术化方向发展。为避免决策的盲目性,对重大工程项目和涉及群众切身利益的项目,必须经过专家进行深入的调查研究和充分论证,拟定和评价方案,为决策提供充分的依据。专家参与决策论证的目的在于:充分发挥专家的优势从相对独立、超脱的角度,理性客观的思考问题,克服旧有决策"自肥"、"自保"、"自相矛盾"以及指导思想滞后等弊端,确保决策的质量。建立专家论证制度,要建立专家库,完善专家论证的规则和程序,健全专家论证的责任。

4.健全决策的责任机制

健全决策的责任机制是服务型政府的法治化基本要求,政府行使行政决策权应承担相应的法律责任,这是法治政府的基本要求。但我国目前缺乏决策责任的追究制度,许多重大决策失误后,没有追究错误决策者的责任,或者即使追究,也是决策集体承担责任,而没有让决策错误的责任落实到具体的人,没有使其承担决策错误的行政责任和法律责任,从而导致决策权的滥用,诸多"拍脑袋决策、拍胸脯保证、拍屁股走人"的"三拍工程"就是决策不负责任的明证。解决现实中决策责任缺位的问题,必须建立健全决策责任制,要明确决策者在决策中的地位、权限以及应当承担的相应责任。哪个环节发生错误了,就在哪个环节追究责任。

建立责任机制的基本原则是"谁决策、谁负责",通过建立健全决策责任追究制度,实现决策权和决策责任相统一。所谓行政决策责任追究制度,就是在行政决策权责统一、责任主体明确的基础上,通过完善的行政决策监督制度和行政决策评估制度,对因行政决策问题不明确、目标定位不科学、程序不规范等造成行政决策失误或损失的,追究其责任主体的政治责任、行政责任、法律责任的制度和机制。政治责任,是针对直接由人民代表大会选举或任命产生的政府组成人员而言。如果政府决策失误或行政行为有损国家和人民利益,应承担政治责任。责任方式包括质询、辞职和罢免。行政责任,是指行政责任追究机关对行政决策失误或因决策造成损失责任人的行政处分。责任方式包括警告、记过、记大过、降级、降职、开除留用察看、开除和辞退。法律责任,是指因行政决策执行侵犯了公民、法人的合法权益而依法应承担的民事或刑事责任。建立行政决策责任追究制度,首先,要明确责任追究的主体、责任追究的内容、责任追究的途径和惩戒方式。其次,要建立与之相配套的制度,包括行政决策公开制度、报告制度、审查制度、监督制度、评估制度、奖惩制度等。最后,要严格追究行政决策失误责任人或单位的责任,这是制度建设的关键,因为有制度或法律而不严格执行,比没有制度或法律带来的危害更严重。

(二)公开化机制建设

服务型政府是透明政府,透明政府应该是信息公开的政府。只有公开、透明才能真正做到公平、公正,依法行政、科学行政、民主行政,提高政府运作的效率、效果和效能也都需要政府信息公开。充分认识信息公开的重要意义,建立信息公开机制是服务型政府的基本要求。

哈尔滨水危机

2005 年 11 月 13 日,中国石油吉林石化公司双苯厂发生连环爆炸,当地环保部门声称并未污染松花江水体。但事实上,污染团于一周后已迫近哈尔滨,哈尔滨城内出现"地震"之类的传言,恐慌情绪开始滋生。面对迫在眉睫的危机,当地政府于 21 日发布公告,决定全市停水 4 天,理由是"要对市政供水管网进行检修"。但广大市民并不相信这个"善意的谎言",全市出现了大规模的抢购风,恐慌情绪有增无减,一些市民甚至千方百计"逃离"哈市。其后两天,当地政府又接连发布两个公告,"逐渐"公开了实情。但两天时间内就同一事件接连发布三个"版本"不同的政府通告,已经导致了市民对政府的信任危机。从 24 日起,当地官方痛下决心,每天召开新闻发布会通报重要信息,并一天两次发布污染变化情况,才逐步重建了市民的信赖和支持,得以度过此次公共危机。

1. 信息公开的意义

政府信息的开放程度,已经成为当今世界一个国家民主政治和信息化程度的重要标志。首先,信息公开是保证公民知情权的基本要求。知情权是建立民主政府的核心,正如美国著名经济学家斯蒂格利茨所言,在民主社会,公众有了解、被告知政府在做什么和为什么这样做的基本权利。它作为一种政治性的权利,是公民的一项基本权利,也是公民其他自由权利的基础,麦迪逊曾说:"想要当家作主的民众必须用知识的力量将自己武装起来,一个民选政府若无大众化的信息或无获此信息的途径,那就不过是一场闹剧或一场悲剧的序幕,亦或两者兼而有之的序幕。"①可见,保障公众获取政府信息的途径和渠道是现代宪政理论的要求,是民主国家发展的必然趋势。因此,1984 年《世界人权宣言》明确把知情权确定为基本人权之一,联合国教科文组织动员各国政府"努力使任何人都有权使用四类属于公众的信息",其中第一类就是政府信息。

其次,信息公开可以提高政府透明度,防止政府腐败。众所周知,腐败

---

① Thomasm. Susman:《好的,坏的,丑的:电子政府与人民的知情权》,《交流》2002 年第 3 期,第 55—64 页。

来源于暗箱操作,工作程序、操作细则不公开,工作运行不透明,自然会导致腐败。"阳光是最好的消毒剂,灯光是最有效的警察"。这是布兰代斯在《别人的金钱》中对公开意义的哲学表述,也是迄今为止对公开原则最为精辟的论述。多年以来,诸如政府行政用度、项目审批状况等等往往秘而不宣,各种与民生有关的统计调查数据也决不轻易示人,而这些往往成为权力寻租的筹码。典型的一例是,上海市闸北区民政局曾有一名科长,仅仅利用手中掌握的一些"内部"政策,就向申报户口的百姓索贿73万元,甚至敲诈抚恤对象的钱财。倘若这些所谓的"内部"政策全部公开,何来这等腐败小吏兴风作浪的空间?[①] 再次,信息公开有利于提高政府效率、效果,降低行政成本。从经济学的角度看,信息公开制度能减少过高的交易成本,弥补市场失灵的缺陷,优化资源配置。

最后,信息公开可以提高应急突发事件的能力。[②] 突发事件具有不可预知性、过程震撼性、后果严重性。"恐慌始于流言,流言止于公开",面对突发事件,政府的权威信息公开得越早、越多、越准确,就越有利于维护社会的稳定和政府的威信。信息公开可以让公众最大程度地了解事件真相,及时准备,有效预防和从容应对突发事件;信息公开可以提高公众对政府执法行为的理解和配合,从而提高应急效率。"隔阂产生偏见,偏见产生冲突,信息公开可以使冲突降低到最低限度"。[③] 在突发事件应急中,政府为有效地防止危害的扩大和事态的升级,可能会行使紧急权力,采取紧急处置措施,如强制、疏散、强制隔离、交通管制等,这些紧急措施暂时中止了公民的一些权利,限制了公民的某些自由,给公民的生活带来某些不便,如果公众没有相关信息,不了解特殊紧急措施的必要性,则对政府应急行为缺乏认可。

2. 信息公开机制的建设

2008年5月1日开始生效的《中华人民共和国政府信息公开条例》(以

---

① 民主与法制杂志:《论政府信息公开条例:知情权与透明度》,《民主与法制》2008年第5期。
② 杨辉解、刘武阳:《论突发事件信息公开机制之构建》,《湖南公安高等专科学校学报》2006年第6期,第84—85页。
③ 喻国明:《传播也是一种"实力"》,《三湘都市报》2005年05月22日。

下简称《条例》)为信息公开机制的建立规定了指导思想、原则、要求和一系列制度。

第一,信息公开机制建设要坚持为人民服务、为社会主义服务指导思想和公正、公平、便民的原则。各级政府要充分认识到,信息公开是提高政府工作的透明度,保障公民、法人和其他组织知情权的基本要求,是政府等公共部门应尽的义务而不是一种恩赐。要公正对待所有需要获取政府信息的公民、组织,只要在信息公开的范围内都应公开,不能隐瞒、歧视或优先对待个别组织和个人;要以尽可能多方式、渠道让公民、组织获取自身要获取的信息,让所有的政府信息对所有的公民或组织具有同等的知情权和享有权。

第二,建立相关的信息公开制度。一是信息发布制度。《条例》规定:行政机关应当将主动公开的政府信息,在政府信息形成或者变更之日起20个工作日内,通过政府公报、政府网站、新闻发布会以及报刊、广播、电视等便于公众知晓的方式公开;应当在国家档案馆、公共图书馆设置政府信息查阅场所,并配备相应的设施、设备,为公民、法人或者其他组织获取政府信息提供便利;各部门制作的政府信息和从公民、法人或者其他组织获取的政府信息应及时公开;行政机关应当编制、公布政府信息公开指南和政府信息公开目录,并及时更新。二是政府信息公开的主体。凡是涉及公共利益和公共服务的信息都是公共信息,都应是信息公开的范围,因此,参与提供公共服务和产品,对公共利益产生影响的组织和个体都应是信息公开的主体。所以,《条例》规定了三类政府信息公开主体,即各级行政机关、法律法规授权的具有管理公共事务职能的组织和与群众利益密切相关的公共企事业单位,从而具体明确了信息公开的责任主体。三是信息公开的内容。从理论上讲,凡是公共信息都应是信息公开的范围,但实践中存在不宜公开或暂时不宜公开的信息,如何把握信息公开的界限,《条例》规定三类信息:主动公开的信息、申请公开的信息和不公开的信息,并对各级各类政府部门主动公开的信息作了列举性的规定。但没列举到的信息是否属于公开的范围,除了报上级审批外,也应建立相应信息评价和监察制度,诸如听证会、社会评议等。四是信息公开监督制度。《条例》为政府信息公开设定了三个动力机制,其一是准备信息目录和公开办事指南,指定专门人员,提供查阅条件,在时限内答复,建立违法责任追究制度等;其二是政府信息公开的年度报告制度;其三是救济制度。其中后两条也是《条例》设定的监督制约机制,把政府信息公开的水平和质量作为考核政府绩效的一个标准,并把信息公开与依法行政结合起来。

(三)竞争机制建设

竞争产生动力,竞争提高效率,这在经济领域已经得到充分的证明。正是看到竞争在经济领域的成功,许多政治和行政学者把竞争引入政治和行政领域并提出交换政治学和企业化政府的理论。虽然有很多局限性,因为政治和行政与经济和市场毕竟有差别,但不可否认的是市场式竞争的引入,确实带来政治和行政领域的发展与变革,并推动着世界各国行政管理体制的改革。企业化政府并不是服务型政府建设的目标,但引入竞争机制,提高服务的质量和效率确实不可或缺。服务型政府中引入竞争机制主要从以下方面入手:

一是转换机制,建立竞争性的财政预算制度。政府作为垄断性的公共权力机构,稳定或不断增长的税收始终保持着其运转,因为是"花别人的钱,为别人做事",所以对如何节约花钱的积极性并不高,而且只要有可能会尽量多要钱少干事。各行政单位的成败往往并不是能否取得预期管理目标,而是尽可能地追求更多的预算、更多的权力。"效率,意味着更大的预算开支;工作,意味着保持或者增加机构预算数字的能力"①。这种在政府中存在的痼疾已经被公共选择理论所证明。克服这一问题,应适当引入竞争机制,建立起多元行政主体财政预算竞争的格局,使财政约束真正成为政府积极的动力。当然,多元行政主体并不是要建立多个政府,而是要培育多个能够承担提供公共服务功能的社会组织、市场主体。具体来说就是推行目标责任制,把财政预算与目标、责任挂钩,并授予其自主管理的权力,各部分工作人员各负其责。同时把业绩信息作为一种管理手段,对工作人员按

---

① 窦正斌:《引入竞争机制与提高政府效率》,《地方政府管理》2000 年第 1 期,第 4 页。

业绩进行管理,按业绩付酬,使行政工作人员的加薪和奖金直接与他们所提供的服务品种和服务质量挂钩,最终使政府的支出与其取得的业绩效果挂钩。为鼓励各级政府人员能真正树立经济效益意识,允许他们将节余资金用于预算外的投资活动。

二是完善公务员的竞争机制。竞争机制是我国公务员制度的核心机制,它贯穿公务员制度的始终,并主要体现在公务员的考试录用、晋升与降职、职务任免以及辞退制度上。建立并完善国家公务员竞争机制,既是加强公务员管理的一项重要内容,也是政府有效组织公共管理、公共服务的基本手段。

2006 年实施《公务员法》为大力推进公务员竞争机制奠定了基础,进一步完善公务员竞争机制应从三方面入手:(1)扩大竞争范围。目前,各级政府机关人事部门的人事管理权限有限,公务员竞争的适用范围不大。考试录用制只适用于主任科员以下的非领导职务,不同等级序列中只有少数几级允许公开竞争、考试录用,除此之外的政府组成人员由组织部门管理,非政府组成人员须经晋升来补充,真正通过竞争走上领导岗位的很少。近年来,各级地方政府推出公开选拔党政领导干部政策是改革扩大竞争范围的良好尝试,取得了良好的社会效果。(2)创新竞争形式。从考试形式看,考试录用中,把招考手段与人才知识结构相结合。从委任任用形式看,要加强绩效考核与提拔晋升的联系。从聘任任用形式看,聘任制虽然是一种机动灵活、运转高效的人事管理体制,但要注意协调与非聘用人员的关系。三种任用形式的缺点要完全避免是不可能的,但我们可以尽量采取综合的方法,充分挖掘各自的优点,这就要求在任用制上做文章,用竞争精神改革常任制,以有效淘汰不适应担任公务员职务的人。(3)完善竞争环境。岗位竞争为公务员创建了展示才能的舞台,而且,由于这个舞台是动态和分层次的,能够为公务员满足低层次动机后,提供追求和实现新的更高层次需求的机会。实施竞争上岗激励机制的前提是规范竞争行为,只有规范的竞争行为才可能持续激发公务员参与竞争、发奋工作的激情。为此,坚持民主竞争、平等择优原则,探索公务员跨部门轮岗交流制度,扩大竞争范围。鼓励公务员多岗位锻炼,支持公务员通过多岗位的锻炼不断提高竞争能力。要加大透明度,在职位出现空缺时,要通过政府公告、新闻媒介等有效方式广而告之,这样既能使外界监督成为可能,又能将竞争范围扩大至社会各个层面,实现有效的监督。

三是在政府在机构分工方面要引进竞争机制。这包括政府各个部门之间的竞争,中央政府和地方政府之间的竞争,各个地方政府之间的竞争。竞争的基础是首先明确政府各个部门和各级政府的权限和责任。这就意味着政府要明确界定经济产权,特别是资源拥有和支配的权利要界定清楚。改革开放前,各级政府和政府的各个部门的经济权利范围都由上级政府决定,亏空方面可以申请上级政府调节,赢利方面也没有权力自主处理,可以说处于经济产权缺失的状态。改革开放后,中央政府先后将企业的自主权、资源的支配权下放给地方政府,地方政府拥有辖区内资源支配性产权,拥有了独立的经济利益,但同时也出现了为了保护自身利益而出现的地方保护主义。这就要求国家通过立法的手段,对各级政府和政府的各个部门之间进行明确的权利界定,来保护正当竞争。有了明确的利益界定,政府之间才可能在行政过程中展开竞争,这种竞争主要体现在决策上。

如地方政府间的竞争应主要体现在公共产品和服务供给的竞争上,包括:①(1)投资环境竞争,各地方政府改善本行政区域内的投资环境,吸引更多的资本、企业家和人才到本行政区域投资,政府对投资者提供良好的社会治安环境、便捷的政府服务、完善的基础设施、优惠的投资政策等条件;(2)法律制度竞争,各地方政府完善本行政区域内的法律法规和政策,制定保护投资者权益、保护财产权利和公民权利的法律;(3)政府效率竞争,建设廉价和廉洁的政府,为投资者提供优质的政府服务,严格按行政程序办事,政府工作程序便民、公开、公正等。能提供优越投资环境、能建立有效保护产权的司法制度、能建立严格约束政府权力的公法制度并能提供优质服务的地方政府就会在竞争中取胜,吸引更多的资本、企业家和人才到本行政区域

---

① 　李军鹏:《论公共供给竞争机制》,《广东行政学院学报》2001 年第 4 期,第 13 页。

投资创业。

资本跟着技术走,技术跟着人才走,人才跟着环境走。资本、人才和技术向能提供优越政府公共服务的行政区域流动,是市场经济竞争机制的一种必然的表现形式,它有利于资本、人才和技术的最有效的配置。资本、人才和技术大量流入的政区,能提高本行政区域的就业水平、税收水平和财政收入水平,提高本行政区域的声誉、土地价值和城市规模效应,大大提高本地区公共设施建设的速度和水平,从而能吸引更多的资本、人才和技术,形成良性循环。而政府不能提供优质公共服务的行政区域,则面临着资本、人才和技术的大量流出随之而来的是本地区就业水平的下降、土地贬值和基础设施落后,行政区域竞争力进一步削减,更多的资本、人才和技术大量流失,形成恶性循环。

第二节　服务型政府的工作方式

服务型政府的工作方式是由现代公共事务的复杂性和多样性决定的。面对纷繁复杂的公共事务环境,如何选择科学有效的工作方式,需要我们根据事务的性质、工作方式的特点和主客观条件来综合考虑。

一、服务型政府工作方式的特点

服务型政府的工作方式,既要区别于传统管制型政府的工作方式,又要能体现服务型政府的基本理念、目标、原则和要求;既要保持工作方式的统一性、稳定性、连续性和可预见性,又要根据时代发展的要求进行不断的改革和创新。具体来说,服务型政府的工作方式具有以下特点:

1. 公开化和透明化。工作方式的公开化和透明化是公共事务的公共性和公民对公共事务知情权的基本要求。服务型政府是公开、透明的政府,工作方式必须适应公开、透明的需要。[①] 一是办事内容的公开和透明。服务

---

① 井敏:《论服务型政府的特征》,《湖北行政学院学报》2006 年第 3 期,第 64 页。

型政府的信息公开应在坚持"公开是一般,不公开是例外"这一通行原则的前提下,把信息的主动公开和被动公开两种方式相结合。主动公开是政府主动、定期向社会公布该时期内工作相关信息的方式,被动公开是指依据公民的需求或申请,政府对相关信息进行公开的方式。服务型政府要求政府应积极、主动和定期公布相关的政府信息,满足社会、公民对公共事务的知情权,除非法律、法规和国家有关规定不得公开的政府信息。但是,经权利人同意公开或者行政机关认为不公开可能对公共利益造成重大影响的政府信息,也可以公开。二是办事程序的公开和透明。政府所有办事程序都要向公民公开,并以简单明了的形式向公民发布,以方便公民获取相关部门的服务,也便于公民对政府办事行为的监督。三是办事结果的公开和透明。对重大事项的执行结果无论是好是坏都必须通过一定的渠道向社会公开;或者无论事项大小只要社会有对政府办事结果知情要求,政府就必须将办事结果的真实情况向社会公开,以接受公民的监督和评估;当公民对办事结果不满意或存有疑义时,应启动相应的责任追究机制或调查机制。四是主要官员个人相关信息的公开和透明。官员作为公共管理者就决定了他在享有一定的公共权力的同时,在某些方面不再享有和普通公民一样的隐私保护权,主要官员的收入和财产情况、家属和子女的就业和收入情况等都应该定期向社会公开,以接受社会的监督。五是政府及部门财务收支账目的公开和透明。政府的收入来源于公民的纳税,政府就这些税款的使用情况向纳税人公开是理所当然的事情。实际上,政府行为的公开和透明不仅是服务型政府公民本位的必然选择,也是信息技术特别是电子政府的发展等新的行政环境对政府行为方式提出的一个要求。同时,信息技术和电子政府的发展也为实现这种要求提供了技术支持。可以说,政府行为的公开和透明将是未来信息化时代政府行为方式的必然选择。

2.民主化和人本化。有效的激励方法和措施是以对人的认识为基础的。在信息社会,随着政府工作人员教育程度的提高、知识和能力的增加、自主意识的觉醒及自我实现愿望的增强,参与型和自主型的民主化工作方式更符合灵活、快捷、不断创新和非程序化管理实际的需要。民主化的工作方式,一方面要求对政府工作人员不能再像在严格等级制中的一台机器零件那样,要让他们更多地参与组织的决策,有更多的灵活性,对自己的工作进行自我控制,并更多依靠责任心来自我约束。他们将更多地依据自己对民众需求或管理实践的判断,发表见解或采取行动。另一方面,民主化的工作方式要体现政治民主化的要求,满足人们日益增长的参与政治决策和政府过程的愿望,真正使政府成为"民有、民享、民治"政府。传统的政府工作方式注重以"物"或"事"为中心,要求工作人员成为标准的"行政人",把公共事物"一般化"和"抽象化",以便实行规范化、标准化管理。但这种使"人"异化为"物"、以"共性"取代"个性"、见"物"不见"人"的工作方式,既不利于人的创造性发挥,也难以促进公共利益的提高。服务型政府的工作方式要以人为本,把传统的"管人、管物"变为"解放人、发展人、开发人",重视知识和人才作用的发挥,把提高人民生活水平和人民福利作为公共利益的目标。

3.协商与参与。区分管制政府和服务型政府的一个重要标志,就是看是由政府单方面决定做什么和如何做,还是由政府与社会民众共同决定做什么和如何做。服务型政府是政府与社会共同治理的政府形式,因此,政府的工作方式也应得到社会的认同。如何使政府的工作方式被社会所认同和接受,最好的途径是公民的参与和协商,通过交流达成对行为方式的认同,从而认识、理解、支持或参与公共事务的管理。由管制型政府向服务型政府的转变,一个重要的特征是通过社会参与公共事务的治理,以重塑政府与公民关系,实现公共利益最大化。服务型政府的合法性就在于能否取得公民的共识和政治认同感,而影响公民对服务型政府政治认同感的关键因素就是公民权能否得到保障与实现以及政府绩效能否达到公民的期望值。而公民对政府的认同首先是从政府外现性的工作方式来认知的,因此,工作方式科学、理性是选择的重要标准,但应通过社会的参与和协商作为获得社会民众的认同为基础和前提。

4.科学与理性。服务型政府的工作方式应是科学的,科学的工作方式是符合事物发展规律的,它区别经验式或随意性的工作方式。科学的工作方式要求我们在选择工作方式时,要从实际和实践出发,不主观臆断,客观地分析所面临的问题或要解决的事物,抓问题的本质和主要矛盾,做到具体问题具体分析。我们要反对"三拍式"或独断专行的工作方式。理性的政府工作方式是指工作方式的选择要反映公共理性原则,即体现社会公正、实现社会共赢、倡导社会合作的工作方式。这就要求:政府工作方式是合法性与和合理性的统一,公共利益和个人利益的统一,是政府与社会互动的结果。强调工作方式的公共利益目标是以尊重和促进私人利益为基础的,即反对为了公共利益而不计代价的牺牲私人利益,反对以公共利益为名谋取私人利益。现实中的"公共权力利益化、公共利益部门化、部门利益法律化",既是反科学的也是反理性的,要努力克服这一现象。

5. 继承与权变。政府工作方式是政府在长期的政府实践中形成的、具有一贯性和经常性的行为方法或处理公共事务的对策,因此稳定性、连续性和统一性是政府工作方式的基本特点,从而也保持了社会对政府工作的预见性。这就要求政府的工作方式的设计和选择要体现历史的继承性,不能割断历史和传统,对社会民众的意识视而不见。但公共事务随时代发展变化的特点及加速发展的趋势,要求政府工作方式不能"以不变应万变"、因循守旧,缺乏对具体问题具体分析的精神,必须不断创新工作方式适应变化的现实。工作方式的权变性就是要求政府善于根据变化的现实不断改革和创新工作方式,当今知识经济信息化和网络化的迅猛发展已经让权变的工作方式成为现代政府当务之急需。

二、服务型政府工作方式的基本类型

政府工作方式是国家治理方式的具体化和主要体现,服务型政府工作方式是对现代政府工作方式的继承与超越。

服务型政府工作方式是现代国家治理方式的主要体现。纵观人类社会发展到现在的国家治理方式,先后经历了传统国家治理方式和现代国家治理方式两个大的发展阶段,体现出由人治到法治再到综合治理的阶段性特征。在这种国家治理方式的转变过程中,作为国家治理方式的主要体现者——政府的行为方式或政府的工作方式也经历一个有传统到现代的转型,政府从国家中分离出来使政府的工作方式发生了性质和内容上的变化(见表5-1),即政府的工作方式更多地体现为社会的公共管理职能,工作方式由政治性的方式或手段转向综合应用政治、经济、文化和社会性等各种方式或手段,由主要用强制性的方式或手段转向更多地应用自愿性为主的综合性方式或手段,由经验性、随意性或专制性的方式或手段转向科学、法制和互动合作的方式或手段。服务型政府的工作方式就是适应这种政府工作方式转变的结果,它体现了民主、科学、法治等现代政府理念和实践的要求。

服务型政府的工作方式从不同的角度可以作不同的划分,目前尚无统一的意见。根据不同的标准划分为的不同类型,都从一个侧面体现了工作方式的功能、特点和适用对象。这里主要从职能领域和方式的性质来分析服务型政府工作方式的类型。

1. 政府工作方式与政府工作方法和工作手段的关系。政府工作方法和工作手段在内涵和外延上并无区别,只不过用在不同的场合或因人而异,可以用"政府工具"来统称二者,即"公共行动的工具,它是一种明确的方法,通过这种方法,集体行动得以组织,公共问题得以解决"。① 工作方式是在工作理念或价值目标指导下的政府工具的选择和使用,即"政府工作方式=政府行为价值目标+政府工具的选择",服务型政府的工作方式就是在民主、法治理念指导下对政府工具的选择和使用。如在现代法治国家,政府根据社会事务和资源的性质采用不同的工作方式:"(1)对于不损害社会利益的私人事务,采用'自由放任'的方式;(2)对于不损害社会利益的团体事务,采用'自我管理'的方式;(3)对于涉及整个社会利益的公共事务,采用'民主管理'的方式。在管理过程中,对于私人事务和团体事务,一般采用市场制度,通过市场机制实现社会资源的合理配置。"②对于社会公共事务,

---

① Lester M. Salamon, *The tools of Government: A Guide to the New Goernance*, Oxford Uinersity Press2002, p. 19.

② 燕继荣:《政治学十五讲》,北京大学出版社2004年版,第222页。

一般依照公共事务的不同性质,分别采用宪法、法律和政策手段来实现资源的管理和分配。对于可变性极少的事务一般采用宪法或宪法来管理;对于可变性一般的事务,由一般法律和法规来管理;对于可变性较强的事务,则由政策来管理。① 因此,服务型政府工作方式的类型就是对现代政府工具的分析、选择和归类。

表 5 - 1　传统和现代政府工作方式比较

	传统政府工作方式	现代政府工作方式
总体特征	人治	法治
性质	政治统治	公共管理
内容	政治性、单向性、强制性	综合性、双向性、自愿性
主体	与国家权力高度融合的政府	政府为主,多主体合作
参与性	低度参与或无参与	多主体参与
方法	简单性、落后性、经验性、专制性	科学性、民主性、法制性、规范性

　　2. 服务型政府工作方式的基本分类。对政府工具的分类,不同的学者从不同的角度进行了多样性的划分,对我们分析、理解和选择政府工具提供了有益的参考。

　　政策分析学家狄龙将政府工具划分为法律工具、经济工具和交流工具3 类,每组工具都有其变种,可以限制和扩展其影响行动者行为的可能性。另一种更新的三分法是将政府工具分为管制性工具、财政激励工具和信息转移工具。胡德在《政府工具》中提出了一种系统化的分类框架。他认为所有政府工具都使用下列四种广泛的"政府资源"之一,即政府通过使用其所拥有的信息、权威、财力和可利用的正式组织来处理公共问题。麦克唐纳尔和艾莫尔根据工具所要获得的目标将政府工具分为 4 类,即命令性工具、激励性工具、能力建设工具和系统变化工具。英格拉姆等人将政府工具分

---

　　① 毛寿龙:《政治社会学》,中国社会科学出版社 2001 年版,第 344—345 页。

为激励、能力建设、符号和规劝、学习4类。加拿大公共政策学者霍莱特和拉梅什根据政府工具的强制性程度来分类,将政府工具分为自愿性工具(非强制性工具)、强制性工具和混合性工具3类。澳大利亚公共管理学者欧文·E.休斯在《公共管理导论》中认为,绝大多数的政府干预往往可以通过4个方面的经济手段得以实现:(1)供应;(2)补贴;(3)生产;(4)管制。林德和彼得斯认为政府工具是多元的,包括命令条款、财政补助、管制规定、征税、劝诫、权威、契约等。戴维·奥斯本和特德·盖布勒在《改革政府——企业精神如何改革着公营部门》中对当代政府所使用的工具(他们称之为政府箭袋里的箭)进行概括,分三类共36种。E.S.萨瓦斯在《民营化与公私部门的伙伴关系》中,将公共服务的提供制度分为政府服务、政府间协议、契约、特许经营、补助、凭单制、市场、自我服务、用户付费、志愿服务等。詹姆斯·W.费斯勒和唐纳德·F.凯特尔在《行政过程中的政治》中,将政府工具分为:直接行政、补助金、合同、管制、税式支出和贷款项目等。萨拉蒙等人在《政府工具:新治理指南》中,将政府常用的治理工具(公共行动的工具)分为直接行政、社会管制、经济管制、合同、拨款、直接贷款、贷款担保、保险(Insurance)、税式支出、收费、用者付费、债务法、政府公司、凭单制等。[①]

　　上述政府工具的分类,如果从政府职能领域的角度,即政治、经济、文化和社会事务的角度,可以区分为政治性的政府工具、经济性的政府工具、文化性的政府工具和社会性的政府工具,而这些政府工具中,又可以分为强制性、自愿性和混合性的政府工具类型。我们对服务型政府工具的分类采用这二者结合分类法,需要说明的是,政治性、经济性、文化性和社会性的政府工具并不是只用于相应的领域,各种政府工具的选择和组合要根据公共事务的性质、面临的工作环境和政府主体的条件等因素来决定。对于服务型政府来说,政府过程中更强调选择自愿性和混合性的政府工具,尽可能少选择强制性政府工具。根据这一分类标准。我们把服务型政府的工具分类如

---

① 陈振明:《公共管理学》,中国人民大学出版社2005年版,第506—508页。

下(见下表)：

服务型政府工具分类表

	政治性 政府工具	经济性 政府工具	文化性 政府工具	社会性 政府工具
强制性 政府工具	宪法、法律和规章、行政命令、制裁、管制、监督、调查、许可证、特许经营、权威、召集开会、改变政策、政府施加压力、拥有的信息	经济法律法规、经济管制、补助监督和调查、贷款、利率、准备金率、贷款担保税收政策、公营企业、有价证券、采购、后果费、保险、奖励、种子资金、补贴、财政补助、税式支出、贷款项目、拨款、直接贷款	义务教育、强制性学习、证书制度、意识形态教育	听证制度、咨询制度、信访制度、回报性安排、强制性的社会保障制度、社会监督制度、工会
自愿性 政府工具	回报性安排、信息转移工具、激励性工具、合同、契约、政府间协议、介绍推荐	合同承包、技术支持、公私伙伴关系、公共部门之间的伙伴关系、半公半私的公司、交换与使用、共同生产、用户付费、财政激励工具、凭单制	劝戒、交流、说服、规劝、符号	志愿服务者、志愿者协会、自力更生、志愿服务自我服务、参与公共事务（听证、咨询、建议）、选择性社会保障、社区治理、仲裁
混合性 政府工具	能力建设工具、系统变化工具、政府服务	股权投资、需求管理、财产的出售、重新构造市场、政府公司、公开市场业务	学习、施政理念、政府改革	社会调查、社会监督、社会评议、倡议、呼吁

三、服务型政府工作方式的选择

政府工作方式的选择涉及两个方面：一是政府行为价值目标的确立。民主、自由、公正、公平、理性、法治、经济、效率等都是现代政府行为的价值目标，是不是所有的公共事务管理和公共利益的实现都要体现上述价值目标呢？其实不然，价值目标的选择也有主次之分或排序的问题，要根据公共事务和公共利益的性质来确定。如政治领域的公共事务，民主和公正就是第一位的，相反经济性事务则把经济、效率放在首位，而文化领域更强调自由的重要性。二是政府工具的选择与组合。现代公共事务的复杂性和多变性要求政府工具的选择是多样的而不是单一的，而多样性政府工具的优化组合是一门科学也是一门艺术，是政府工作方式选择的关键。在政府过程中，选用何种政府工具，用哪一种标准来评价该政府工具的效果等问题对政府能否达成既定目标具有决定性影响。

1.政府工具选择考虑的因素。政府工具的选择涉及两个主要问题,即影响工具选择的因素及如何进行工具选择。关于政府工具选择的影响因素,西方学者做出了不同的分析,他们各自强调了影响工具选择的某一个或某些方面的因素,而忽略了其他因素。综合起来,影响工具选择的因素主要有行为目标、工具的特性、工具应用的背景、以前的工具选择和意识形态五种主要因素。这里的"工具应用的背景",主要分析政府所面临的政治、经济、文化和社会大环境,即国情或地情。而如何进行工具选择必须结合具体的案例来研究。

2.政府工具的优化组合。传统的政府工具理论认为,对各种具体政府工具的研究应分别独立地进行,人们应要么使用这种工具,要么使用那种工具,工具的组合运用是导致政策失败的原因。然而,要对各种工具做非常明确的区分显然是不可能的,目前的分类法还做不到这一点。现在,人们认为,工具的同时使用并且协调的运作更符合现实社会经济发展的需要,工具的优化组合可以取长补短,避免单个工具应用的片面性。①

第三节　服务型政府的绩效评估

政府绩效评估是政府提高公共服务能力和改进政府绩效的新管理理念和方法,是当今许多国家实施政府再造、落实政府责任、改进政府管理、提高政府效能、改善政府形象的一个行之有效的工具。作为一种政府机制优化和制度创新,政府绩效评估有利于改进政府激励机制、竞争机制、监督机制和责任机制,有助于规范政府行为、改进政府官员行事准则和工作方式,有助于法治政府、责任政府的建设。提高政府的行政能力,是服务型政府建设的基本要求。服务型政府以向公民和社会提供优质高效的服务为宗旨,以提高政府绩效为目标,因而政府绩效评估作为一项有效的管理工具,在我国各级政府中受到广泛关注。

① 陈振明:《公共管理学》,中国人民大学出版社2005年版,第502—503页。

一、服务型政府绩效评估的主体和对象

服务型政府绩效评估的主体和对象构成政府绩效评估的一个相对应的范畴。其中绩效评估的主体在绩效评估的体系中出于核心地位,发挥着主导作用。而绩效评估的对象是政府绩效评估中的基础性工作。

(一)服务型政府绩效评估的主体

政府绩效的评估主体大致可以分为内部绩效评估主体和外部绩效评估主体。关于政府绩效评估的主体理论,有学者引入利益相关者的理论构设出完整的绩效评估主体范围。[①] 但总的来说,对于评估主体多元化的结论已经得到了国内外公共管理学者的一致认可,评估主体多元结构已成为政府绩效评估的发展趋势,是保证公共部门绩效评估有效性的一个基本原则,这是因为不同的评估主体会从各自不同的视角出发,对同一被评估对象的各个方面进行评估,避免了因从单一思维模式出发而导致的评估片面的情况。评估主体的建构,既要经济又要科学,这是构架绩效评估模式、建立评估指标体系的基础。这些主体应当包括:

1. 政府自身。无论是信息的掌握,还是实际操作,政府的自身评估都更具有针对性。政府部门自己制定工作计划,因此,对于工作计划所要完成的任务,所需要的资源,现在完成的情况和其中所遇到的困难,政府自身最为清楚。让政府部门自己作为评估主体体现了政府作为自身工作的主人翁地位。同时,也可以激励其寻找更好的工作方法,使其更清楚自己需要努力的方向,还可以避免制定不切实际的计划。政府绩效评估既是对成绩的肯定也是对责任的认定,对政府自身来讲是一种挑战,因为评估往往意味着对行为结果责任的承担,往往要自暴"家丑"。因此,政府自身作为绩效评估的主体有一定的局限性,可能存在扬长避短或动力不足的问题,需要引入其他评估主体,才能确保绩效评估的客观公正,这客观上促进了政府绩效评估主

---

① 陈国权、李志伟:《从利益相关者的视角看政府绩效内涵与评估主体选择》,《理论与改革》2005 年第 3 期,第 66—69 页。

体的多元化。

2. 上级机关。这里所指的上级机关评估既包括本机关行政首长的评估，又包括上一级主管机关的评估。从行政机关内部管理的角度来看，上级机关必须拥有一定的权威，才能更好地保证工作的顺利进行，上级机关对下级的评估即构成这一权威的组成部分。在行政机关中通常是采用首长负责制，该部门的工作最终是由部门领导负责的。既然部门领导对于工作承担了一定的风险，从权力与责任对等的角度来看，部门领导承担责任的同时应当享有对等的权力。

3. 公众。由于政府自身评估往往会受到自我"偏见"的影响，因此，让政府作为评估自我的唯一主体会影响到评估的公正性和有效性。让公众参与到绩效评估的过程中来不仅符合行政民主化、法治化的基本要求，也是建设服务型政府的题中之义。需要说明的是，作为绩效评估主体的公众应当具有代表性，即在对政府进行绩效评估时，要征询意见的对象应当是在被评估部门辖区生活、工作并受其管理或接受其服务的各种社会阶层的人士。只有充分考虑到代表的全面性才能保证公众对政府工作评估的客观性与全面性。

4. 专家。对于一些专业性较强的部门，普通民众很难分辨出这些部门的工作情况到底是好是坏，这时就需要专家介入考评，进行技术性处理和考核。由权威性的学术机构对政府一些特殊行为进行评估是世界上许多国家的普遍做法。有的学者建议，在多元的评估主体中，上级机关、专家、政府自身与外部公众代表结合起来建立一个绩效评估委员会。各类人员在绩效评估委员会中所占的比例，可以作出具有一定弹性的规定。绩效评估委员会作为一个政府常设性机构可以相对独立于其他政府部门，实行垂直领导。①

之所以出现绩效评估主体多元化的情况，是因为政府组织涉及到的利益主体具有多元性特点。作为与政府组织有千丝万缕联系的利益相关者，有权利对政府提供的公共产品的品质做出判断。这既是公民权利的一种体

---

① 杨寅、黄萍：《政府绩效评估的法律制度构建》，《现代法学》2006年第3期，第14—19页。

现,也是现代民主社会、民主制度对公共权力有效行使监督的必然要求。多个主体对政府绩效进行测评既有利于体现客观、公正、公开的原则,也有助于对政府进行全方位的监控,保证政府全部行政行为和行政过程始终处在社会的有效监督之下。

我国绩效评估在整体格局上,还存在着各自为政的现象,特别是党委组织部门的政绩考核和政府的绩效评估在很多地方是"两张皮"。因此,要落实二中全会提出的"绩效管理"任务,就需要制定全面的、整合的绩效评估指标和方法,使党委对领导干部的评价与政府绩效评估实现制度层面的融合,形成战略性绩效管理体系。建议这项工作先在地方试点,围绕地方党委、政府的工作目标,制定高点定位的绩效考评与管理制度,建立党政联合的评估机构,将绩效评估与加强政府自身建设结合起来,将评估结果与相关工作人员的考核、选拔任用、职务升降、辞职辞退、奖励惩戒等结合起来,将绩效评估同行政问责、督查工作结合起来,更大限度地发挥绩效管理的作用,增强党的执政能力和政府执行力。

(二)服务型政府绩效评估的对象

政府绩效评估的对象是在政府进行公共管理活动的过程中所表现出来的载体。既可以是一级政府、也可以是一个部门、一项活动、一项职能,或者是一项政策。但从总的看来,我们把绩效评估的对象划分为广义的政府、非营利组织(第三部门)和公共企业。其中广义的政府组织包括行政机构即狭义的政府、其他的政权组织和参照公务员管理的党群组织。

政府绩效评估研究的角度不同,对绩效评估对象理解也会不同。大致可以从三个角度来理解:从微观层面,政府绩效评估是对政府工作人员的工作业绩、对组织的贡献的认定;从中观层面,是对政府各个分支部门如何履行其被授权的职能的评价,或对政府大型公共项目完成效果的评估,如政策制定执行的效果,项目管理实施的状况影响,给民众提供服务的数量、质量等;从宏观层面,是整个公共部门尤其是政府的绩效的测评,政府为满足社会和民众的需求所履行的职能,体现为政治的民主与稳定、经济的健康及稳定与快速发展、人们生活水平和生产质量的持续提高、社会公正与平等、国家安全和社会秩序的改变、精神文明的提高等方面。由此可见,政府绩效评估的对象可以包括一级政府、政府部门、政府部门内部组织机构以及机构工作人员。①

(三)服务型政府绩效评估的三大功能②

政府绩效评估有三大功能,一是经济功能。从政府绩效评估的发展来看,其目的是要减少政府开支,提高工作效率和效果,以赢得公众对政府的信心。西方国家政府绩效评估之前,普遍存在着公共开支高、政府负担重、官僚主义严重、效率低下、政府在公众中的威信低等现象,改革的呼声很高。许多学者在论述绩效评估的目的时,都以"经济、效率和效益"加以概括,又称为3E(Economy,Efficiency,Effectiveness)。因此,政府绩效评估的目的就是要努力实现经济、效率和效益3方面的最佳结合和平衡,实现资源的有效配置。二是政治功能。经济与政治是不可分离的。如果没有政治机能的相应改造,所取得的经济上的成果只能是暂时的和不可靠的。政府绩效评估是一个庞大的系统工程,需要有超越政府系统和经济层次的重构和整合。笔者认为,其中最重要的是要改进公共责任机制。服务型政府的战略和措施只有如实反映人民的意愿并受之于民众的有效监督之下,才能最终打破官僚体制的桎梏,把公共责任性(Public Accountability)落到实处,实现民主的真正意涵。通过加强政治责任性与科层责任性之间的衔接、绩效标准和绩效结果公开化,做到阳光行政,并引入民众评估的办法等措施得以实现。三是管理功能。政府绩效评估的前提是弄清楚评估什么,即如何设计评估指标的问题,这必然涉及到政府职能的定位,要求政府实现从"全能政府"向"有限政府"的转变。长期以来,我们在衡量一个政府绩效时都偏重于GDP指标,结果使政府把过多的精力和财力集中在生产性建设方面,而忽视了公共产品的有效供给,存在诸如社会保障问题、基础教育问题和公共基础设施欠缺等问题。因此,服务型政府下的政绩观需要把社会、环境、公共服

---

① 财政部会计准则委员会:《政府绩效评价与政府会计》,大连出版社2005年版,第60页。

② 陈天祥:《政府绩效评估的经济、政治和组织功能》,《中山大学学报》(社会科学版)2005年第6期,第86—90页。

务、廉政建设和行政效率等非经济指标纳入政府绩效评估,有利于纠正过去那种片面追求经济效率而导致社会公平缺失的评估偏差。

二、服务型政府绩效评估的原则及标准

适应服务型政府由政府本位转向公民本位,由关注过程转向关注结果,由效率转向效益。政府治理模式转型将为科学的政府绩效评估原则与标准的建立和完善奠定良好的体制、制度基础。

(一)服务型政府绩效评估的原则

在服务型政府绩效评估中,以服务为本的原则是对政府绩效评估的基本原则。

1. 政府绩效必须以政府职能为基础。所谓政府绩效,即是政府的业绩与成效,是政府在其存在及活动过程之中通过发挥其功能和作用而取得的成果。在这里,一个必然的逻辑是:业绩和成效是建立在其准确的职能基础之上的。就是说,只有在解决了政府是什么、政府干什么以及政府不能干什么的基础上,才能谈得上政府的绩效问题。

2. 政府绩效的评价权在于人民。一个地方的政府或一届政府是否有绩效、到底有多大的绩效,其最有发言权或评价权的只能是人民。现在有些政府及其官员,他们的政绩观之所以发生偏离,主要是因为,他们的所谓“政绩”是做给上面看的而不是顾及人民群众的根本利益。当然,将对于政府及其官员绩效的评价权交给人民,只是解决了一个评价绩效的基本原则问题,如何运用相对确定性的评价方法对这种绩效作出评价,也是一个需要探讨的问题。

3. 重视政府绩效中的政府成本。绩效始终与成本相联系,离开成本谈绩效是毫无意义的。在关于政府绩效的评价中,既要算“政治账”,也要算“经济账”。在这个意义上就是说,一个政府纵然干出了许许多多的光辉业绩,但是如果花费了很大的成本和代价的话,也不能视之为有良好的政府绩效。

(二)服务型政府绩效评估的标准

政府绩效是一个综合性范畴,它不仅是一个经济范畴,还具有伦理、政治的意义;不仅涉及制度规范等刚性机制,还涉及管理作风、管理态度等柔性机制。对绩效的关注要求我们不仅要重视政府管理活动的内部机制,更要关注政府公共部门与社会、公民的关系;不仅要注意数量指标,更要重视质量品位。伴随着绩效观念对效率观念的逐步替代,单纯的效率测量也因难以体现公共管理的目标多元性和价值多样性而逐步退出评估价值体系。绩效作为一种更加系统和综合的概念,如果期望通过它最终起到提升政府管理质量的作用,首先要做的就是建立起一套能够反映公共管理多元目标的价值标准,以取代传统的、单一的"效率取向"标准。长期以来,我国政府绩效评估存在着评估标准过高过空、不切实际,评估的价值取向以经济为主导等弊端。在这种价值导向下,一些地方盲目攀比、大搞形象工程、片面地追求 GDP 的增长,其结果是社会公平问题被淡忘、环保问题被忽视、老百姓的一些切身利益被忽略。要扭转这一趋势,建立科学、合理的政府绩效评估价值标准就成为当务之急。①

我们认为,构建一套科学、合理、符合中国国情的政绩评估指标体系,是一项极为复杂的工程,但它至少应该包括以下几个方面:①国民经济;②人民生活;③科教文卫;④生态环境;⑤社会治安;⑥其他指标。

这几个方面可以作为一级指标,在每个一级指标下,又可设计若干二级指标。如在"国民经济"指标下可设计:(1)GDP 总量人均值及其增长率;(2)产业结构;(3)就业率与失业率。在"人民生活"指标下可设计:(1)人均收入及其增长率、恩格尔系数;(2)基尼系数;(3)社会保障实施情况。在"科教文卫"指标下可设计:(1)科技进步;(2)教育发展;(3)文化事业;(4)卫生和防疫;(5)计划生育,等。

制定科学合理的服务型政府绩效评估指标体系是实施绩效评估的关

① 倪星、李晓庆:《试论政府绩效评估的价值标准与指标体系》,《科技进步与对策》2004 年第 9 期,第 7—9 页。

键,也是绩效评估改革的难点之一。各部门绩效评估指标和标准必须得到各个部门的认可,这样可降低预算改革的执行成本。它以服务质量和社会公众需求的满足为第一评价标准,蕴涵了公共责任和顾客至上的管理理念;它以加强与改善公共责任机制,使政府在管理公共事务、传递公共服务和改善生活质量等方面具有竞争力为评估目的。

在制定绩效指标体系时,要把握好标准,按照政府的职能进行分类设计,经济发展与社会管理并重,适度向社会指标倾斜;服务职能与管制职能兼顾,更多关注服务功能;定量指标与定性指标并重,侧重定量指标;客观指标和主观指标并举,客观指标优先。要把事实与价值结合起来,坚持评估的技术性标准与社会政治价值标准的统一,把实证分析评估方法与规范分析的评估方法相结合;既要防止规定过简,又不要搞得过繁;要注重指标的可操作性,难易适中,先易后难;不求尽善尽美,只求可行有效。

三、服务型政府绩效评估的体系

政府绩效评估有助于服务政府的建设,进一步提高政府的行政能力,为经济社会发展注入新的活力和持久的动力,正是从这个意义上,政府绩效评估体系被认为是"新一轮政府创新的驱动器"[①]。党的十七届二中全会通过的《关于深化行政管理体制改革的意见》明确提出建立科学合理的政府绩效评估指标体系和评估机制。建立科学的政府绩效评估体系,是落实科学发展观、树立正确政绩观的迫切要求,是推进我国行政管理体制机制创新、提高政府效能的重大课题,其意义重大。

(一)科学的政府绩效评估主要方法

目前,科学的绩效评估方法主要有以下几种:

1."4E"评价法。在 20 世纪 60 年代,美国会计总署为了更好地控制政府财政支出,率先把对政府工作的审计重心从经济性审计转向经济性(Economy)、效率性(Efficiency)、效果性(Effectiveness)并重的审计,从单一指

---

① 高小平:《让服务型政府有尺可量》,《人民日报》2008 年 6 月 18 日。

标扩展到多重指标,这就是政府施政绩效评估的雏形,即"3E"评价法。所谓经济是指投入成本的降低程度;效率指标反映所获得的工作成果与工作过程中的资源消耗之间的对比关系;效益指标通常用来描述政府所进行的工作或提供的服务在多大程度上达到了政府的目标,并满足了公众的需求。由于政府在社会中所追求的价值理念如平等、公益、民主等和"3E"评价法单纯强调经济性之间存在矛盾与冲突,"3E"评价法暴露出一系列的不足,因此后来又加入了公平(Equity)指标,发展为"4E"。公平是指接受公共服务的团体或个人受到公正的对待和社会弱势群体能享受到政府更多的公共服务。

2. 标杆管理法。基于"3E"评价法的指标仅限于经济、效率和效益,存在比较片面和单一的缺陷。面对政府行为的复杂性,标杆管理法提出指标体系的设计要科学、合理、全面。除了经济层面的指标外,还包括政府提供的公共产品如教育质量的比较评估,政府在公益性活动中所作努力的指标等,指标体系的内容在一定程度上引导着政府努力的方向。因此,标杆管理可以使政府全面考虑自身在社会中应承担的责任,从而对社会的全面发展起到领导作用。另一方面标杆管理在评估方法上具有独特性,通过比较来实现评估。标杆管理法的第一步是确定标杆,作为政府奋斗的目标。在每一个实施阶段结束后都把结果与确定的标杆相比较,进行阶段性的总结评估,以对下一阶段的方法作出调整,直至最后达到标杆水平,确定更高的标杆。这里比较和评估完全融为一体,通过比较实现评估,以评估促进与更高水平的比较。

3. 平衡记分卡法。1992 年,哈佛商学院教授罗伯特·S.卡普兰和大卫·P.诺顿开发出了一种新型的侧重于企业的绩效评估方法——平衡记分卡法。该方法从四个角度来管理组织的绩效:顾客、财务、内部业务和内部创新与学习,并要求彼此之间保持适度的平衡。平衡记分卡在公共部门同样存在适用的可能性。从平衡记分卡本身的思想精髓及其具体内容看,该方法在公共部门应用的关键有:政府部门对自身战略、使命的准确分析和把握并对该战略在政府内部各部门的分解;政府部门对服务对象即顾客的正确认识;政府部门内部的不断学习、变革和创新氛围的形成,建立学习型政府。平衡记分卡的平衡记分指标体系分为 3 个层次:第一层次包括 4 个领域,即财务、顾客、内部业务和内部学习与创新。第二层次即上述每个领域所包含的内容。财务领域主要是组织怎样满足股东的需求,一般情况下主要指股东与合伙人。顾客领域就是政府(或各部门)所面临的服务对象。内部业务领域主要是政府在业务领域内所必须擅长的技能。内部学习和创新领域主要是政府人员的自我学习和提高的能力。第三层次即每一领域内的每一内容上的具体的、可量化的测评指标。

4. 层次分析法。20 世纪 70 年代中期,美国匹兹堡大学教授 T. L. Saaty 提出层次分析法。它是将复杂问题分解为多个组成因素,并将这些因素按支配关系进一步分解,按目标层、准则层、指标层排列起来,形成一个多目标、多层次的模型,形成有序的梯阶层次结构。通过两两比较的方式确定层次中诸因素的相对重要性,然后综合评估主体的判断确定诸因素相对重要性的总顺序。层次分析法的基本思想就是将组成复杂问题的多个元素权重的整体判断转变为对这些元素进行"两两比较",然后再转为对这些元素的整体权重进行排序判断,最后确立各元素的权重。政府绩效评估指标体系是一个具有多层次、多指标的复合体系,层次分析法通过构造判断矩阵,先对单层指标进行权重计算,然后再进行层次间的指标总排序,来确定所有指标因素相对于总指标的相对权重,为确定类似指标体系权重提供了一种很好的解决途径。利用层次分析法,不仅可以降低工作难度,提高指标权重的精确度和科学性,而且通过采取对判断矩阵进行一致性检验等措施,提高权重确定的信度和效度,同时,计算矩阵特征向量时,可以利用和积法、幂法和方根法等多种思路,并可以应用计算机来处理数据,具有较强的可操作性。

以上这些方法是目前政府绩效评估中比较常用的几种方法,都是通过企业管理中的绩效评估发展而来。在建设服务型政府的过程中,我们需要吸收其他领域的先进成果,同时还需要及时总结在政府绩效评估中的经验和教训,创造性地发现并运用适合我国服务型政府建设的绩效评估方法。

(二)合理有效的评估机制

在我国,当务之急是要积极探索以公众满意度为取向的绩效评估机制,以改变政府官员只对上不对下负责的工作导向。在市场经济条件下,政府工作的绩效指标应更多地围绕人民生活质量和政府公共服务水平来设定,以突出反映人民生活水平的变化和政府公共服务能力的高低。其主要内容应包含:经济性评估是要求政府树立成本意识,节约开支,少花钱多办事;效率测定则是政府投入产出比;效益评估关注的是组织工作的质量和社会最终结果,效益最终要体现在人民满意和社会经济发展上;公平是接受服务的团体或个人是否得到公平待遇,需要特殊照顾的弱势群体是否得到更多的服务。要通过构建一套科学的绩效评估体系,使考察干部政绩不仅是看增长率,同时还要考察社会保障覆盖率、就业率、社会治安案件的破案率以及城市规划的实现情况、安全生产责任事故、社会与经济协调发展、人民收入水平的提高、城乡差距的缩小以及环境保护等方面的综合指标。只有这样,才能使各级政府真心关注人民的要求、关注人民的生活质量、关注公共服务能力的提高,进而促其真正着眼于经济社会的协调发展。

(三)政府绩效评估的信息化

从政府管理信息化的内涵看,政府管理信息化是指运用信息与通信技术,打破行政机关的组织界限,改进政府组织,重组公共管理,实现政府协同办公、政府业务流程信息化,为公众和企业提供广泛、高效和个性化服务的一个过程。政府管理信息化是互联网技术、计算机技术同政府职能结合的产物。政府绩效评估以绩效为本,谋求现代信息技术在政府公共部门之间、政府公共部门与社会公众之间进行沟通与交流的广泛运用,谋求顾客通过公共责任机制对政府公共部门的直接控制,谋求政府管理对立法机构负责和对顾客负责的统一;它以服务质量和社会公众需求的满足为第一评价标准,蕴涵了公共责任和顾客至上的管理理念;它以加强与改善公共责任机制,使政府在管理公共事务,传递公共服务和改善生活质量等方面具有竞争力为评估目的。

第六章 服务型政府的应急管理

随着我国经济社会趋向于纵深发展,社会在出现前所未有的黄金发展期的同时,也必然经历社会矛盾的凸显期和公共危机的频发期。同时公共危机已伴随现代生活日益对社会基本价值和行为准则构成严重威胁,公共危机也由非常态化转变为常态化,由偶发转变为频发,成为国际社会共同面临的不可回避的重大挑战。由于针对突发公共事件,政府需要采取与常态管理不同的紧急措施和程序,超出了常态管理的范畴,因此,服务型政府的构建除了常态的运行机制外,还需要加强应急管理机制建设,这样才能够做到政府常态与非常态管理的有机结合。

第一节 应急管理的概念和基本要求

服务型政府所履行的应急管理职能,是针对特定的危及社会公共利益的突发公共事件所产生的,在国务院发布的《国家突发公共事件总体应急预案》总则的编制目的一节中明确说明:"提高政府保障公共安全和处置突发公共事件的能力,最大程度地预防和减少突发公共事件及其造成的损害,保障公众的生命财产安全,维护国家安全和社会稳定,促进经济社会全面、协调、可持续发展。"可见应急管理是针对突发公共事件的,因此在理解服务型政府应急管理之前,我们有必要对"突发公共事件"做一个概念上的界定,从而才能够有的放矢,更好地履行应急管理的职能,维护好广大人民的公共利益。

一、突发公共事件的概念

目前学术界对于"突发公共事件"的概念解释莫衷一是,但有一点我们可以肯定,那就是使用不同的名称表达的是一个概念——突发公共事件或者描述即是一种情况——紧急性、危害性、公共性,在此共识的基础上我们采取法律规定的概念(突发公共事件)既利于书面的理解同时也利于实践层面的操作。

突发公共事件,常常又称紧急事件或危机事件,一般是指突然发生并危及公众生命财产、社会秩序和公共安全,需要政府立即采取应对措施加以处理的公共事件。在概念使用上,突发事件更侧重于强调事件的突发性、偶然性,紧急事件更侧重于强调处置事件的紧迫性、时间性,危机事件更侧重于强调事件的规模和影响程度,人们往往根据需要加以采用。所谓危机,它是这样一种紧急事件或者紧急状态,它的出现和爆发严重影响社会的正常运作,对生命、财产、环境等造成威胁、损害,超出了政府和社会常态的管理能力,要求政府和社会采取特殊的措施加以应对。总而言之,我们统称应急管理所针对的对象为突发公共事件。《国家突发公共事件总体应急预案》明确界定突发公共事件即:本预案所称突发公共事件是指突然发生,造成或者可能造成重大人员伤亡、财产损失、生态环境破坏和严重社会危害,危及公共安全的紧急事件。

关于突发公共事件的特点大都有比较成熟的看法,在归纳各家观点的基础上,我们认为大致分为以下六个方面的特点:突发性、公共性、不确定性、紧急性、社会威胁性、双重效果性。

在不同领域,突发公共事件的表现形式很大的差别;从不同的角度,也可以将突发公共事件分为若干种类型。《国家突发公共事件总体应急预案》根据突发公共事件的发生过程、性质和机理,将突发公共事件主要分为以下4类:自然灾害、事故灾难、公共卫生事件、社会安全事件。各类突发公共事件按照其性质、严重程度、可控性和影响范围等因素,一般分为4级:1级(特别重大)、2级(重大)、3级(较大)和4级(一般)。

二、突发公共事件的周期

突发公共事件从其发生到被消除,自身有一个生命周期,一般经历了三个发展阶段,即危机潜伏期、爆发持续期、控制结束期。但不同类型的危机事件不一定完整的经历了各个周期,而且每个周期之间的划分也并非绝对。

1. 危机潜伏期。大多数公共突发事件的发生并非一蹴而就,都会有一个量变到质变的过程。但发生之前也会表现出一些征兆,预示着公共突发事件即将到来。而且有些危机的征兆较为明显,有些危机的征兆则不十分明显,让人难以识别和判断。

2. 爆发持续期。当突发公共事件的危机诱因量变发展到一定程度,引起质变,就会导致公共危机事件的爆发,且演变迅速。它在 3 个阶段中持续时间最短,但是社会冲击、危害最大,会立即引起社会的普遍关注。此时,社会秩序遭到破坏,一些机构的正常运作中断,公共利益受到损害。突发公共事件的持续还有可能引起进一步的次生危机。例如,地震引发的山体滑坡、泥石流以及传染性疾病。

3. 控制结束期。突发公共事件爆发后必然引起不同程度的社会危害,政府、组织和个人从不同的角度及时采取措施会使事件发展势态得到很好的控制,避免其进一步的恶化。因此,公共突发事件在经历了一段时间后在内外部环境下归于平静,社会将恢复正常的运行状态。

三、应急管理的概念

所谓政府应急管理是指政府为了应对突发公共事件而进行的一系列有计划有组织的管理过程,主要任务是如何有效地预防和处置各种突发公共事件,最大限度地减少突发事件的负面影响。同时政府应急管理可以分为两种模式:即由常规行政来主导突发公共事件的防范,由紧急行政来主导突发公共事件的应急处理。关于政府应急管理特征,针对突发公共事件的特征,结合应急管理实践中的经验,我们认为主要分为四个方面:长期性、应变性、公共性、约束性。

　　针对突发公共事件发展周期,应急管理措施必然也涉及到与其相对应的措施周期,突发公共事件的周期与应急管理的周期是相对应的,后者是针对前者的发生、发展而采取的相应的措施、步骤。因此、二者是相辅相成而发展的。大致可分为:

　　1.预防准备。针对不同类型的公共危机事件,预防准备的重心会有所不同。例如,突发公共卫生事件应立足于事前,实现"关口前移",防范于未然至关重要。而一些自然灾害事件,由于受自然条件和现有技术的制约,很难做出准确地判断,因此这类事件的重点应倾向于事后反应、救助措施。

　　2.监测预警。《国家突发公共事件总体应急预案》按照突发事件严重性、紧急程度和可能波及的范围,将突发环境事件的预警分为四级,由低到高,颜色依次为蓝色、黄色、橙色、红色。同时根据事态的发展情况和采取措施的效果,预警颜色可以升级、降级或解除。同时《国家突发公共事件总体应急预案》还规定当地县级以上人民政府和政府有关部门应当采取以下措施:(1)立即启动相关应急预案。(2)发布预警公告。蓝色预警由县级人民政府负责发布。黄色预警由市(地)级人民政府负责发布。橙色预警由省级人民政府负责发布。红色预警由事件发生地省级人民政府根据国务院授权负责发布。(3)转移、撤离或者疏散可能受到危害的人员,并进行妥善安置。(4)指令各应急救援队伍进入应急状态,环境监测部门立即开展应急监测,随时掌握并报告事态进展情况。(5)针对突发事件可能造成的危害,封闭、隔离或者限制使用有关场所,中止可能导致危害扩大的行为和活动。(6)调集环境应急所需物资和设备,确保应急保障工作。

　　3.措施应对。措施应对期和爆发持续期实际上有重叠的部分,只是从不同的角度来看待。突发公共事件爆发后需要及时采取措施进行应对,国家的应急管理职能发挥着主导作用,需要通过突发公共事件的现象,抓住背后的本质原因以及处理中的关键环节,以求顺利减少甚至消除突发公共事件导致的危害。

　　4.恢复评估。在突发公共事件的危险事态得到控制之后,需要及时采取措施进行善后恢复,主要措施包括:启动恢复计划,提供灾后救济救助,重建被毁设施,尽快恢复正常的社会生产秩序,进行灾害和管理评估等善后工作。工作的重点在于,一是要强化市政、民政、医疗、保险、财政等部门的介入,尽快做好灾后重建恢复;二是要进行客观的灾后评估分析总结应急管理的经验教训,这不仅可以为今后应对类似危机奠定新的基础,而且也有助于促进制度和管理革新,化危机和转机。例如,汶川地震,在地震发生后的第三天,按照中央的有关部署和要求,2008 年 5 月 14 日晚,工业和信息化部召集会议,抗震救灾总指挥部生产恢复组正式成立。该工作组由发展改革委、财政部、建设部等 17 家部门组成,主要是综合、协调、会商。尽快了解各地受灾损失情况,研究制定恢复生产和灾后重建的方案和措施,提出灾后重建所需资金、物资、能源、交通等需求,边抢险边恢复,迅速开展工作,把灾害损失降低到最低限度。

灾后重建,服务是关键。各级政府必须将服务意识、服务理念贯穿于灾后重建的方方面面,拓展服务范围,创新服务方式。要加强科技信息服务,着力普及应急知识和防灾抗灾技术,通过报刊、网络、杂志等媒体,举办讲座、组织演习、发放明白卡、张贴宣传画等方式,切实做到知识技术进基层、进农村、进社区、进家庭。要加强公共卫生服务,高度重视灾后传染病等突发公共卫生事件的防范和应对工作,落实部门联防机制,强化监测预警等卫生应急准备,广泛开展爱民卫生运动,切实提高公众的防范意识。要加强社会保障服务,及时发送救灾物资和救灾补助,登记灾区贫困人口,按照相关标准严格落实、切实保障灾区群众的基本生活,同时应尽早尝试构建以"突发灾害应急基金"为核心的应急救援和保险机制,促进应急社会保障的系统化、制度化。要加强文化宣传服务,积极宣传抗灾救灾的英雄人物、感人事迹,积极宣传灾后重建的工作原则、工作方案,宣传应急管理特别是灾后重建的先进经验、先进理念,以此凝心聚力、振奋精神,动员全社会积极投入灾后重建工作,众志成城谱写建设新篇。

四、应急管理体系

应急管理体系一般包括 5 个方面:

1.应急法律系统的完善。法律的功能之一就是提供一个预期,即组织和个人的行为能够按照规则行事,保障稳定的社会秩序。而突发公共事件的特点之一是具有很大的不确定性,因此法律的可预见性可以减少突发公共事件带来的不确定性,即使在紧急状态下,也能强制公众统一行动,共同应对突发公共事件,同时也可以防止政府滥用公权、特权,造成公共利益不必要的损害。据统计,我国目前已经制定涉及突发事件应对的法律 35 件、行政法规 37 件、部门规章 55 件,有关文件 111 件。从世界范围来看,关于应急法律系统大致可以分为四种模式,一是英美模式:虽然宪法并未明确规定紧急状态条款,但有专门的宪法性法律——紧急状态法。二是法国模式:除宪法中有紧急状态的相关条款之外,同时还有独立的紧急立法。三是德国模式:在宪法中直接规定紧急状态的法律制度,根据宪法的紧急状态条款规定一系列针对不同领域的紧急状态单行法律制度,但没有一部专门的、统一的紧急状态法。四是日本模式:既没有宪法性条款,也没有专门的紧急状态立法和单行立法,只在有关的单行法中分散地规定了非常状态下的紧急处置制度。

我国制定了一系列应对危机的法律,2007 年 8 月 30 日,第十届全国人民代表大会常务委员会第二十九次会议通过《中华人民共和国突发事件应对法》,把危机管理纳入到法治化的轨道,明确规定政府在处理紧急事务中的职权和法律责任,保证政府在法律规定的范围内行使危机管理的权利,维护国家利益和公共利益,同时又能最大限度的保护公民的基本权益。

2.应急组织系统的建立。(1)领导机构。国务院是突发公共事件应急管理工作的最高行政领导机构。在国务院总理领导下,通过国务院常务会议和国家相关突发公共事件应急指挥机构,负责突发公共事件的应急管理工作;必要时,派出国务院工作组指导有关工作。2008 年初南方各省的冰雪灾害,国务院决定成立国务院煤电油运和抢险抗灾应急指挥中心。同年5 月针对四川汶川 8 级大地震,国务院成立了抗震救灾指挥部,温家宝总理亲自担任总指挥。(2)办事机构。国务院有关部门依据有关法律、行政法规和各自职责,负责相关类别突发公共事件的应急管理工作。具体负责相关类别的突发公共事件专项和部门应急预案的起草与实施,贯彻落实国务院有关决定事项。地方各级人民政府是本行政区域突发公共事件应急管理工作的行政领导机构,负责本行政区域各类突发公共事件的应对工作。例如汶川地震事件,根据抗震救灾工作需要,国务院抗震救灾总指挥部决定设立9个工作组。其中由卫生部牵头,发展改革委、农业部、质检总局、食品药品监管局、总后勤部、武警部队参加。负责医疗救助和卫生防疫,组织医疗救护队伍,调集医疗器械、药品,对受伤人员进行救治;检查、监测灾区饮用水源和食品,防范和控制各种传染病等疫病的暴发流行。(3)专家组。国务院和各应急管理机构建立各类专业人才库,可以根据实际需要聘请有关专家组成专家组,为应急管理提供决策建议,必要时参加突发公共事件的应急处置工作。2006年12月,国务院成立了应急管理专家组,负责为政府及其有关部门提供决策支持。

3. 物资保障系统的建立。突发公共事件要有强大物资支持,除了平时的物资储备外,还需要突发公共事件发生后临时性筹集紧急物资来应付各种紧急情况。(1)来自政府财政支持。财政支持主要由财政部门和民政门负责统筹,不仅表现在直接拨款上,也表现在一些政策的调整上。(2)来自民间捐助支持。民政部、中国红十字会、中华慈善总会等机构都负责接收民间捐赠款物。社会捐助在应对重大灾害中发挥了重要的作用。(3)来自保险业的支持。

4. 公众支持系统的建立。(1)加强公众参与的引导。服务型政府"是以公民为导向、以政府绩效为导向,重视公民的参与,并且便利于公民参与"。应急管理是一个系统的社会工程,单纯依靠政府是绝对不行的。公众参与不仅是服务型政府的合法性基础,而且是应急管理成败的关键要素。只有公众的积极踊跃参与,政府的行动才能镶嵌于社会之中,才能更好动员全社会力量及时有效地控制和化解公共危机。政府的公开与透明是公众参与应急管理的前提条件。公众的应急知识与经验是公众参与应急管理的基础。只有公众具有居安思危的思想、防灾减灾的知识和较强的生存能力,公众的参与才会真正取得效应。否则,公众参与就可能只是一种有害无用的摆设。正如"国际减轻自然灾害十年"报告中指出的："教育是减轻灾害计划的中心,知识是减轻灾害成败的关键"。为提高公众的应急知识与经验,《突发事件应对法》作了较系统的规定,政府应当组织开展应急知识的宣传普及活动和必要的应急演练,其他社会组织应当根据政府的要求,开展相关应急知识的宣传普及活动和必要的应急演练,新闻媒体应当无偿开展应急知识的公益宣传,各级各类学校应当把应急知识教育纳入教学内容,对学生进行应急知识教育和能力培养。决策参与、执行协作和绩效评定是公众参与应急管理的主要途径。"凡生活受某项决策影响的人,就应该参与那些决策的制订过程"。① 公众参与决策有利于决策的科学化和获得政治上的合法性。然而,应急管理非同寻常,整个社会在一定范围和一定时间进入了非常状态,公众参与决策不可能如平常时期那样广泛,但也不是不能参与决策,如作为公众组成部分的专家参与决策,平常时期公众对应急预案的制定、应急管理的立法和政策制定的参与,等等。《突发事件应对法》只对专家参与决策作出了原则性规定,对其他参与方式缺乏规范。执行协作在某些方面是公众的权利,在另外方面可能是公众的义务。作为义务,在法律上必须明确规定义务的范围以及由此可能引起的法律责任。作为权利,公众可以放弃。然而,公众权利的放弃并非绝对有益于危机的控制与化解。因此,法律应该设定奖励性条款,鼓励公众依据对危机处置是否有利来选择自己的行为。对这些,《突发事件应对法》都作了相关规定。在行政法中,公众具有多重身份。公众既是政府公共服务的监督者,又是政府公共服务的协作者,更是政府公共服务的绩效评定者和享有者。作为政府公共服务的享有者,政府突发事件应对结果的好坏都是由他们来承担的。政府应急管理绩效能否达到公众的期望值,公众应该是重要的评定者。《突发事件应对法》没有关注这一问题。突发事件应对的绩效评定依然局限于政府。缺乏公众广泛参与评议,相关监督效用将会减弱,甚至会虚置,从而对今后的应急管理工作带来负面效应。

---

① 常征:《"公共管理与公众参与"研讨会综述》,《中国行政管理》2001 年第 9 期,第 44 页。

（2）积极支持 NGO/NPO 的发展。现代政府的管理已由过去的单一治理模式转向共同模式。俞可平认为，人类政治过程的重心正从统治走向治理，从善政走向善治，善治就是使公共利益最大化的社会管理过程，其本质特征，就在于政府与公民对公共生活的合作管理。[①] 而中国处于经济转轨、社会转型的时期，社会的发展远远跟不上经济的发展，表现在城乡基层组织薄弱，社区建设、公共服务严重滞后，非政府组织（NGO）等社会组织没有形成力量，所以当 SARS 蔓延时，尽管社区作了很大的工作，取得了一定的成效，但其他的社会组织并没有形成合力。今天的社会是"市场、政府和公民社会形成的三足鼎立"[②]的社会，非营利组织作为公民社会的一种重要组成形式，由于具有较好的组织保证，占据着非常重要的地位，在社会管理中发挥着越来越大的作用。因此，要创造条件给非政府组织提供更多的发展机会，积极支持扶植，鼓励开展互助活动，通过合作、协商等形式，共同实施对公共事务的管理。党的十七大报告提出要发挥社会组织在扩大群众参与、反映群众诉求方面的积极作用，增强社会自治功能，对我国社会组织的作用有了新的认识和概括。社会组织作为独立于政府、企业之外的第三部门，在防范化解群体性事件中有着自己的优势，可以在预防和化解社会矛盾中发挥政府部门难以替代的作用。

（3）完善公众信息、公开网络。基本信息及时和充分的公开是现代政府的政治责任。近几年，政府在村务公开、警务公开、校务公开等方面，做了有益的尝试，但政务信息公开的制度化并没有真正形成，什么信息可以公开，什么信息不可以公开，并没有具体的规定及相应的法规。北京大学公共卫生学院院长胡永华坦言："我们最初设计的防疫体系，疫情上报是非常重要的一环，但信息是否公开，并没有任何规定。"高强在 2003 年 4 月 20 日的新闻发布会谈到："只有信息公开，建立良好的沟通，才能提供有效的社会慰藉，并且防止谣言。"必须制订政府信息公开的相关条例，把政务信息的

① 俞可平:《治理与善治》,社会科学文献出版社 2000 年版,第 8 页。
② 朱莉·费希尔:《NGO 与第三世界的政治发展》,邓国胜、赵秀梅译,社会科学文献出版社 2002 年版,第 2 页。

公开同政府的公信力密切联系起来,以增强公众对政府的信任,避免信任赤字的现象出现。

5.应急预案的构建。(1)国家专项应急预案。专项应急预案主要是国务院及其有关部门为应对某一类型或某几种类型突发公共事件而制定的应急预案。已发布的国家专项应急预案包括《国家自然灾害救助应急预案》在内的十九项专项应急预案,针对特定的突发公共事件具有了专项应急预案系统。(2)国务院部门应急预案。部门应急预案是国务院有关部门根据总体应急预案、专项应急预案和部门职责为应对突发公共事件制定的预案。目前为止,中国国家政府网一共公布了包括《建设系统破坏性地震应急预案》在内的五十七项预案,形成了较为全面的部门应急预案。(3)地方应急预案。突发公共事件地方应急预案具体包括:省级人民政府的突发公共事件总体应急预案、专项应急预案和部门应急预案;各市(地)、县(市)人民政府及其基层政权组织的突发公共事件应急预案。上述预案在省级人民政府的领导下,按照分类管理、分级负责的原则,由地方人民政府及其有关部门分别制定。

第二节 应急管理过程机制的建构

目前学术界大多依据危机周期的发展进程,将应急管理机制主要分为预警机制、救治机制和恢复机制3个方面。

一、我国应急管理机制的新理念

1.以"服务型政府"为建制理念。如何转变政府的职能,一直是我国行政管理体制改革的重大课题,明确规定政府职能是经济调节、市场监管、社会管理、公共服务。随着社会主义市场经济的发展,我国政府的管理职能已经发生了很大的转变,必须从公共服务的角度来考虑,制定切实的政策,保证必要的财政支持,把政府职能中心从经济建设转移到公共服务上来,加强公共事务管理,解决公共问题,提供公共服务,注重社会与经济的协调发展。

虽然"管制型"政府能够最大限度地整合社会有限资源,集中统一地解决突发公共事件中的突出问题,防止发生动乱,较快渡过难关,恢复社会秩序。这种"管制型应急机制"对于解决突发公共事件是很有效率的,在建国以来的政府公共危机管理中发挥过重要作用,即所谓社会主义具有集中力量办大事的优势。但是,我们应该看到,在社会已呈现出利益多元化的市场经济条件下,在政府执政理念彻底转变的形势下,这种管理方式和应急机制已无法解决突发公共事件,其结果只能是使公众对政府失去信任,缺乏安全感,最后依靠个人意志去行动,维护自身利益,出现群体非理性行为,不断制造或加剧危机。因此,对于市场经济条件下的政府公共危机管理,应该以"服务型政府"为理念来建制,就是在机制运行中,必须充分考虑公众和不同社会群体的合理利益与要求,以信息公开、提供突发公共事件的安全服务方式使公众获得需求满足,树立政府的公信力,来实现突发公共事件的管理重点在于强调社会组织和成员的积极参与、与政府共同努力协作,而不是通过加强政府权力向公众施压。

2. 以"以人为本"为基本理念。现代服务型政府需要以人为本。就是在预测预警、隐患排查、抢险救援、应急处置、善后处置中,在应急保障的措施建设中,都要体现人本原则,应人民之所急,以人民的生命为最高职责目标。并且,不论是对被救者,还是对救援者,都要实施安全防护。在处置突发事件时,现场指挥者首先要查点现场基本情况,要在第一时间弄清涉及人数,对老人、成人、小孩及妇女、中国人、外国人,特别是孕妇,等等情况,有针对性地实施救援。与此同时,还要清点现场资产设施情况,进而做到及时抢险。

3. 以"有限政府"为建制基础。突发公共事件的爆发,特别是重大自然灾害事件的发生,对社会与公众的危机自救能力产生重大消极影响,一心指望政府救危,在危机中有时会丧失许多自救的机会,最后一旦对政府的危机处理能力产生怀疑,就会发生群体非理性行为,酿成更大的危机,造成更大的损害。对于公共危机事件的预防与处理,政府尽管负有不可推卸的责任,但政府不可能是万能的,许多问题政府未必能够找到答案,不可能提供绝对的安全。如自然灾害、金融风险等。在公共危机管理机制中,我们必须改变"政府万能"的观念,以"有限政府"的新理念定位政府职能的界限,划清政府、社会和公众个人所应承担的危机风险边界,树立"风险无处不在"的社会意识。这样在公共危机到来时,政府、社会和公众个体才能更理性地处理危机,一起承担风险,共渡难关。

4. 以"多中心治理"为建制框架。公共危机管理属于公共安全管理和服务的范畴,是一种公益物品,应该由政府干预,这也是政府重要的公共职能。但是,政府干预并不一定都要采取政府独家提供公益物品公共危机的安全服务的方式,即所谓的"单中心管理"策略。随着服务型政府的建设,由公共事务的"单中心管理"策略转变为"多中心治理"策略。在公共危机管理机制中,所谓"多中心治理"策略就是强调政府在履行其应承担的公共职能的同时,还应该利用其权威和公共资源鼓励支持各种层次的群体和社群组织等参与公共危机的预防、处理和恢复等管理工作,培养社群组织和公众的危机自救和自我服务能力,建立一种政府、社会组织和公众互动行为模式的合作性的公共危机管理机制。好的公共安全管理和服务只能是全社会协作努力的产物。因此,公共危机管理机制的构建不能只以政府的行政组织为中心,而应更多地发挥企业组织、社会公益组织、民间组织和社区组织等的中心凝聚作用,整合行政、市场、法律等多种手段的优势,开展公共危机管理工作,提高整个社会的公共危机管理能力。

二、应急管理的运行机制

1. 反应决策机制。针对突发公共事件的潜伏期,我们需要建立完善的反应决策机制。

2. 信息披露机制(报告)。应急管理作为特殊情况下的一种政务活动尤其需要公开与透明。2003 年"非典"开始之初信息不准确、不畅通、不公开透明所造成的不良后果已充分说明了这一点。政府公开与透明的前提是信息收集的及时准确,这就需要建立一个高效的信息采集和流通的平台。同时针对突发公共事件的突发性和危害性,政府机构对自己的信息资源需要有基本的把握,及时收集、更新、传达各种关于突发事件的相关信息,建立应急管理的信息资源库,为突发公共事件的预警监测、识别确认、应对决策等工作提供优质的信息保障。(1)信息收集系统。《突发事件应对法》规定"国务院建立全国统一的突发事件信息系统","县级以上人民政府及其有关部门、专业机构应当通过多种途径收集突发事件信息。县级人民政府应当在居民委员会、村民委员会和有关单位建立专职或者兼职信息报告员制度。获悉突发事件信息的公民、法人或者其他组织,应当立即向所在地人民政府、有关主管部门或者指定的专业机构报告","国家建立健全突发事件监测制度",等等。(2)信息发布系统(媒体、政府公报、网络发布)。政府公开与透明的关键是政府信息的及时公布,以便公众知晓。《突发事件应对法》规定,"有关人民政府及其部门作出的应对突发事件的决定、命令,应当及时公布","向上级人民政府有关部门、当地驻军和可能受到危害的毗邻或者相关地区的人民政府通报","定时向社会发布与公众有关的突发事件预测信息和分析评估结果","及时按照有关规定向社会发布可能受到突发事件危害的警告,宣传避免、减轻危害的常识,公布咨询电话"。一度引起各界争议的有关新闻媒体不得"违规擅自发布"突发事件信息的规定也已被"任何单位和个人不得编造、传播有关突发事件事态发展或者应急处置工作的虚假信息"取而代之。这些规定显示了《突发事件应对法》在行政公开方面的巨大进步。(3)新闻发言人制度(新闻发布会)。新闻发言人制度是政府或政府机关通过新闻发言人向传媒、向公众介绍政府的政策,通报某个事件的真实情况,说明对某个事件某个问题政府或政府机关所持的立场、所采取的方针政策,并回答传媒提问的制度。1983年我国开始建立政府新闻发言人制度。

政府应急管理的新闻报道和日常的新闻报道相比有很大的差异,因为这是在紧急的状态下,所以报道对于引导社会舆论导向、稳定社会情绪、释放不满情绪、密切政府和民众的关系都有十分重要的影响。杜绝以往那种谁都可以乱说,说了又都不负责任的情况,只允许由专人发布权威信息,其余人员不得擅自发布有关信息,这样才能保证整体目标的实现。通过建立突发事件新闻发布工作的有关预案和工作规范,逐步培养一支讲政治、懂业务、有经验的新闻发言人队伍。

3.决策处理机制。我们倾向于把决策和处理接合起来讲,因为从实践的角度来说,决策与处理是一个连续的过程,甚至在一定程度上,决策是整个处理过程的一部分。

三、国外应急管理体制和机制

国情、国力以及外部安全环境或国内社会发展"段情"不同,决定了不同国家微机管理机制形态各具特色。总统制的国家一般建立以总统为核心的机制;议会制的国家往往注意建立以总理为核心的机制。此外,每个历史时期所面临威胁的变化,往往造成危机管理中心任务不同。比如"9.11"后,美国突出了本土防卫在危机管理中的地位。俄罗斯则因车臣剿匪而相应成立了北高加索地区安全问题局。

1.美国。"强总统、大协调"是美国危机管理机制的特征。它是以总统为核心,以国家安全委员会为中枢,中央情报局、国务院、国防部、白宫办公室、白宫情报室相互协作的综合体系。根据美国《国家安全法》,国家安全委员会是美国协调国家安全战略、对威胁本国安全利益之各种因素进行决策的法定机构。尽管历任总统的管理和利用方式不同而造成国家安全委员会的组成、作用和特点相应发生变化,但从总的发展趋势看,它的危机管理作用在不断增强。

2.俄罗斯。"大总统、大安全"是俄罗斯危机管理机制的特征。所谓"大总统",是指俄罗斯比美国拥有更为广泛的权利,它不仅仅是国家元首与军队统帅,还掌握着广泛的行政与立法权力。所谓"大安全",是指俄罗斯设有专职国家安全战略的重要机构——俄联邦安全会议。该机构设有12个常设跨部门委员会:宪法安全、国家安全、军事安全、信息安全、经济安全、生态安全、社会安全、国防工业安全、独联体安全、边防政策、居民保健、动员准备。因此,安全会议既是俄罗斯国家安全决策的最高机构,也是俄总统现实政治生活中的"权杖"。

第三节 中国特色应急管理体系

经历了 2003 年"非典"、2008 年初的雨雪冰冻灾害和 5 月汶川大地震等特别重大突发公共事件,我国应对突发公共事件的应急预案、应急管理体制、运行机制和法制建设不断得到推进,在实践中发挥了重要的作用。运用中国特色社会主义理论,认真总结我国应急管理体系建设的成就、特点和经验,充分估计、充分肯定、充分运用这一体系,发展和完善这一体系,对于进一步提高政府应急管理能力,做好重大突发公共事件应对工作,具有重要意义。

一、我国应急管理体系建设的历程

我国是一个有着五千年悠久历史的古国,在漫长的社会发展进程中,不断经历着各种各样的灾害和灾难,历朝历代都积累了比较丰富的应急管理经验。新中国建立以来,我国在应急管理工作方面奠定了一定的基础,取得了一定的成绩。但是,作为一个完整巨大的社会系统工程,我国应急管理体系建设的时间并不长。

应急管理体系是指应对突发公共事件时的组织、制度、行为、资源等相关应急要素及要素间关系的总和。只有建立比较完善的应急管理体系,才能保证在预防、预测、预警、指挥、协调、处置、救援、评估、恢复等应急管理各环节中各方面快速、高效、有序反应,防止突发公共事件的发生,减少突发公共事件的负面影响。

我国全面建设应急管理体系,始于 2003 年总结抗击"非典"的经验和教训,以这一阶段的应急管理工作为"起跑点";发展于加强党的执政能力和政府的行政能力建设,从而把创新应急管理制度作为"着力点";提高于贯彻落实科学观的实践,把应急管理摆放到全面建设小康社会的大格局中,并将其确立"定位点";形成了应急管理"点"与常态行政管理"面"的结合,推动了科学发展。

（一）应急管理体系建设的"起跑点"

2002年秋,江泽民总书记在党的十六大报告中指出:"各级党委和领导干部要不断提高科学判断形势的能力、驾驭市场经济的能力、应对复杂局面的能力、依法执政的能力、总揽全局的能力。面对很不安宁的世界,面对艰巨繁重的任务,全党同志一定要增强忧患意识,居安思危,清醒地看到日趋激烈的国际竞争带来的严峻挑战,清醒地看到前进道路上的困难和风险,倍加顾全大局,倍加珍视团结,倍加维护稳定。"①

2003年春,我国从南到北,经历了一场由"非典"疫情引发的从公共卫生到社会、经济、生活全方位的突发公共事件。在党中央、国务院坚强领导下,全国人民众志成城,取得了抗击"非典"的决定性胜利。在中国特色社会主义理论的指导下,党和国家及时总结我国经济社会发展中存在的不全面、不协调和不可持续性等因素,提出全面加强应急管理建设的重大命题。

2003年7月,党中央、国务院召开全国防治"非典"工作会议,胡锦涛总书记在会上指出,"通过抗击非典斗争,我们比过去更加深刻地认识到,我国的经济发展和社会发展、城市发展和农村发展还不够协调;公共卫生事业发展滞后,公共卫生体系存在缺陷;突发公共事件应急机制不健全,处理和管理突发公共事件能力不强;一些地方和部门缺乏应对突发公共事件的准备和能力。我们要高度重视存在的问题,采取切实措施加以解决,真正使这次防治非典斗争成为我们改进工作、更好地推动事业发展的一个重要契机。"随后国务院提出"争取用3年左右的时间,建立健全突发公共卫生事件应急机制","提高突发公共卫生事件应急能力"。② 而几乎与抗击"非典"同时,我们党确立了全面、协调和可持续的科学发展观。党的十六届三中、四中、五中、六中全会都对全面加强应急管理工作、提高保障公共安全和

---

① 江泽民:《全面建设小康社会,开创中国特色社会主义事业新局面》,人民出版社2002年版。

② 《全国防治非典工作会议在京举行》,《人民日报》2003年7月29日。

处置突发公共事件的能力,做出部署、提出要求。① 可以看出,党和政府对应急管理认识的提高,成为科学发展观产生的契入点和重要内容。

(二)应急管理体系建设的"着力点"

党和国家从经济社会发展、完善社会主义市场经济体制、提高党的执政能力的高度,着力加强应急管理制度建设。2003 年 10 月,党的十六届三中全会通过《关于完善社会主义市场经济体制若干问题的决定》,深刻分析了影响生产力发展的体制性障碍,提出"为适应经济全球化和科技进步加快的国际环境,适应全面建设小康社会的新形势,必须加快推进改革","建立健全各种预警和应急机制,提高政府应对突发公共事件和风险的能力"。2004 年 9 月,党的十六届四中全会作出《关于加强党的执政能力建设的决定》,从加强党的执政能力和政府执行力的层面,进一步提出"建立健全社会预警体系,形成统一指挥、功能齐全、反应灵敏、运转高效的应急机制,提高保障公共安全和处置突发公共事件的能力"。2006 年 8 月,党的十六届六中全会通过《中共中央关于构建社会主义和谐社会若干重大问题的决定》(以下简称《决定》),正式提出了我国按"一案三制"的总体要求建设应急管理体系。《决定》指出:"完善应急管理体制机制,有效应对各种风险。建立健全分类管理、分级负责、条块结合、属地为主的应急管理体制,形成统一指挥、反应灵敏、协调有序、运转高效的应急管理机制,有效应对自然灾害、事故灾难、公共卫生事件、社会安全事件,提高突发公共事件管理和抗风险能力。按照预防与应急并重、常态与非常态结合的原则,建立统一高效的应急信息平台,建设精干实用的专业应急救援队伍,健全应急预案体系,完善应急管理法律法规,加强应急管理宣传教育,提高公众参与和自救能力,实现社会预警、社会动员、快速反应、应急处置的整体联动。坚持安全第一、预防为主、综合治理,完善安全生产体制机制、法律法规和政策措施,加

---

① 华建敏:《在贯彻实施突发公共事件应对法会议上的讲话(2007 年 11 月 13 日)》,www. gov. cn//dhd/2007 – 11/21/content – 811834. htm.

大投入,落实责任,严格管理,强化监督,坚决遏制重特大安全事故。"①至此,这三次党的全会基本完成了我国应急管理体系框架的蓝图设计工作。

(三)应急管理体系建设的"定位点"

党和国家从经济建设、政治建设、文化建设、社会建设"四位一体"总体布局中,为应急管理体系建设定位。2006 年 3 月,国家制定《国民经济和社会发展第十一个五年规划》,第一次提出"开创社会主义经济建设、政治建设、文化建设、社会建设的新局面"的要求,在这个总要求下,提出"建立健全社会预警体系和应急救援、社会动员机制,提高处置突发性事件能力"。加之此前,2005 年 10 月,党的十六届五中全会通过的《中共中央、国务院关于推进社会主义新农村建设的若干意见》,对农村建设和完善突发公共事件应急机制做出过部署。这样,标志着党和国家把应急管理体系建设纳入国家经济社会发展战略规划和社会主义现代化建设"四位一体"的总体布局中,明确了应急管理的定位、目标、任务和政策。

2005 年初,国务院办公厅成立应急预案小组。7 月,国务院召开第一次全国应急管理工作会议,国务院出台《关于全面加强应急管理工作的意见》,提出落实"一案三制"建设、加强应急管理的一揽子政策措施。8 月,国务院颁布《国家突发公共事件总体应急预案》。年底,国务院办公厅成立"国务院应急管理办公室"和"应急管理专家组"。2006 年 7 月,国务院召开第二次全国应急管理工作会议,进一步推动应急管理体系建设。2007年,国务院下发《关于加强基层应急管理工作的意见》,全国人大常委会通过《突发公共事件应对法》。国务院分别召开了大型企业应急管理和基层应急管理工作会议。由国务院办公厅主管、中国行政管理学会主办的《中国应急管理》(月刊)创刊。国务院办公厅首次公开发布《2006 年我国突发公共事件应对情况》,对我国 2006 年突发公共事件应对工作进行了分析评估。与此同时,应急管理体系向各级政府和全社会延伸。全国 31 个省区市都成

---

① 《中共中央关于构建社会主义和谐社会若干重大问题的决定》,http://cpc.people.com.cn/GB/64162/64569/72347/634799/.html.

立了省级应急管理领导机构,国家防汛抗旱、抗震减灾、海上搜救、森林防火、灾害救助、安全生产等应急管理专项机构职能得到加强。这一系列政策和措施,推动了各应急管理专项机构和办事机构的协调联动工作机制基本形成,自然灾害、事故灾难、公共卫生、社会安全四大类突发公共事件预测预警、处置救援、善后处理等运行机制逐步健全。①

党的十七大提出要进一步完善突发公共事件应急管理体系,"完善突发公共事件应急管理体制","坚持安全发展,强化安全生产管理和监督,有效遏制重特大安全事故","提高重大疾病防控和突发公共卫生事件应急处置能力","健全社会治安防控体系,加强社会治安综合治理,深入开展平安创建活动,改善和加强城乡社区警务工作,依法防范和打击违法犯罪活动,保障人民生命财产安全"。这为应急管理工作进一步明确了重点与方向。

2008 年 6 月,在经历南方雪灾和汶川地震后,党中央、国务院深入总结我国应急管理的成就和经验,查找存在问题,提出进一步加强应急管理的方针政策。胡锦涛总书记 10 月 8 日在党中央、国务院召开的全国抗震救灾总结表彰大会上指出,"要进一步加强应急管理能力建设,大力提高处置突发公共事件能力。要认真总结抗震救灾的成功经验,形成综合配套的应急管理法律法规和政策措施,建立健全集中领导、统一指挥、反应灵敏、运转高效的工作机制,提高各级党委和政府应对突发事件的能力。要大力建设专业化与社会化相结合的应急救援队伍,健全保障有力的应急物资储备和救援体系,长效规范的应急保障资金投入和拨付制度,快捷有序的防疫防护和医疗救治措施,及时准确的信息发布、舆论引导、舆情分析系统,管理完善的对口支援、社会捐赠、志愿服务等社会动员机制,符合国情的巨灾保险和再保险体系。通过全方位推进应急管理体制和方式建设,显著提高应急管理能力,最大限度地减少突发公共事件造成的危害,最大限度地保障人民生命财产安全"。② 我国应急管理体系建设又站到了历史的新起点上。

---

① 见《中国政府网》应急管理专栏,www. gov. cn.

② 胡锦涛:《在全国抗震救灾总结表彰大会上的讲话》,《人民日报》2008 年 10 月 9 日。

我国在应急管理的理论研究和实践探索方面的工作,通过对"三点一面"的总结,回答了历史提出的三大课题:第一,在新的历史时期政府如何认识风险,怎样防范和应对风险;第二,要建设什么样的应急管理体系,怎样建设比较完善的中国特色的应急管理体系;第三,应急管理体系与促进经济社会协调发展是什么关系,怎样通过加强应急管理体系建设推动国家治理方式创新,促进经济社会又好又快发展。

我国应急管理体系建设所取得的成就,在理论上丰富了科学发展观,在实践中发挥了应有的作用,成为马克思主义理论宝库中的瑰宝,成为中国特色社会主义事业的重要组成部分。

二、我国应急管理体系建设的核心框架

应急管理体系建设任务十分繁重,既具有很强的重要性和紧迫性,又需要认识其艰巨性和长期性。我国政府在加强应急管理中,突出重点,抓住核心,建立制度,打牢基础,围绕应急预案、应急管理体制、机制、法制建设,构建起了应急管理体系"一案三制"的核心框架。

(一)应急管理体系中的预案建设

预案是应急管理体系建设的龙头,是"一案三制"的起点。预案具有应急规划、纲领和指南的作用,是应急理念的载体,是应急行动的宣传书、动员令、冲锋号,是应急管理部门实施应急教育、预防、引导、操作等多方面工作的有力"抓手"。制定预案,实质上是把非常态事件中隐性的常态因素显性化,也就是对历史经验中带有规律性的做法进行总结、概括和提炼,形成有约束力的制度性条文。启动和执行预案,就是将制度化的内在规定性转为实践中的外化确定性。预案为应急指挥和救援人员在紧急情态下行使权力、实施行动的方式和重点提供了导向,可以降低因突发公共事件的不确定性而失去对关键时机、关键环节的把握,或浪费资源的概率。正如很多从事应急管理的领导人所说:应急预案就是将"无备"转变为"有备","有备未必无患,无备必定有患","预案不是万能的,但没有预案是万万不能的"。鉴于此,国务院在组织预案编制过程中,从明确要求、制定指南,到成立机构、

督促指导,工作十分细致缜密。国务院办公厅专门为制定预案出台了《应急预案编制指南》,要求预案编制要做到"纵向到底、横向到边",纵向贯通行政和各类组织层级,横向覆盖行政和社会层面。在国务院的直接领导和精心指导下,经过几年的努力,全国已制订各级各类应急预案130多万件,涵盖了各类突发公共事件,应急预案之网基本形成。预案修订和完善工作不断加强,动态管理制度初步建立。预案编制工作加快向社区、农村和各类企事业单位深入推进。地方和部门联合、专业力量和社会组织共同参与的应急演练有序开展。应急预案体系的建立,为应对突发公共事件发挥了极为重要的基础性作用。

(二) 应急管理体系中的体制建设

应急管理体制,主要是指应急指挥机构、社会动员体系、领导责任制度、专业救援队伍和专家咨询队伍等组成部分。

政府应急管理体制的基本要求是整合化。[①] 重点要解决三个问题:一是要明确指挥关系,建立一个规格高、有权威的应急指挥机构,合理划分各相关机构的职责,明确指挥机构和应急管理各相关机构之间的纵向关系以及各应急管理机构之间的横向关系;二是要明确管理职能,科学设定一整套应急管理响应的程序,形成运转高效、反应快速、规范有序的突发公共事件行动功能体系;三是要明确管理责任,按照权责对等原则,通过组织整合、资源整合、信息整合和行动整合,形成政府应急管理的统一责任。[②]

我国应急管理体制按照统一领导、综合协调、分类管理、分级负责、属地管理为主的原则建立。目前,已初步形成了以中央政府坚强领导,有关部门和地方各级政府各负其责,社会组织和人民群众广泛参与的应急管理体制。从机构设置看,既有中央级的非常设应急指挥机构和常设办事机构,又有地方政府对应的各级应急指挥机构。县级以上地方各级人民政府设立了由本

---

① 张成福:《公共突发公共事件管理:全面整合的模式与中国的战略选择》,《中国行政管理》2003年第7期。

② 高小平:《综合化:政府应急管理体制改革的方向》,《行政论坛》2007年第2期,《新华文摘》2007年第13期。

级人民政府主要负责人、相关部门负责人、驻当地中国人民解放军和中国人民武装警察部队有关负责人组成的突发公共事件应急指挥机构;根据实际需要,设立了相关突发公共事件应急指挥机构,组织、协调、指挥突发公共事件应对工作;建立了志愿者制度,有序组织各类社会组织和人民群众参与到应急管理中去。从职能配置看,应急管理机构在法律意义上明确了在常态下编制规划和预案、统筹推进建设、配置各种资源、组织开展演练、排查风险源的职能,规定了在突发公共事件中采取措施、实施步骤的权限,给予政府及有关部门"一揽子授权"。政府在突发公共事件中职能"缺位"问题正在得到解决。从人员配备看,既有负责日常管理的从中央到地方的各级行政人员和专司救援的队伍,又有高校和科研单位的专家。例如,2008 年 5 月12 日汶川特大地震发生后,党中央、国务院先后成立抗震救灾总指挥部和四川前方指挥部,全面负责组织指挥抗震救灾工作,各级政府和有关方面应急管理机构也迅速行动,成为抗震救灾工作的坚强领导和高效指挥中枢,充分发挥了应急管理体制的作用。

(三)应急管理体系中的机制建设

应急管理机制是行政管理组织体系在遇到突发公共事件后有效运转的机理性制度。应急管理机制是为积极发挥体制作用服务的,同时又与体制有着相辅相成的关系,建立统一指挥、反应灵敏、功能齐全、协调有力、运转高效的应急管理机制,既可以促进应急管理体制的健全和有效运转,也可以弥补体制存在的不足。经过几年的实践努力,我国初步建立了应急监测预警机制、信息沟通机制、应急决策和协调机制、分级负责与响应机制、社会动员机制、应急资源配置与征用机制、奖惩机制、社会治安综合治理机制、城乡社区管理机制、政府与公众联动机制、国际协调机制等应急机制。另外,特别针对薄弱环节,有针对性地加强机制建设。如以往在信息披露和公众参与方面存在缺失,四川汶川地震发生后,党和政府注意发挥信息发布机制和志愿者机制的作用,主动向社会发布灾情报告,举行记者招待会或以其他形式与社会直接面对面沟通,大量媒体记者包括境外媒体记者被允许进入灾区进行采访和报道,增强了政府信息公开的时效性与权威性,避免了谣言的传播,有效引导了舆论导向,稳定了人心。① 又如,在突发公共事件中,关于怎样开展与国际社会合作的经验以前并不多,经过近几年实践摸索,建立了减灾国际协作机制,在特大灾害中邀请有丰富经验的外国和境外救援人员参与救灾。同时,我国在建立应急管理机制的过程中还与探索建立绩效评估、行政问责制度相结合,已形成了灾害评估、官员问责等一些成功实践范例。

除此之外,我国在培育应急管理机制时,重视应急管理工作平台建设。国务院制定了"十一五"期间应急平台建设规划并启动了这一工程,公共安全监测监控、预测预警、指挥决策与处置等核心技术难关已经基本攻克,国家统一指挥、功能齐全、先进可靠、反应灵敏、实用高效的公共安全应急体系技术平台正在加快建设步伐,为构建一体化、准确、快速应急决策指挥和工作系统提供支撑和保障。

(四)应急管理体系中的法制建设

法律手段是应对突发公共事件最基本、最主要的手段。应急管理法制建设,就是依法开展应急工作,努力使突发公共事件的应急处置走向规范化、制度化和法制化轨道,使政府和公民在突发公共事件中明确权利、义务,使政府得到高度授权,维护国家利益和公共利益,使公民基本权益得到最大限度的保护。应急法制建设注意通过对实践的总结,促进法律、法规和规章的不断完善。

目前,我国应急管理法律体系基本形成。现有突发公共事件应对的法律35件、行政法规37件、部门规章55件,有关法规性文件111件。这些法律、法规、规章和法规性文件内容涉及也比较全面,既有综合管理和指导性规定,又有针对地方政府的硬性要求。2007年8月30日全国人大常委会通过、2007年11月1日起正式实行的《中华人民共和国突发公共事件应对法》,是我国应急管理领域的一部基本法,该法的制定和实施成为应急管理法治化的标志。

---

① 吴忠民:《汶川抗震救灾的新特点》,《中国党政干部论坛》2008年第6期。

在"一案三制"中,法制是基础和归宿。应急管理法制的确立,表明我国应急管理框架的形成。2008 年在全国人大会议上国务院郑重宣布:"全国应急管理体系基本建立。"①

总的来说,我国"一案三制"在应对重大突发公共事件中发挥了重要作用,经受住了实践的检验,受到了世界舆论高度评价。国际应急管理学会主席哈拉尔德·德拉格在评价中国地震救灾工作时指出,"中国政府抗灾减灾工作非常出色。"②

三、我国应急管理体系建设的特点和经验

我国应急管理体系建设立足国情,坚持整体推进,注重与行政管理体制改革相结合,与公共政策优化相结合,与政府管理方式创新相结合,与法治政府建设相结合。

(一)应急管理体系建设注重整体性

从国外政府建设应急管理体系的做法来看,多数国家是在遇到某类重大突发公共事件后,有针对性地加强某一方面的机构和职能,"兵来将挡,水来土掩",经过几十年、上百年、甚至数百年的积累,发达国家逐步形成了今天这样比较完善的应急管理体系。而我国的应急管理体系建设实践比较短,按什么样的思路来推进应急管理体系建设,实现我国社会主义应急管理体系建设的高起点、跨越式、可持续发展,是抗击"非典"疫情取得胜利后,我国必须确定的重大方向性问题。

当前,我国正处于城市化进程提速、经济增长和对外联系不断扩大的"发展黄金期",同时又处于社会关系和利益结构发生重大变化的"亚稳定期",因此,在自然领域和社会生活中都面临许多新的矛盾,导致突发公共事件具有形成速度快、发展范围大和易产生倍增效应等特点。与以往处理人与自然、人与社会的矛盾相比,这一时期的突发公共事件有更大的危害

---

① 温家宝:《政府工作报告》,《人民日报》2008 年 3 月 6 日。
② 《国际应急管理协会主席:中国抗震救灾非常出色》,http://finance.sina.com.cn/hy/20080528/18284920875.shtml。

性,应对难度倍增。这一现实国情凸现了对建立健全有别于一般公共管理规律的突发公共事件应急管理体系的必要性和重要性。因此,忽视应急管理体系建设,必将危及我国经济社会的协调发展和经济增长的可持续性,而忽视从总体上加强应急管理,只注重零零星星、支离破碎地进行某些修复,同样于事无补,不能为我国改革发展稳定的大局提供有力的支撑。

党中央、国务院按照科学发展观的要求,借鉴国际经验,结合我国国情,挺立时代潮头,运用系统理论、战略思维、集思广益、科学决策,提出"一案三制"的宏大构想,整体优化系统结构和功能,从而大幅度提高了应急管理能力。实践证明,"一案三制"这个应急管理体系的"顶层设计",具有高屋建瓴、总揽全局的重大意义。

"一案三制"是一个结构与功能高位整合的系统。在这个系统中,要分析突发公共事件的潜伏、发生、发展等自然过程;要借鉴国际国内应急管理经验,建立有效应对突发公共事件所采取的预测、预警、预防、控制、处置、恢复等应急管理工程;要研究从制度建设、物质建设和文化建设结合上构建应急管理的框架、结构、方法;要突出政府在应急管理中的责任,使各级政府更加积极主动地应对各类突发公共事件的挑战,提高党的执政能力和政府的执行力;要提高全社会的突发公共事件意识和应急能力。这一构架集中了现代突发公共事件管理理论研究的最新成果,体现了突发公共事件生命周期研究、组织理论研究、行为分析研究、案例研究等前沿探索的多项重要原则。①

应急管理体系在我国社会主义制度条件下,尤有意义、尤为可贵。社会主义具有集中力量办大事的优越性,能在突发公共事件高压状态下快速形成巨大的战斗力和号召力,能有效调动各方资源和各部门以及公民的积极性充分参与到应对突发公共事件的过程中去。但这种短时间内调动大量资源的体制和做法,也存在很大的负面作用。一是容易出现应急过激反应现象,造成浪费,"只算政治账,不算经济账";二是容易产生多个应急部门各

---

① 高小平、侯丽岩:《突发公共事件管理方法论初探》,《中国行政管理》2005 年第 5 期。

自为政,协调困难的现象;三是容易形成地区资源分配不均或有的单位个体消耗过度的问题。这都会使应急效果大打折扣。而在"一案三制"的框架内,通过制度供给的约束和平衡,有助于消除集中资源时的盲目性,如应急联动机制要求部门之间形成协同关系,可以减少有些部门消极或有些部门过度扩张,使行政人员主动性和能动性得到充分发挥。汶川特大地震后,党中央果断决策,国务院靠前指挥,灾区各级党委和政府沉着应对,广大干部群众万众一心、团结奋斗,各省区市对口支援,全国乃至全球无私捐助,志愿者广泛参与,取得了抗震救灾工作的重大阶段性胜利。

(二)应急管理体系建设与行政管理体制改革相结合

我国推进应急管理体系建设,是在加快和深化行政管理体制改革、建设比较完善的社会主义行政管理体制的背景下进行的。2003 年以前,行政管理体制改革的重点是革除体制中不适应社会主义市场经济的因素,主要是做"减法"。2003 年后,政府职能转变进入了一个新阶段,即既做"减法",更做"加法",加强政府社会管理和公共服务职能。近几年来,我国政府不断强化社会管理和公共服务职能,逐渐从计划经济条件下的管制型政府向适应社会主义市场经济、社会主义民主政治、社会主义和谐社会建设的服务型政府转变,对应急管理的重视成为加强社会管理和公共服务职能的有效措施,充实和完善了政府管理职能,保证了改革、发展、稳定各项政策的贯彻落实,维护了经济社会的正常秩序。同时,应急管理体系建设与转变政府职能的有机结合,也大大增加了国家加强应急管理的动力,增加了行政管理体制的协调性。

(三)应急管理体系建设与公共政策优化相结合

我国通过创新公共政策,推动应急管理体系建设,也走出了新路子,不仅使应急管理工作得到有力的政策支撑,而且有助于从整体上实现政府决策科学化、高效化。一是运用公共政策调整应急管理力度。近五年来,中央制定了一系列居安思危、预防为主、预防与处置并重的政策。围绕加强政府应急管理职能,每年出台若干项政策,重点解决几个有条件解决的问题,滚动部署。如:2004 年,重点围绕应急预案编制,推动突发公共事件预防工作开展;2005年,推进社会预警体系和应急救援、社会动员机制建设,加强应急管理体制建设;2006年,全面加强应急能力建设,促进应急管理工作步入正规化、系统化的轨道,重视培训、演练和科普宣教工作;2007年,应急管理工作进基层,将应急管理工作纳入干部政绩考核体系,重点加强企业应急管理工作,建立专兼结合的基层综合应急队伍,逐步推进各个层面的工作和整个应急体系建设,各地各部门狠抓落实,并结合实际细化工作部署,制定了相应的配套措施。① 二是发挥公共政策规划对应急管理体系建设的引导作用。国家相继制定了《"十一五"期间国家突发公共事件应急体系建设规划》、《安全生产"十一五"规划》《国家综合减灾"十一五"规划》《国家防震减灾规划》《全国山洪灾害防治规划》《地质灾害防治规划》《全国森林防火中长期发展规划》《气象防灾减灾规划》《三峡地区地质灾害防治规划》《七大流域防洪规划》等相关规划,对应急管理建设内容提出了明确要求和指南。三是提高政策制定的科学化水平和强调政府的执行力。在时间维度上,强化政策过程的作用,强调应急管理是对突发公共事件事前、事发、事中、事后全过程的管理;在空间维度上,促进政策集群的形成,强调建立不同政策之间的有机联系渠道,形成政策的扩散作用,将政府常态政策与应急政策相互配套、相互促进。由此,形成比较完整的"政策过程链"和"政策群",提高了科学决策和顺畅执行的能力。如国务院将《国家汶川地震灾后恢复重建总体规划(公开征求意见稿)》全文公布,向社会征求意见,欢迎国内外各界人士,特别是灾区广大干部群众提出意见和建议,以便进一步完善。充分体现了政府决策科学化、民主化程度的提高。

(四)应急管理体系建设与政府管理方式创新相结合

政府管理和服务创新,是指政府组织对结构流程、行为方式的改进,探寻和建立合理的政府运转模式,从而确保社会资源能够得到最优化配置,确保最大程度地实现公共利益。把应急管理体系建设与加快推进政府管理创新结合起来,就是寓应急管理于服务型政府建设中,在连续性的管理和服务

---

① 华建敏:《在贯彻实施突发公共事件应对法会议上的讲话(2007年11月13日)》。

发生中断的情况下,通过应急系统实现政府工作的连接,提高政府适应外在环境变化的能力。这既符合应急管理的内在规律,又适应行政管理创新要求,有助于全面提高行政效能。北京市东城区首创的万米单元网格化城市管理方式,就是从突发公共事件预防、管理和处置的全过程设计的一种模式,建成后对日常行政管理同样发挥了积极的作用。他们将全区 25.38 平方公里的范围每 1 万平方米面积为一个独立的管理单元,划分为 1652 个网格,按照功能区划,将 6 大类 56 种城市部件和 7 大类 33 种城市事件问题都赋予 8 位代码,实施市政全面管理,凡是与居民生活有关的问题,如井盖丢失、公共设施损坏、垃圾渣土堆集、占道经营、无照游商、小广告、群体事件等,都有流动巡视的监督员通过配备的'城管通',通过城市管理特别服务号,第一时间、第一现场将城市管理问题的各类信息及时发送到监督中心,迅速予以解决。现在北京各区县、全国 60 多个城市(区)推广这套系统。在国际上也引起关注,法国、美国、加拿大、印度等国家的专家和政府官员前来参观。法国政府信息化顾问达尼埃尔·白尔纳先生说,北京市东城区城管新模式非常有意义,对法国政府在行政管理、信息化以及网络化建设等方面带来启发。[①] 2005 年 5 月,在美国举办的微软全球移动应用开发合作伙伴大会上,比尔·盖茨特意介绍了中国北京市东城区政府运用移动应用技术支持政府办公的业绩,并称赞这种城市管理新模式是一项"世界级案例"![②] 再比如,我国在遭遇特大台风、地震等突发公共事件中将大量受灾人群迅速转移;党政机关干部和广大公务员冲在抗灾第一线,领导干部亲赴一线督战指导,亲历亲为;在救灾工作中特事特办,简化流程;很多地方开展平安社区建设、建立安全信息员制度,等等,都凸显了政府管理方式的创新和工作作风的转变。

---

① 陈红梅:《北京东城区首创网格化管理系统被全国 51 城市采用》,《北京日报》2008 年 5 月 28 日。

② 《北京网格化管理:盖茨称赞的"世界级案例"》,http://www.chinabyte.com/info/482/2028482.shtml。

（五）应急管理体系建设与法治政府建设相结合

应急管理法制化是法治政府建设的必然要求。我国在建设法治政府的过程中把应急法制体系作为重要组成部分。长期以来,我国法学界和实务界对行政应急性原则在行政法律制度建设中的应有地位和作用重视不够,制约了应急法制建设,也成为建设法治政府的"瓶颈"。应急管理作为特殊状态下的一种管理,必须做到有法可依、有法必依、执法必严、违法必究。就"非典"事件的前期来看,由于当时缺乏相关的法律法规,造成突发公共事件状态下权力运行的失序。2003 年 5 月,国务院用 18 天时间出台了《突发公共卫生事件应急条例》,包括预防与应急准备、报告和信息发布、应急处置、法律责任等相关内容,虽然现在看来并不完备,多以原则性的描述和约束为主,但法规的出台还是给抗击"非典"工作提供了行动依据,增强了政府行为的合法性。2004 年,国务院颁布的《全面推进依法行政实施纲要》提出:"建立健全各种预警和应急机制,提高政府应对突发公共事件和风险的能力,妥善处理各种突发公共事件,维持正常的社会秩序,保护国家、集体和个人利益不受侵犯。"[1]将应急管理全面纳入依法行政领域。2008 年汶川大地震后,国务院仅用 5 天时间就出台了《汶川地震灾后恢复重建条例》。[2]这些都体现了国家运用法治力量加强应急管理和应急管理法治化的魄力和能力。

四、进一步完善应急管理体系

我国应急管理体系建设的伟大成就,是进一步完善应急管理体系的一面镜子。经验和教训往往如同一个钱币的两面。总结和提炼经验越是深刻、到位,发现不足和思考改进就可以越深入、准确。面对现代社会突发公共事件呈现高度复合型的趋势,也暴露出我国应急管理还存在不少需要进一步加强的地方。进一步发展和完善我国应急管理体系的基本思路是:综

---

① 《国务院关于印发全面推进依法行政实施纲要的通知》,《人民日报》2004 年 4 月 21 日。
② 吴兢、刘晓鹏:《我国应急法制灾后加快"补漏"》,《人民日报》2008 年 7 月 16 日。

合化、系统化、专业化、协同化、规范化。

（一）根据综合化要求完善应急预案体系

《国家突发公共事件总体应急预案》规定，"根据实际情况的变化，及时修订本预案"。国务院办公厅颁布的《国务院有关部门和单位制定和修订突发公共事件应急预案框架指南》规定，"每一次重大突发公共事件发生后，都要进行预案的重新评估和修订"。在应对重大突发公共事件实践中，应急预案还存在不完善的地方。如，有的应急预案操作性不强，上下"一般粗"，有的基层应急预案缺乏细节规定和执行主体的规定；有的预案的部门色彩重，一个应急预案与另一个预案上下左右"不对接"，部门之间、部门和地方政府之间连接还显得不够紧密，预案的统筹作用发挥不出来；对特别重大的突发公共事件预案考虑不够周密，"顶端"事件缺乏有针对性的预案，等等。面对应急预案中普遍存在的这些问题，应该按照综合化的要求，进一步增强预案的全面性、科学性、针对性和操作性。

（二）运用综合化、系统化思维改进分类、分级管理

我国将突发公共事件分为自然灾害、事故灾难、公共卫生事件和社会安全事件四大类，有其科学依据。这样分类，有助于了解相关性强的突发公共事件所具备的共同性质，有助于把握应急管理的规律和应对的重点。如自然灾害类应急管理的重点是提高预报水平，增强预警能力，增加物资储备，提高救助力度；事故灾难类应急管理的重点是加强各级政府对安全生产管理的责任制，增强救援的能力和科学化程度；公共卫生类应急管理的重点是加强预防，做好防疫工作，提高信息报告的准确性和及时性；社会安全类应急管理的重点是正确处理人民内部矛盾，及时化解社会风险、果断处置群体性骚乱。但是，突发公共事件的分类是相对的，实际上，自然现象和社会现象、自然规律和社会规律，在许多时候是交织在一起的，特别是极端性自然灾害往往产生突发公共事件的衍生效应，放大灾情，在制定预案和实施应急管理时，如果过分强调分类，就可能影响对突发公共事件复合性的认知，降

低救灾的系统性程度,束缚机动能力的发挥。① 我们在抗洪中能调动百万雄师,而在雪灾和汶川地震都遇到了道路不通的困难,大大影响了救援的效率。这就需要充分做好应对更加复杂的现代复合型突发公共事件的思想和制度准备、人力和物力准备。

我国在制定应急预案和实施应急响应时按照社会危害程度、可控性和影响范围等因素,将突发公共事件分为四级,即特别重大、重大、较大和一般,明确了不同类别突发公共事件每级的量的递进式规定性,这对于处置在一定界限内的突发公共事件,具有易于把握峰值、有效配置应急资源的优点,有很强的实用价值。同样,应对突发公共事件的分级也是相对的,我们在设定分级中,强调量的渐进性偏多,而对质的分界把握不够。国家专项预案《国家地震应急预案》规定:"发生特别重大地震灾害,经国务院批准,由平时领导和指挥调度防震减灾工作的国务院防震减灾工作联席会议,转为国务院抗震救灾指挥部,统一领导、指挥和协调地震应急与救灾工作。国务院抗震救灾指挥部办公室设在中国地震局。""特别重大地震灾害,是指造成300人以上死亡,或直接经济损失占该省(区、市)上年国内生产总值1%以上的地震;发生在人口较密集地区7.0级以上地震"。② 我国应急管理分级,在特别重大级中,未进行细分,只有下限的量的规定,没有上限,"上不封顶",难以适应在特别重大级中处于顶级的应急之需。面对"巨灾",在应急管理体制和机制上都应该有很大的不同,要有更多的灵活性和更大的"张力"。因此,需要对突发公共事件的分级作新的认识和进一步的界定。

(三)按照综合化、系统化、专业化要求进一步推进应急管理体制建设

党的十七届二中全会通过的《关于深化行政管理体制改革的意见》指出,"按照精简统一效能的原则和决策权、执行权、监督权既相互制约又相互协调的要求,紧紧围绕职能转变和理顺职责关系,进一步优化政府组织结构,规范机构设置,探索实行职能有机统一的大部门体制"。应急管理机构

---

① 莫于川:《从抗震救灾实践看我国公共应急法制的保障作用和完善路径》,《中国应急管理》2008年第6期。

② 见《中国政府网》,应急管理专栏,www.gov.cn。

设置也需要按照"大部制"的总体要求,进一步加强应急管理体制的整合和专业化建设。一是建议改变以往遇事再建立临时性机构的做法,建立常设的国家应急管理委员会,作为中央政府应对特别重大突发公共事件的指挥机构,可在国务院办公厅设该委员会的办公室。二是把目前仍然分散在各部门的应急管理职能加以整合,将公安、民政、水利、交通、安全生产监管、地震、气象等部门中的应急决策、指挥和协调职能集中起来,成立国家应急管理部(或署),成为专门管理突发公共事件预防、处置的综合性专业部门,进入政府序列;同时,根据突发公共事件分类的特点及管理的重点,依托现有部门,建立和充实应急救援队伍。

(四)按照综合化、系统化、专业化、协同化要求完善应急管理机制

我国应急管理机制还存在着外部协调性差、民间自发性强、预测预警能力低等问题。理顺中央和地方、基层三个方面在应对突发公共事件中的关系,理顺应急指挥和实施部门的关系,理顺高层决策和属地管理的关系,理顺综合应急部门和专业机构的关系,建立信息统一、管理对接、资源共享、协同有力的应急管理机制,调动各方面应急管理的积极性,是当务之急。另外,将多个部门管理的应急资源按类别适度整合到几个部门管理,并设计以一个部门为主、有关部门配合的机制,也应引起重视。突发公共事件预测预警的信息汇总和研判机制,媒体信息发布机制,国际合作机制,志愿者有序参与机制,突发公共事件影响评估、应急能力评估、应急管理绩效评估,也需要进一步加强。

(五)按照综合化、系统化、专业化、协同化、规范化要求完善应急管理法制

《突发事件应对法》实施时间尚短,不宜仓促修改,可先以"补"代"修",制定实施细则,以后待条件成熟再进行修法。鼓励地方和部门出台《突发事件应对法》的实施性规范,在可能的立法空间之内尽量弥补该法存在的不足。实施性文件要重点解决突发公共事件应对的程序性规范,明确各级政府实施应急管理的步骤、过程和方式,弥补"重实体、轻程序"的缺陷,并就《突发事件应对法》已有涉及但尚不完善的制度给予补充,如在现有财产征用补偿的基础上,补充对财产限制的补偿规定,以及对非财产性利益征用的补偿规定;对社会多元治理结构的法制框架、志愿者参与应急工作的组织化和专业培训问题,作出规定。《突发事件应对法》中对应急管理的预案管理,分类、分级、分阶段应对的规定,应急关口前移、重心下移等重要原则,都是法律总结的宝贵经验,也是经过实践检验得到证实的规律性认识,必须坚决执行,做到有法必依、执法必严。

　　一部文明史,就是人类不断应对并战胜各种挑战和突发公共事件的历史。人类社会正是经受了一次次突发公共事件与灾难的历练,才走到现代化的今天。建立和发展"一案三制",使我国应急管理体系建设不断得到推进,应急管理工作步入有力、有序、有效和良性循环的轨道。随着我们在实践中学习研究的不断深入,应急管理水平一定会有新的提高,应急管理体系建设将逐渐趋向成熟,我国的应急管理事业必将取得更大的成就。

第七章 服务型政府的电子政务

建设服务型政府,必须要有与之相配套的电子政务新框架。面向服务型政府的电子政务,是以社会需求为中心,以优化行政流程为导向,以服务为出发点和最终目的,帮助企业、公众、社会组织等快速、有效地处理各种事务。为达到这种目的,电子政务就需要整合原本分散的资源、整合原本分散在各部门的彼此孤立的业务活动,形成顺畅、严密、高效、简便的服务流程,并在信息化技术的支持下,为社会提供跨部门、跨地域、一站式、透明的服务。

第一节 电子政务基本概念

电子政务是信息技术发展成果和政府改革相结合的结果,是指信息化与政府履行职能的有机结合。电子政务的概念包含四层含义:一是全面履行政府职能离不开信息化;二是电子政务建设要整体规划、统一实施;三是政府各个领域要广泛应用现代信息技术;四是电子政务是一个不断发展的过程。

一、电子政务的核心概念

电子政务核心概念包括两个:其一是"电子",是指政务运行方式发生的根本性变化,政务必须借助于电子信息和数字网络技术,离不开信息基础设施和相关软件技术的发展;其二是"政务",是指政府的管理和服务业务是电子政务的工作对象,借助"电子"改造优化业务流程,提高政府效率和效能,提高对外部环境的适应性和政府内部运行的协调性。

电子政务的核心是,政府运用现代网络通信与计算机技术,将其内部和外部管理和服务职能通过精简、优化、整合、重组后到网上实现,打破时间、空间以及部门分隔的制约,为社会公众以及自身提供一体化的高效、优质、廉洁的管理和服务。从政府业务角度讲,它是现有的政府机构在开展电子政务过程中,通过对现有的政府组织结构和工作流程进行优化重组之后实现的。

二、电子政务的本质

电子政务本质是一种管理创新的过程,是数字化形态的政务改革实践。电子政务的提出意味着新形态的改革的开始。所谓新形态的改革,指的是通过现代信息化技术推动的政府管理创新。需要强调的是,计算机网络化系统不仅提供了满足政府管理创新的几乎全部的技术手段,而且提供了开发实现政务新需求的巨大舞台,使管理结构的调整和人们创意的发挥具备了现实的可能。在这种认识基础上,电子政务显然是一种全局性的新形态的改革过程。

第二节 电子政务业务框架

面向服务型政府的电子政务业务框架是适应信息化发展趋势,以全面支撑政府职能履行为目标,对电子政务的业务功能进行规划和设计。

一、建立电子政务业务框架的要素

电子政务业务框架反映了信息化条件下政府履行职能的整体需求,是构建既符合信息化要求又符合政府职能履行要求的电子政务系统的关键环节,对于全面深化电子政务应用、促进电子政务与政府管理改革结合、提升电子政务自身的管理水平等有直接指导和支撑作用,这在发达国家已经成为共识。欧美、日韩等国都有成功开发和运用电子政务业务框架的实践。

电子政务业务线是构建电子政务业务域框架的基础构件,它是根据政府服务或管理功能,梳理政府核心业务,进行优化和重组的基础上形成的。

政府核心业务是指工作流程相对稳定、信息密集、实时性强且与政府核心职能履行相关的业务,如行政许可事项、行政执法业务事项、监督管理业务事项等重点业务事项。

二、电子政务业务域

电子政务业务域是按照服务和管理对象为中心原则,从有利于服务和管理目标实现、有利于跨部门业务协同、有利于信息资源整合和共享的角度,对业务线进行归类所形成的业务线组。

电子政务业务框架本质上是一个由业务域、业务线和核心业务组成阶梯式结构,其中业务域在最上层,其次是业务线层和核心业务层。

每个业务线是一个由若干相关联核心业务的集合。这些核心业务代表了电子政务业务线实现或支撑的政府特定核心业务(业务事项或服务项目)。构成业务线的各核心业务的关联关系主要根据以下条件来确定:

1. 具有相同或类似服务对象;

2. 业务流程相同或实施方式类似;

3. 业务过程中涉及的主要信息相同或基本是全流程共享;

4. 在优化业务流程、实现"端对端"服务或"一体化"服务时,有上下游关系、互补或较多协同的关系。

如果两个核心业务符合上述 1 个或多个条件,则可以列入同一个业务线中。业务线的组建既要考虑核心业务的关联关系,同时还要遵循中央关于深化行政管理体制改革"权责一致、分工合理、决策科学、执行顺畅、监督有力"的原则,符合依法行政的要求,满足决策、执行、监督分离的规定。

业务框架是从信息化角度对电子政务支撑政府职能履行的整体描述,核心是业务线模型构建。业务线模型包括信息化模型、功能模型等,不涉及具体业务执行部门,在一定时期内相对稳定,其具体内涵将随着政府职能转变和信息化发展而动态变化。

第三节 电子政务业务框架设计

我们以北京市电子政务业务框架设计为例,说明服务型政府电子政务业务框架设计的指导思想、要求和主要内容。

一、电子政务业务框架设计要求

北京市电子政务业务框架设计的总体要求是:以科学发展观为指导,符合电子政务新时期新的使命、职责和内涵,符合北京经济社会发展和服务型政府建设对电子政务的新要求,体现信息化条件下城市政府履行职责的方式和特点,符合"服务对象为中心、流程优化为主线"的基本原则,指导电子政务规划的编制、资源整合和业务协同方案的制定,促进电子政务与行政管理体制改革的融合,促进国家电子政务总体框架的贯彻落实,推动政府职能转变,实现统一政府信息空间下管理与服务密切结合、管理水平显著提高、服务能力显著增强,走"服务导向、业务驱动"的电子政务新型发展道路。

北京市电子政务业务框架具体要在以下方面发挥作用:

1. 支撑北京市政府职能机构的顶层设计,降低行政管理体制改革风险。

2. 促进政府由自我服务转向服务公众,提高政府服务能力和管理水平。

3. 指导市级委办局和区县政府开展业务梳理、流程优化和应用整合。

4. 指导开发政府通用业务构件,规范政府业务操作;从业务角度从根本上改善电子政务应用系统的安全性;指导系统升级改造,聚焦核心业务流程,规模化采购,降低电子政务系统开发成本。

二、电子政务业务框架设计原则

北京市电子政务业务框架设计的基本原则是:以政府行政管理体制改革总体规划为指导,紧紧围绕北京城市发展和打造服务型政府的重大需求,针对城市政府履行职责的方式和特点,以促进政府职能转变、提高行政效率、推进政务公开为主线,以全面建设网络化公共服务和信息化城市管理为突破口,在充分体现政府"经济调节、市场监管、社会管理、公共服务"职能内涵的前提下,借鉴国内外电子政务成功经验和先进方法,凝聚首都科技资源,集成北京市电子政务多年研究成果,在政府业务流程再造的基础上,整体规划北京市电子政务的"业务领域"和"业务线",构建适应信息化时代要求的北京市电子政务业务框架,实现面向业务线的应用集成,面向业务域的系统整合。

三、电子政务业务框架主要内容

根据服务型政府建设的总体需求,结合北京城市管理的特点,北京市电子政务业务职能目标是:公共服务、城市管理支撑和政府管理支撑等三方面的内容。

根据北京市电子政务业务职能目标,结合政府业务领域的设置,北京市电子政务包括个人基本服务、法人基本服务、经济社会服务、城市运行管理、政府运行管理等5个业务域。

北京市电子政务业务域模型包括5个业务域、32个业务线:

1. 个人基本服务业务域:包括面向个人就业、教育、社会保障、医疗等基本公共服务业务线。

2. 法人基本服务业务域:包括面向企业登记、经营、科技开发等基本公共服务业务线。

3. 经济社会服务业务域:包括面向经济社会发展、经济运行、市场监督、文化、社会事务等业务线。

4. 城市运行管理业务域:包括面向城市运行管理的城市规划、建设、交通、市政、应急等业务线。

5. 政府运行管理业务域:包括面向政府行政办公、人力资源、资产、信息资源、网络和信息安全等业务线。

依据电子政务业务范围,确定电子政务职能目标,结合北京市电子政务发展现状和已有应用系统建设情况,设计应用系统集成和系统资源整合基本实现路径表:

业务范围	职能目标	应用集成路径	系统整合路径
公共服务	**电子化公共服务体系:** 1. 丰富内容、扩大供给; 2. 延伸基础、推动均等; 3. 实现互动、创新机制。	**集成:** 1. 面向个人; 2. 面向法人; 3. 面向基础。	**整合:** 1. 网站服务系统; 2. 城市管理系统; 3. 网上审批系统 4. 行政大厅业务系统。
城市运行支撑	**信息化城市管理体系:** 1. 管理可视:社会、经济、市场、城市运行; 2. 流程可控:应急管理; 3. 结果可考:科学管理	**集成:** 1. 面向对象; 2. 面向过程; 3. 面向职责。	**整合:** 1. 社会综合管理; 2. 经济监测与预警; 3. 市场综合监管; 4. 城市运行与应急。
政府运行支撑	**统一的政府信息空间:** 1. 基础信息:规范采集; 监督质量; 2. 跨部门共享信息:明确职责和共享机制; 3. 专业信息:统一标准; 4. 政府运行:透明公开; 5. 基础设施:统一管理。	**集成:** 1. 人口管理 2. 法人管理 3. 空间管理 4. 经济社会 5. 政府运行管理	**整合:** 1. 统一网络服务; 2. 统一安全服务 3. 统一交换服务 4. 统一信息质量; 5. 完善规则体系和组织体制;强化全流程管理;绩效考核。

　　我国面向居民的政府服务主要由区级以下提供,以街道办事处为主,以社区为辅助。由于部分服务需要面对面提供,考虑到个人网上身份认证不普及以及部分居民信息能力不强等实际情况,服务渠道应以面对面的窗口服务为主,以互联网在线服务为辅。面向企业的政府服务主要由区级政府部门及其下属的站、队所提供。考虑到企业办事频率较高、工作人员信息能力较强、推广数字证书条件成熟等外部环境,服务渠道方面应逐步收缩窗口服务,减少服务层级,以互联网在线方式为主要服务渠道。

第八章 服务型政府的法治框架和制度建设

　　法治是服务型政府的基本理念和内在要求,法治政府是建设服务型政府的基本目标,也是服务型政府建设的前提和基础。构建服务型政府的法治框架就是要在树立法治理念、坚持法治政府建设目标的基础上,大力推进和完善依法行政,促进政府职能的法治化、政府组织机构的法治化、政府行为的法治化和政府责任的法治化。在服务型政府建设所涉及的理念、职能、组织和行为等方方面面的复杂系统中,法治具有根本性、全局性、长远性的作用,不论是服务型政府理念的树立、职能的定位和组织的架构,还是服务型政府过程和行为的规范都需要加强相关的具体制度建设。这些制度,既包括信息公开、民主参与、公平竞争的激励制度和从决策、执行、监督到评价的保障制度,也包括从法律、法规到意识形态、社会心理和风俗习惯等一系列的正式和非正式的制度。

第一节 服务型政府的法治基础

　　建设服务型政府必须以政府的法治化为价值内涵和以建设法治政府为目标取向,这是服务型政府的基本要求。如何推进法治化的服务型政府建设,理念上要坚持法治的原则和要求,制度上要以建设法治政府作为法治化建设的目标,实践上要以全面推进依法行政为核心和基础。

一、法治的概念

(一) 法治及由来

法治具有多个层面的解释。古希腊哲学家亚里士多德认为法治的含义是制定良好的法律得到普遍的服从。当今对法治的解读又可以在不同层面上展开,其一,法治是指国家和社会在宏观上的一种治国方略。即以法律作为社会控制的主要手段来治理国家,依法治国之谓也(rule by law)。其二,法治是指一种理性的办事原则。社会组织和个人都要按既定的法律规则进行活动,受之约束(rule of law)。即强调以法律来统治,并且只能是由合乎自然正义、维护人类基本权利和自由的法律来统治,而绝不是统治者依据作为自己意志的法律来统治。一切人定的法律都必须服从于来自自然法的根本法律原则,而且不因时间和场合而转移,不可剥夺人天赋的基本权利。英国作为法治理念的起源地和法治实践的先行者,很早就确立了"国王在万人之上而在上帝和法律之下","国家本身并不能创造或制定法律,当然也不能够废除法律或违反法律"的法治理念。法治与人治的界限是:当法律与当权者的个人意志发生冲突时,是法律的权威高于个人意志,还是个人意志凌驾于法律之上。因为法律的保护,一个穷困潦倒的农民可以得意洋洋的宣布,不欢迎国王进入他那即使已摇摇欲坠的房屋。正所谓:"风能进,雨能进,国王不能进。"法治区别于人治,就在于反对绝对的权力——国王或皇帝不受任何约束,可以为所欲为,任何琼楼玉宇、华堂豪宅,风不能进,雨不能进,国王的军队、独裁者的卫兵可以进。其三,法治是指一种社会价值目标和社会的理想状态。在这个社会里,法律与国家、政府之间,运用法律来约束国家、政府的权力;法律与人民之间,运用法律来合理地分配利益;法律与社会之间,运用法律来确保社会公共利益不受政府权力和公民权利的侵犯。其四,法治是指一种文明的法律精神,与社会公平正义、自由平等价值相呼应,表现为一整套关于法律、权利和权力问题的原则、观念、价值体系,它体现了人们对于法律的价值需求,成为人民设计制度的价值标准和执行法律的指导思想。①

法治的由来，从历史实践看，法治的形成得益于现实中存在的某种权力平衡，得益于统治者无力集中起绝对的权力及因此出现的多元的权力结构。在中世纪后期的欧洲，特别是在文艺复兴时期，就已经有了法治思想的萌芽。其基本观点是反对统治者的专横行为和专横的立法，主张一切法律都必须由自由选举产生的、代表人民的、作为国家最高权力机关的立法机关来制订，而且这些法律必须合乎自然法的普世原则，即尊重基本的（天赋）人权。1215 年英国议会发布了一个宣言，即大宪章，规定：国王无权剥夺无论一个公民的个人财产和自由的权利——除非经过与那个人有同等地位的人们的同意。约翰王为取得发动战争所需的征税权，在各级贵族的逼迫下不得不签署《大宪章》。《大宪章》列出了许多最主要的公民权利，废除了国王握有法律的权力和国王就是法律的传统，为王权的范围划定了界限。尽管《大宪章》所带来的改革十分有限，但它却标志着法律对专制权力的胜利，使英国变成了一个法治的而非王治的国家，也为法治在近现代的西方社会确立奠定了坚实的法律基础。

从思想渊源上看，法治作为一种法律学说和法律实践，是经过漫长的历史积累逐渐形成的，它来自于特定的法律思想与社会实践的频繁的、积极的互动。法治的思想起源于自然法，得到了盛行的宗教意识形态的支持。根据古希腊、古罗马和基督教的自然法思想，自然法被认为是普遍存在的根本性的法则。亚里士多德把法律看成是"不受欲望影响的理性"，他承认有绝对凌驾于个人意志之上的绝对正义的形而上学，因为他说，"若要求由法律来统治，即是说要求由神祇和理智来统治；若要求由一个个人来统治，便无异于引狼入室。因为人类的情欲如同野兽，虽至圣大贤也会让强烈的情感引入歧途。惟法律拥有理智而免除情欲"②。亚里士多德强调："法治应包含两重意义：已成立的法律获得普遍的服从，而大家所服从的法律又应该本

———————

① 张文显：《法理学》，法律出版社 2004 年版，第 191—193 页。
② ［古希腊］亚里士多德：《政治学》，商务印书馆 1965 年版，第 172 页。

身是制订得良好的法律。"①可以说,这段话已然从逻辑上粗略地勾画出法治的形式要件。后来西塞罗和斯多噶学派把亚里士多德关于法律是理性和正义的体现这一概念加以弘扬,表述成更高的自然法理论。这种自然法是宇宙秩序的产物,可以由人的理性去发现。西塞罗给自然法下的定义是:"真正的法律乃是正确理解的规则,它与自然相吻合,适用于所有的人,是稳定的、恒久的。……要求修改或取消这样的法律是亵渎,限制它的某个方面发生作用是不允许的,完全取消它是不可能的;我们无论以元老院的决议或是人民的决议都不可能摆脱这样的法律。……一种永恒的、不变的法律将适用于所有的民族,适用于各个时代"。② 孟德斯鸠就认为:从最广泛的意义上说,(自然)法是由事物的性质产生出来的必然关系。自然法,就一般意义而言,它指全人类所共同维护的一整套权利或正义。由政府制订的法律不过是人类对这些自然法则的发现,因而是次要性的法律。所以,法治承认人类所制订的法律必须服从于更高的自然法。法治的正当性和必要性来自于这样一个观念:在一切人订的法律之上还有时时处处适用于每个人的普世法律。这意味着一切人订的法律都必须服从于来自自然法的根本法律原则,而且不因时间和场合而转移。

(二)法治的理念、原则和要求

理念是制度设计的先导,理念蕴含在制度设计之中,制度设计体现着理念。服务型政府的法治框架需要在法治理念下进行指导才能保证法治制度的先进性。服务型政府是以公民本位和社会本位为理念的政府,政府权力是用来为人民服务的,因此,服务型政府的法治理念就蕴含着对公民主权的认同,对公民人权的保障,对最高权力机关制定的法律的尊重,对政府权力行使的制约和程序性规范。法治理念可以归纳为以下几个方面:

1. 主权在民。法治的首要意义是主权在民,这规定了国家和政府权力的本源。世界上大多数国家宪法中都要规定国家的权力属于人民来表明公

---

① [古希腊]亚里士多德:《政治学》,商务印书馆1965年版,第202页。
② [古罗马]西塞罗:《论共和国》,王焕生译,中国政法大学出版社1997年版,第120页。

民权利的主体性。在我国,主权在民原则在宪法上体现为"中华人民共和国的一切权力属于人民"。主权在民是现代民主的理论基础和根本原则。这一原则要求宪法和法律应充分体现人民的意志和利益,法治应当以民主政治体制作为基础,并实现民主的法制化和法制的民主化。依照主权在民原则,国家机构应当由公民选举产生,并且通过宪法和一系列基本法律,对国家机关及其工作人员予以授权,并设立权力制约机制和权力行使程序,以防止权力滥用。同时明确列举和规定公民享有什么权利,应尽什么义务,要求国家予以保障。宪法作为现代民主的产物,其主要任务就是规制政府权力,保障公民权利。"情为民所系,权为民所用,利为民所谋",就是正确认识和处理国家权力和公民权利两者关系所作的最好概括,也是如何实践主权在民这一理念所作的最全面、最准确、最生动的概括。政府的权力来源于公民权利的让渡,是公民权利的自我约束,政府权力存在的唯一目的是为了更好的维护和保护公民所享有的不可剥夺和侵犯的自然权利。

2. 人权保障。人权保障是法治的内在本质。人权是人依其自然属性和社会本质所应当享有的权利,是人依其自身的本质和人的人格、尊严与价值所应当享有的权利,不是任何外界的恩赐。人权的理念最早源于古代的自然法思想,认为人天生具有与生俱来的不可剥夺的权力。在现代民主国家中,人权是法治的内在本质和基本原则,在宪法中载明。宪法和法律上的种种权利,就是人权即每个人都应当享有的权利的法律化,是一种更明确、更具体并能得到有效保障的人权。我国的宪法规定,国家尊重和保障人权,成为公民人权的最高保障。法律的根本目的是保障人权,这也是法治的核心价值。公民作为自然人,需要有维持其生存和发展的基本手段,需要稳定的生活环境,需要有保护自己合法权益的途径,这些既有赖于公民个人努力,也有赖于政府提供。政府产生和存在的唯一正当理由,就是更有效地保证公民的自由和权利,实现基本人权。通过法治,控制政府权力的行使,防止政府权力的滥用和侵犯公民权利,保障政府权力能够按照公民权利要求的轨道运行并发挥维护公民权利的使命。人权保障体现了现代法律的精神,人权保障奠定了现代法律的合理性基础。服务型政府树立尊重和保障人权的观念,高度重视和维护群众最现实、最关心、最直接的利益,高度重视解决群众生产生活中面临的困难问题,把工作重点转到为市场、社会和公民提供更多优质的公共产品和公共服务上来,满足人们合理合法的需求和要求。

3.法律至上。法治要求宪法和法律应当具有至高无上的权威,任何组织和个人都必须依照宪法和法律办事。法律至上是人民意志和利益至上的具体体现和保障。我国的宪法和法律是人民意志和利益的集中反映,是它的具体化、规范化和制度化。保证宪法和法律具有极大的权威和尊严,按照人民的意志和利益办事,才能使人权保障落到实处,才能使服务型政府建设不致成为空谈或走样。宪法和法律在政治生活和社会生活中是否真正享有最高权威是评判一个国家是否实现法治的标准和关键。我国宪法第五条对法律权威的基本要求做了明确的规定:"国家维护社会主义法制的统一和尊严。一切法律、行政法规和地方性法规都不得同宪法相抵触。一切国家机关和武装力量、各政党和各社会团体、各企业事业组织都必须遵守宪法和法律。一切违反宪法和法律的行为,必须予以追究。任何组织或者个人都不得有超越宪法和法律的特权。"法律至上要求政府必须依法行政。"有法可依,有法必依,执法必严,违法必究"是对政府行为的基本要求,也是落实法治的基本途径。法律至上要求政府行为时必须遵循法律保留和法律优先原则。法律保留原则要求政府凡在涉及公民、组织重大权益的事项上尤其是限制或者剥夺公民、组织的人身权、财产权,必须有全国人大或者其常委会制定的法律明确授权时才能从事此项行政活动。法律优先原则要求政府活动必须受法律的约束,不得与法律相违背和冲突。在法律规范的效力层阶上,法律高于其他任何行政规范,其他任何行政规范都不得与法律相抵触。如有抵触,以法律为准。在法律尚无规定,行政规范可以在法律授权范围内设定规范,一旦法律就此事项做出规定,其他行政规范的规定都必须服从法律。法律保留和法律优先原则是落实法律至上理念、限制政府权力的关键与表现。

4.权力制约。权力制约是防止公权力滥用侵犯公民权利的基本保障,是法治的基本要求。法律通过横向的政府权力分立和纵向的权力分配,对政府权力进行控制制约。权力分立与权力制衡是法治下政府的基本特征。对政府权力进行制约,目的在于防止政府权力的谋私而导致政府腐败;防止政府权力滥用而导致公民权利被非法侵害;防止政府权力的懈怠而导致政府权力的不作为和失职;防止政府权力的扩张而导致政府违法越权。权力制约的机制主要是通过政府权力的内部制约和外部制约机制来进行,内部制约机制主要是政府内部各部门、各机构之间按照"决策权、执行权、监督权既相互制约又相互协调"的原则进行的权力制约;外部制约机制主要包括国家立法机关、司法机关、社会组织、舆论媒体以及公众等主体对政府权力进行的制约。权力制约的模式主要有通过以权力制约权力、以责任制约权力、以监督制约权力、以市场制约权力、以规则制约权力和以透明度制约权力等,这些模式真正能够产生对权力的制约还得通过法律的制度安排来进行、来实现。因此,权力制约是法律制度的主要内容,是实现法治的切实保障,也是建设服务型政府的制度基础。

5. 正当程序。权力的制约必须通过法定的程序来进行,程序正当是法治的实现保障。程序正当是指政府在进行行政行为时所必须遵循的步骤、所采取的手段和方式必须是适当的,合理的,政府行为应当遵循法定的时限,在做出影响行政相对人权益时,应当保障相对人拥有法定的程序权利。"没有程序就没有公正",程序正当以其制度的中立性、可操作性和透明性体现法治的价值和作用,表现为:(1)程序正当是权利的重要保障。程序正当是公民权利平等的体现,也是权利实现的手段。如通过广泛的听证制度可以使行政相对人在表达利益、维护自身权益方面发挥重要的作用。(2)程序正当是权力制约的重要机制和表现。正当程序防止政府权力的恣意妄为,保障政府决策的理性和科学,有利于平衡各方当事人的利益,从而实现政府权力服务于人民。就我国目前的法治实践来看,在追求服务型政府的过程中,程序化建设对于服务型政府的构建具有更为重要的意义。程序是法律的核心,没有程序,法治就形同虚设,法治政府就失去根基,服务型政府就会异化走样。程序正当原则要求我们树立一种程序法治主义的理念,加快制定一部统一体现程序正当性和法治主义的政府行政程序法,坚持公开、公平、公正、参与和效率原则,完善政府信息公开制度、行政回避制度、说明理由制度,规范政府听证制度,实现政府程序法治。

二、法治政府的含义

(一)什么是法治政府

从法治角度来看,建设法治政府,是推行依法治国、依法行政的必然要求,同时也是推进中国法治现代化和建设社会主义政治文明的内在需要。法治要求国家是法治国家,社会是法治社会,那么,也就必然要求政府是法治政府。依法治国的目标是建设社会主义法治国家,与之相适应,依法行政的目标,就是要建设法治政府。什么是法治政府,其基本内涵和特征是什么?这些都是需要认真加以研究的。法治政府是适应我国政治体制改革、党的执政和治国方式的转变而提出来的。改革开放之初,我们强调行政机关要做到"依法办事",20世纪90年代,八届全国人大一次会议正式提出了"依法行政"的概念。党的十六大以后,国务院于2004年颁布了《全面推进依法行政实施纲要》,首次提出的"法治政府"的概念,并把它作为依法行政和政府改革的基本目标。

法治政府作为依法行政的目标与依法行政在概念的内涵和外延以及建设内容上都有很大的不同。应该说,法治政府是依法行政建设的目的和归宿,依法行政是法治政府建设的核心、关键和必经阶段。依法行政是指行政机关的行政管理活动要依据法律规定,在宪法和法律等法律规范的范围内活动。从价值取向来看,依法行政更多强调的是一种行政机关的行为原则,即对行政机关从事的社会公共管理活动所提出的一种原则要求。"依法行政"所依之"法",指的是一种广义上的法律规范,它包括宪法、法律、行政法规、地方性法规以及部门规章和地方政府规章。从依法行政的价值取向和追求的目标来看,它追求的是法制政府而非法治政府。由此可见,依法行政虽然强调行政机关的行政管理活动要依据法律规定,在宪法和法律等法律规范的范围内活动。但是,依法行政却无法包含法治政府所包含的民意政府、有限政府、透明政府、责任政府等含义。因此,随着依法治国,建设社会主义法治国家治国方略和治国目标的提出,也必然要求政府做到依法行政,并最终建设成为法治政府。

　　法治政府不同于法制政府,二者的区别主要在于法制(legality、legal system)和法治(rule of law)。从静态意义上讲,法制是指一国的法律制度;从动态意义上讲,则指的是法的制定、法的执行、法的遵守和法的监督等各个环节的统一,指的是法律制度制定和实施的一系列法律实践活动的动态过程。法制的核心是依法办事,而法治作为一种国家的治理方式和原则,其中蕴涵有良法之治、法律至上、公平正义、权利保障、权力制约等价值取向。古希腊思想家亚里士多德在对法治概念的最早诠释中,实际上就已经区分了法制与法治的不同含义。亚里士多德指出:法治应包含两重意义:已成立的法律获得普遍的服从,而大家所服从的法律又应该本身是制定得良好的法律。由此可见,亚里士多德所讲的法治,至少应包括两个条件:一是有制定得良好的法律,这是法治的基础和前提;二是制定得良好的法律得到了全社会的普遍遵守,这是法治所要达到的理想状态,二者的完美结合,即为法治。由上可见,法制政府与法治政府的含义虽然相互联系、相互渗透,却有本质的不同。法制政府与法治政府的共同之处在于二者都必须具有法律和制度,都强调法律的执行和遵守,都强调依法行政。但是,法制政府所强调的依法行政之法,却没有明确的价值取向,即良法(善法)、恶法皆为法。由此引申,法制政府既可以依良法而行政,也可以依恶法而行政。如果依恶法而行政,则政府只能是专制政府,而非法治政府。法治政府所依行政之法则有明确的价值取向,即为良法。非良法即非法治政府。当然,法治政府的完整含义应当是依良法而严格行政的政府。因此,法治政府除了法制政府所包含的具有法律制度强调法律的执行和遵守、强调依法行政等价值要素之外,还包含有法治所蕴涵的民主政治、公平正义、权利保障、权力制约等价值要素。正因为如此,国务院在《全面推进依法行政实施纲要》中强调,建设法治政府,必须建立行为规范、运转协调、公正透明、廉洁高效的行政管理体制,以及权责明确、行为规范、监督有效、保障有力的行政执法体制和科学化、民主化、规范化的行政决策体制;强调行政管理要做到公开、公平、公正、便民、高效、诚信。综上所述,法治政府是一个全新的政府法治理念和政府法治目标。它不仅要求政府(行政机关)要严格依法行政,政府(行政机关)的设立和运作要依据法律政府(行政机关)的立法行为和执法行为要严格遵守法律,从而实现政府组织和行为的合法化、合理化、规范化和程序化,而且要求整个政府(行政机关)及其行为要体现法治的价值理念,即体现民主、公平、正义、权利保障和权力制约等价值理念。可见,依据体现广大人民群众意志意愿和民主、公平、正义、权利保障和权力制约等价值理念的法律而设立和行为的政府,才是法治政府。①

(二)服务型政府是法治政府

服务型政府是在公民本位、社会本位理念指导下,在整个社会民主秩序的框架下,通过法定程序,按照公民意志组建起来的以为公民服务为宗旨并承担着服务责任的政府。② 服务型政府强调公民本位、社会本位,以为人民为宗旨,通过民主、法治的途径建设有限、责任、廉洁政府。要达到这些目标,必须贯彻法治理念和建设法治政府。

首先,建设权力、职能有限的服务型政府需要建设法治政府。服务型政府是权力受到限制的政府,而限制政府的权力必须通过法治的手段。这种限制体现在:其一,政府是按照法律规定和法定程序组建的,因而政府行使权力的行为也是受法律约束的,政府权力的行使,必须符合法定程序和授权目的;其二,政府权力是由法律规定的。政府的权力来自于人民,是人民通过法律授予政府权力的。政府拥有哪些权力,政府行为范围有多大都是由法律所决定的,政府必须在其法定的职权范围内行使自己的权力,无权随意扩大自己的权力范围。服务型政府公民本位的定位,不仅意味着社会和公民将更多的参与到公共事务过程,还意味着政府权力的行使必须接受公民的监督,其权力能否发挥实际作用,将取决于政府行使权力的行为是否得到了公民的承认。这种权力的行使都将有着经公民参与制定的法律的明确规

---

① 郭学德:《“法治政府”的基本内涵及特征》,《学习论坛》2005 年第 7 期,第 5、6 页。
② 刘熙瑞:《服务型政府——经济全球化背景下中国政府改革的目标选择》,《中国行政管理》2002 年第 7 期,第 5 页。

定,政府必须以这种反映公民意志的法律为依据来从事公共管理,而无权自行处置。从权利和权力的来源来看,在公民权利与政府权力的关系上,公民权利是政府权力之源,公民权利是公民本身固有的,不是由政府赋予或让渡的;相反,政府权力则是公民权利授予的,而非自身固有的。从法律的角度来看,公民的权利是广泛的,只有法律禁止的,公民才不得为之,凡是法律没有禁止的,公民皆可为之,即法无明文规定即自由。而政府的权力则是有限的,它的权力只能来源于人民以及法律的授权和委托,它必须在法律规定的范围内活动,否则即为无效或非法,即法无明文规定即禁止。政府的权力必须以法律作为自己的最终依据。由此可见,法治之下的政府权力必然是一种有限权力,法治之下的政府也必然是一种有限政府。

其次,负责任的服务型政府需要加强法治政府建设。所谓责任政府,就是说政府要对自己的行为负责,特别是要对自己的违法行为负责,承担相应的责任。责任政府是现代民主政治的基本理念,同时也是对政府公共管理进行民主控制的制度安排。政府接受人民的委托,行使管理社会公共事务的权力,但作为受委托人委托的政府,在行使权力的过程中,必须对人民负责,必须回应社会和人民的正当要求并积极行动给予满足,必须承担相应的政治责任、道德责任、行政责任、诉讼责任和赔偿责任。但是长期以来,由于对政府的法律责任规定得不够,法律责任的威慑力和惩罚力度过小等原因,行政过程中强调行政相对人的责任而轻视其权利,强调政府的权力而轻视其责任,往往使政府只行使权力而不承担责任。建设服务型政府就是要克服这种现象,使政府权责一致,有权就有责,违责受追究。而法治政府,就是强调权力与责任是相联系和相统一的,有权必有责,行使多少权力就要承担多少责任,并且政府权利(职权)本身就是一种职责、一种义务,政府的权力(职权)必须依法积极行使而不能放弃,否则就是失职,就必须承担法律责任。任何人、任何组织包括公务员、政府和政党等都必须在法律的约束之下,从而真正体现出法律面前人人平等的原则。从这个意义上讲,法治政府的建设与服务型政府的建设是一致的。法治政府建设的根本目的就是为了把掌握权力的人约束到和其他没有权力的人同等的地位上,也就是说要实现人与人包括掌握公共权力的人与普通公民之间在法律面前的平等,而这种平等更多的表现在违法后的责任追究行为之中。服务型政府作为一个以公民为本位的政府,不但会从法制上规定政府一旦出现了有法不依、越法使权、违背程序等违法行为时的责任追究机制,而且服务型政府的公民本位理念还会促使政府主动承担由侵害公民利益的行为所产生的赔偿责任。

最后,建设体现公民本位的民意政府必须加强法治政府建设。服务型政府是体现公民本位的民意政府。服务型政府要求公民意志在公共管理中具有决定性地位和作用,保证政府所制定的法律必然是公民意志的体现,是对公民权利的真实保护。而只有建设法治政府,贯彻法治理念才能真正实现民意政府的目标,或者说,只有服务型政府的法律才可能是对公民基本权利进行保护的实质正义之法。这是因为,法律特别是良法是人民意志的体现。依法治国就是按照广大人民的意志和意愿来治理国家,依法行政也应该是政府按照广大人民的意志和意愿来行政,来进行社会公共管理活动。在现代社会,人民的意志是通过法律和法治来体现与实现的。在我国,各级政府都是由代表民意的机构,各级人民代表大会,依据体现广大人民意志和意愿的法律,按照法定程序选举产生而设立的,而且各级政府的职权也是由体现广大人民意志和意愿的法律授予的。因此,各级政府必须按照法律即广大人民的意志和意愿来行政,来履行自己的权利和义务。这就要求政府的行为,无论是抽象行政行为还是具体行政行为,都必须根据是否符合最广大人民的利益与意愿为价值取向和根本标准。同时,人民群众有权对政府的行为进行评价和监督。可以说,人民群众对政府是否满意是衡量与判断政府行为是否合法和正当的根本性标准。

(三)实践基础:依法行政

依法行政是现代法治国家遵循的基本原则,它要求政府的一切管理活动都要有法律的根据,受法律的约束,违反法律的行为不产生任何效力,政府应当承担相应的责任。依法行政是法治精神的体现,它保证了公民、法人和其他社会组织的自由和权利免受来自政府权力的非法侵犯,同时保证了政府活动的可预测性,提高了政府管理的效率。依法行政对政府权力运作的要求,是一个动态的过程,为此,要求约束政府权力的法律必须是完善的、统一的、全方位。政府的运作过程正是政府行使行政权力的表现,它包含着决策的制定、决策的执行和决策的监督三个部分,因此,可以说,要实现政府法治化,建设法治政府,就必须要求政府依法行政,实现政府决策、执行、监督过程的法治化。

依法行政,简单地讲,是要求政府的一切管理行为均要有法律的根据,受法律的约束,违反法律的行为不产生任何效力。世界各国对政府机关从事行政管理活动所应遵循的法律原则在表述上存在差异,但在基本内容上都承认政府管理必须接受法律的约束。德国称为依法行政,法国称为行政法治,英国称为法治或依法行政,美国将依法行政包括在法治原则之内,日本则称为依据法律行政或法治行政。

依法行政作为政府从事管理活动的基本原则,自近代以来,经历了一个逐步发展的过程,有两次大的转变。

一是由机械主义向实质主义的转变。机械主义依法行政的特征在于:在政府的执法依据上,将依法行政的"法"限定为议会制定的法律,行政机关制定的规范不能作为政府的执法依据;对作为政府执法依据的"法"应达到的标准未做深究,认为只要是经由代议机关制定的法律,就可以作为执法依据,即使该种法律存在侵犯公民基本权利的违宪内容,也予以执行。二战以后,一方面出于对机械主义依法行政不良后果的反思,如希特勒对犹太人的屠杀就是以执行议会立法为由作出的;另一方面日益复杂化、多样化的社会事务,机械主义依法行政难以适应现实需要。各国在对待政府依法行政问题上出现了明显变化,推动了依法行政原则由机械主义向实质主义转变:首先,适应管理领域和职能增加、技术含量增强等行政管理事实的需要,各国开始通过授权立法的方式使行政机关获得了一定范围的立法权,基于立法机关的授权,政府可以制定一些管理规范作为执法的依据,因此,依法行政的"法"的范围较以前有所扩大;其次,各国纷纷建立了立法违宪审查制度,保证议会立法能够符合一定的标准,防止不符合宪政精神的"恶法"出现。

二是由消极行政向积极行政的转变。近代资本主义产生之后,各资本主义国家坚持自由放任主义的经济政策,主张行政权力不应介入经济领域,其职能范围仅限于外交、国防和社会治安,充当"守夜人"。各国对依法行政作消极的理解:政府必须严格按照议会制定的法律从事管理活动,凡法律未授予政府的权力,政府不得主动行使——"无法律即无行政"。一旦政府行为超出了法律的规定即属于越权行为,政府行为不产生法律效力。政府在整个经济社会发展中扮演的是一个消极无为的角色。自由资本主义过渡到垄断资本主义之后,随着现代科技的进步,社会生活关系日趋复杂,各种矛盾逐步加深,经济、环境和社会问题不断出现,市场调节社会资源配置的功能有很大局限,需要政府部门承担起应有的职责。在此背景下,各国政府逐步摒弃了消极行政观念,开始通过制定各种管理规范,实施积极的管制政策来加强对社会生活的干预程度,消极行政由此转向积极行政。积极行政为政府依法行政注入了新的内容:政府不仅要严格遵守法律的规定,无法律依据不得作出管理行为,同时还要积极履行法律规定的各种职责,积极履行各种生存照顾义务,不履行上述义务的行为同样构成违法行为,要依法承担相应的责任。但20世纪六七十年代以后,西方国家对经济、社会过度干预的负面后果开始显现,于是西方各国纷纷进行行政体制改革,重新界定政府职能,重塑政府和市场的关系,分权于社会,变无限行政为有限行政,构建"小政府、大社会"的管理模式,并推动公共行政朝着民主化、市场化、多元化的方向发展。①

虽然依法行政理论和实践随着社会发展在不断变化,目前又面临着新的改革和创新,但依法行政都包括以下基本要素:一是主体,依法行政的主体不是严格意义上的法律上的主体,即不是完整的权利义务主体,而是指公共行政事务的担当者。凡承担公共事务的国家行政机关、其他公务组织以及公务人员,都必须依法行政,都是依法行政的主体。在我国,依法行政的主体包括国务院及下属行政机关;地方各级人民政府及下属行政机关;承担

---

① 薛刚凌:《全面推进依法行政实施纲要·辅导读本》,人民出版社2004年版,第4—6页。

公共事务的事业组织、企业组织、社会团体、基层群众自治组织及其他组织；行政领导、一般公务员和其他公务人员等。二是客体，依法行政的客体没有达成共识，一般指政府管理和服务的对象，即国家和社会公共事务。三是依据，即依法行政的法律要素，"依法行政"的所依之"法"要作广义理解，包括宪法、法律、行政法规、地方性法规、规章等。这些法律规则建构起一套行政法制度，既包括实体方面的制度，也包括程序方面的制度，任何的公共行政运作都要符合法律规则，合乎行政法制度要求。进一步说，依法行政还意味着公共行政运作要符合法律规则背后的精神，即法的精神，体现法治的要求。四是目的，依法行政的最终目的是要将公共行政纳入理性的轨道，确保公共行政的民主、理性、公正和效率。

根据依法行政的要素和目的，依法行政要坚持以下原则：（1）职权法定。行政机关的职权必须由法律作出规定。在现代民主法治国家，行政机关的权力来自于人民（通过制定法律的形式）的授予，人民与行政机关之间是主人与公仆的关系，是被服务与服务的关系。行政机关从事行政管理活动只能以体现人民意志的法律规范作为依据，不得超出法律的规定作出行政行为。没有法律依据的行为属于违法行为，将接受否定的评价。（2）法律优先。具体讲，法律优先包括以下内容：第一，在已有法律规定的情况下，任何其他法律规范，包括行政法规、地方性法规和规章等，都不得与法律相抵触，否则将不具有法律效力；第二，在法律尚未就相关管理领域作出规定而由其他规范作出规定的情况下，一旦法律作出了规定，已有规定必须服从法律的规定。上位阶法律规范尚未作出规定而下位阶法律规范作出规定时，一旦上位阶法律规范作出了规定，下位阶法律规范亦须服从之。（3）法律保留。凡属于宪法、法律规定只能由法律规定的事项，或者只能由法律作出规定，或者在法律明确授权的情况下，行政机关才有权在其所制定的行政规范中作出规定。（4）依据法律。行政机关的管理行为可分为抽象行政行为和具体行政行为。前者是行政机关针对不特定的对象制定面向未来、能够反复适用的规范性文件的行为；后者是针对特定事项或特定相对人作出的只具有一次适用力的决定行为。上述两种行为均是行政权力作用的结果,都会对相对人的权益发生影响,因此需要按照依法行政的要求具有法律依据。(5)职权与职责统一。职权是指宪法、法律授予行政机关管理经济和社会事务的权力,与公民的私权利不同,行政机关对于职权的行使不能随意放弃,否则将构成失职。在这个意义上可以说,行政机关的职权也就是其职责。放弃行使职权构成失职的行为,将被依法追究相应的责任。

为实现政府的法治化,建设法治政府,推进法治国家进程,要借鉴西方依法行政的历史和经验,结合我国实际,认真实施国务院颁布的《全面推进依法行政实施纲要》。《全面推进依法行政纲要》从指导思想、目标、原则和要求等方面为我们推进依法行政指明了方向,从建设法治政府目标的角度,规定了依法行政建设的重点和关键环节。全面推进这一纲要的实施,关键是要从实际出发,总结经验、发现问题,从行政立法、执法和法制监督等角度,始终贯彻法治的基本理念,逐步实现政府从组织、职能到行为方式、方法的法治化。

第二节 服务型政府的法治框架

服务型政府是法治政府,强调政府由法律产生、受法律控制、依法律办事、对法律负责,法治是服务型政府的内在要求和本质特征,是建设服务型政府的前提、基础、途径和目标。为此,服务型政府在机构设置、职能配置、行为方式等各方面都要做到法治化。

一、政府职能的法治化

(一)政府职能法治化的内涵

在深化行政管理体制改革,建设服务型政府的过程中,要以转变政府职能为核心。只有转变政府职能,才能带动政府组织形态、管理方式、规模、结构的转变,为服务型政府建设提供基础。

服务型政府是政府职能明确且得到全面正确履行的政府。政府职能的确定和正确全面履行必须通过法治化的方式加以规定,实现政府职能的法治化。政府职能的法治化包含以下几点：

一是政府职能范围由宪法和法律加以规定，政府权力来源于法定的职能范围。通过政府职能在法定的职权范围内行使权力，否则就是违法的，要受到法律的责任追究，即"法无授权即禁止"。

二是通过法治合理界定政府职能，明确部门责任，确保权责一致。在横向的权力配置方面，要根据社会公共事务的类型来设置政府部门，坚持一件事原则上只由一个政府部门来负责，部门责任分工明确，防止各部门职权交叉重叠，防止政出多门，在责任承担上相互推诿。从法律上对各部门的职能加以规定，是权力横向配置的表现，同时也能保障政府部门做好本职事务，更好的提供公共产品和公共服务。

三是政府职能通过宪法和法律的规定，在中央政府和地方政府方面进行分配，即权力的纵向配置。要根据在中央统一领导下，积极发挥地方政府积极性的权力配置原则来划分政府职能。"中央政府要加强经济社会事务的宏观管理，进一步减少和下放具体管理事项，把更多的精力转到制定战略规划、政策法规和标准规范上，维护国家法制统一、政令统一和市场统一。地方政府要确保中央方针政策和国家法律法规的有效实施，加强对本地区经济社会事务的统筹协调，强化执行和执法监管职责，做好面向基层和群众的服务与管理，维护市场秩序和社会安定，促进经济和社会事业发展"。①而这一切，有赖于法律行政法规的确定和保障。

（二）政府职能法治化与有限政府

服务型政府是有限政府。这主要是因为，一是政府权力有限。政府的权力来自于人民，是人民通过法律授予政府权力的，因此，政府只有在法律的权限之内才能获得权力和行为的合法性。二是政府职能有限。政府职能是政府行政管理的基础，也是政府行政权力作用的范围。在不同的时期，政府的职能是不同的。在自由资本主义时期，政府在很大程度上只是扮演一个守夜人的角色，那时奉行的原则是管得最少的政府是最好的政府。但是

---

① 《中共中央关于深化行政管理体制改革的意见》，《人民日报》2008年3月4日。

到了垄断资本主义时期,由于垄断和竞争的加剧,出现了市场失灵,因此,需要政府出面加大对社会的干预力度。但是后来由于政府干预过度,在某种程度上又出现了政府失灵的问题。于是,人们又要求对政府的权力加以限制。

在社会主义国家的计划经济时期,政府的职能几乎是无所不包,与之相适应,政府的权力也是无限的,政府几乎无所不管,那时的政府在某种意义上几乎是全能政府和无限政府。但是在市场经济条件下,尤其是在社会主义市场经济和社会主义法治条件下,政府的职能是有限的,有很多事情不需要政府去管理,而应由社会和市场本身去解决。政府职能应限制在什么范围内,人们逐渐达成了一些共识:第一,凡是市场能够解决的,要靠市场自身去解决,政府不要干预;第二,凡属社会组织中介组织能够解决的问题,让它们自己去解决,政府不要插手;第三,凡是属于政府市场都能解决的问题,仍然让市场去解决,政府不要干预,只有在市场和社会解决不了,或者市场解决的成本和社会组织解决的成本高于政府解决的成本时,政府才应介入。对此,国务院制定的《全面推进依法行政实施纲要》作了明确的界定:“凡是公民法人和其他组织能够自主解决的,市场竞争机制能够调节的,行业组织或者中介机构通过自律能够解决的事项,除法律另有规定的外,行政机关不要通过行政管理去解决”。① 此外,政府行政权力的扩张性、腐蚀性本性,客观上也要求政府必须是有限政府。政府行政权力与其他任何权力一样,具有扩张性和腐蚀性,并且行政权力作为国家权力体系中权力最大、管理范围最广、人员最多,且具有较大自由裁量权的权力,它具有主动性、广泛性、强制性、单方性等特点。如果不对这种权力进行有效的规范和制约,任其无限扩张,就有可能出现行政权力的滥用,并且产生腐败,从而不仅损害社会公共利益,而且还会侵害公民的生命财产和人身自由。所以,必须对政府的行政权力进行有效的制约。因而,政府必须是有限政府。②

---

① 《全面推进依法行政实施纲要》,《人民日报》2008 年 3 月 4 日。
② 郭学德:《“法治政府”的基本内涵及特征》,《学习论坛》2005 年第 7 期,第 5、6 页。

政府职能的法治化要求政府职能是有限的。职能有限是对"全能政府"的否定,意味着政府不能大包大揽所有事情。否则,政府不仅做不好这些事情,还有可能引发政府危机和社会危机。服务型政府是以保障公民权利为本的政府,政府职能的法治化意味着政府权力应当受到限制,各级政府及其组成部门行使权力必须于法有据、行使有规,法不明确授权,政府不得任意行使权力。从更深层次来讲,服务型政府职能必须是与经济社会发展需要相适应的,这就要求正确处理政府与市场、政府与社会的关系,凡是公民、法人和其他组织能够自行管理的事项,政府就不应当干预。必须通过法律制度的建设来限制政府权力的范围,发挥市场在资源配置中的基础作用,保障政府职能切实转变到经济调节、市场监管、社会管理和公共服务上,转变到为市场、社会和公民提供良好的公共产品和公共服务上来。

二、政府机构的法治化

(一)政府机构法治化的内涵

政府机构是政府职能的载体,是行使政府权力的组织。政府机构法治化是指行使国家行政权力的组织和个人都必须根据明确的法律根据而组建或者依法取得行使行政权力的资格。主要包括以下方面:[①]

一是行政机关必须依法成立。一般来说,中央人民政府和地方各级人民政府依据宪法和组织法而成立,其职权范围、工作原则、基本制度等都由宪法和组织法加以明确规定。政府各部门的设置则在宪法和法律范围内,根据机构设置或改革方案产生或变革。我国地方组织法对各级人民政府的组成、职权范围和领导体制及工作原则作了明确规定。此外我国历次机构改革的方案对国务院和地方各级人民政府的组成部门作了明确的规定和不断调整。

二是国家公务员应当达到法律规定的学历、资历条件,如果需要通过考试的,应当通过公务员资格考试。这种资格包括两个方面:一是公务员的基

---

① 刘旺洪:《论法治政府的标准》,《政法论坛(中国政法大学学报)》2005 年第 6 期,第 16 页。

本素质要求,如一定的学历、资历条件、思想品德素质等;二是公务员应具有的执法的形式合法性条件,有执法资格的表征性证明,如执法证等。

三是行政机关会议制议决事项时应当达到法定人数。行政机关一般实行首长负责制,但是有的行政机关依法律要求,对重大事项应当采用会议制决定。对于采用会议制的重大行政决定应当由法定人数与会作出,其决定才具有法律效力,未经过正当法律程序,或者未达到法定人数作出的法律决定都是无效的。

因此,政府机构法治化涉及到政府组织机构、人员编制、职责权限以及财政保障等制度的协调和法治化。推进政府机构法治化有利于优化组织机构和人员配置,创新行政管理体制,形成适应服务型政府要求的公共服务的多元供给主体,才能建立起政府规模适当、高效、廉洁的服务型政府。

(二)政府机构法治化的内容

1.行政组织的法治化。服务型政府机构的法治化,要求我们要加强行政组织法的建设和完善,紧紧围绕职能转变和理顺职责关系,进一步优化政府组织机构,规范机构设置,合理控制机构人员,探索实行职能有机统一的大部门体制。政府机构的法治化主要通过三项法律制度得以实现:

行政机关组织法主要是规定行政机关的任务、地位、职责、组成、活动原则、法律责任以及设立、变更和撤销程序的法律,是行政机关得以组成,享有职权并进行行政活动的主要依据。服务型政府下的行政机关组织法解决了政府的机构性质,隶属关系、机构设置、职责权限、决策制度和程序等问题,保证了政府机构能够在法律上有权有责。

2.行政编制法治化。行政编制法是控制行政机构人员膨胀的法律。帕金森定律指出了行政机构具有自我扩张和膨胀的趋势,我国历次政府机构改革也重复着"膨胀—精简—再膨胀"的循环。服务型政府机构是具有精简高效能的政府。控制机构的膨胀就是要加强行政编制法律控制,通过行政编制法对政府机关的定员、内部机构、编制变动的程序、违反编制法的责任作出明确的规定。① 同时,将行政编制法与财政预算法律结合起来,保证服务型政府是机构与人员有限的政府,同时又是高效能的提供良好公共产品和公共服务的政府。对于政府编制,中共中央《关于深化行政管理体制改革的意见》中明确指出,要认真执行政府组织法律法规和机构编制管理规定,严格控制编制,严禁超编进人,对违反规定的限期予以纠正。建立健全机构编制管理与财政预算、组织人事管理的配合制约机制,加强对机构编制执行情况的监督检查,加快推进机构编制管理的法制化进程。

3. 公务员管理法治化。在服务型政府中,公务员管理的法治化是机构法治化的表现,也是推进公务员依法行政,建设法治国家的基础。从党的十一届三中全会以后邓小平同志明确提出改革传统的干部人事制度开始,到1993 年 8 月 14 日颁布的《国家公务员暂行条例》,直到 2005 年 4 月 27 日全国大人常委会通过《中华人民共和国公务员法》(以下简称《公务员法》),我国的公务员改革和管理逐步走向规范化、制度化和法制化。《公务员法》在总结我国的干部人事管理制度的基础上,坚持了党的领导地位和党的基本路线,强调公务员全心全意为人民服务的宗旨,表现出与西方公务员制度的本质区别。同时又改革创新,建立了职位分类制度、新陈代谢制度、激励约束制度以及职业发展与保障制度,保障了公务员管理的科学化。随着公务员制度的建立和《公务员法》的实施,我国公务员制度开始走上法治化轨道,行政机关的生机与活力明显增强,工作作风与工作效率明显改善,公务员队伍结构和素质得到优化提高,依法行政意识得到加强,这大大推动了干部人事制度和政治体制的改革,保证了依法治国的实施和服务型政府的构建。但也要看到公务员制度法治化是一个长期的不断完善的过程,不可能一蹴而就,随着服务型政府建设的推进,我们迫切需要加强对公务员的教育和培养,加强对现有公务员管理法律法规的细化和实施,约束和规范公务员行为,提升公务员为民服务的思想意识。为此,需要从以下几个方面进

---

① 全国干部培训教材编审指导委员会:《社会主义法制理论读本》,人民出版社 2002 年版,第182 页。

行努力：

一是要加强公务员管理法律法规与其他规范政府行为的法律法规的衔接，抓紧制定空缺的单项法规，力争建立起较为系统完整的法规体系。要与《行政许可法》、《行政处罚法》等法律法规进行配套，强化政府公务员行为的法治规制，落实法律责任和纪律约束，通过制定实施规范执行《公务员法》，如国务院人事部根据《公务员法》的规定制定了《行政机关公务员奖励条例》体现了行政处分的法治化；要抓紧制定《行政程序法》，规范公务员权力的行使；要加强道德约束和腐败惩戒，制定和完善《公务员行政伦理法》和《反腐败法》，从而完善以全心全意为人民服务为宗旨的公务员法治体系。

二是要加强公务员管理制度创新，建立公务员廉洁从政的导向机制和行为准则。在公务员管理过程的各个环节和领域，建立引导和促使公务员廉洁从政、正确行使权力的机制，主要包括公务员的职位分类机制、竞争机制、激励机制、更新机制、回避机制和行为准则。职位分类在设置过程中，依据规范化标准界定了每一职位的权利与义务，使各职位的职能清晰，权力、利益边界明确，从制度层面上健全了公务活动的制约机制，有利于解决责任不清、责权利分离、个人利益和公共利益相混淆。竞争机制是指在公务员管理中，将所需补充的职位空缺和任职资格向社会或机关内部公开，凡符合资格的自愿任职者均可报名参加、竞争上岗，主管机关按照任职条件，客观、公正、公开择优录用，这样一种公平竞争的机制。对于政府部门来说，引入竞争机制，才能广纳贤才，培养高素质的行政管理专家。激励机制是通过设置多重目标，激发公务员的积极性、主动性、创造性，发挥公务员的最大潜能，使公务员个人的预期行为符合组织职能的实现。更新机制使公务员能进能出，是促使公务员队伍保持生机和活力的重要保障。回避制度在于预防和制约公务员间任人唯亲、相互利用、拉帮结派、徇私枉法等现象，有助于防止腐败。要通过重塑公务员的行为准则，限制公务员的谋私与不正之风。

三是要规范公务员培训机制，加强公务员特别是领导干部法律意识的培训。这是公务员管理法治化中的基础性工程，其中尤以增强各级领导干部的法治素质为重中之重。因为要真正做到严肃执法、依法行政，必须领导抓、抓领导，从领导干部做起，真正提高领导干部的法律素质和执法水平。对待法治培训，领导干部要以身作则，严于律己，成为学法守法的榜样，以发挥他们的示范效应。

三、政府行为的法治化

（一）政府行为法治化的内涵

政府行为有两个层面的理解。广义的政府行为，是指合法的政府行为主体依据法律的规定，在法定的职权范围内，按照法定程序，通过法定形式，所实施的全部行政管理活动的总称，包括决策行为、组织行为、领导行为、指挥行为、执行行为、监督行为等。狭义的行政行为是指合法的行政行为主体依据法律的规定，在法定的职权范围内，按照法定程序，通过法定形式，在行政管理活动所实施的能够直接发生法律效果的行为。如行政检查、行政许可等。[①]

政府行为作为政府行使公共权力的活动方式，在法律特征上具有单方性、强制性和无偿性。随着服务型政府的构建，政府行为要更多地体现出其时代性特征和从属法律性特征，即视政府行为为政府在相对人的合作下所作的公共服务行为，同时，政府行为必须全面、全程地接受法律的监控，而不能凌驾于法律之上或站在法律之外，违反法律的政府行为要进行责任追究，实现政府法治。[②] 政府行为的法治化，就是将政府行为纳入法治化轨道，政府作为或不作为必须依据法律，其行为内容必须符合法律，行为过程合乎法定程序，一切政府行为必须承担相应的责任并使这种责任法律化。[③] 它有以下几个方面的内涵：一是政府行为的依据必须来自法律的明确授权和委托，行为内容和形式符合法律的规定；二是政府行为必须依据法定的程序进行，政府行为程序化是政府行为法治化的关键和核心；三是政府行为责任的

---

① 张国庆：《公共行政学》，北京大学出版社 2007 年版，第 397 页。
② 姜明安：《行政法与行政行政诉讼法》，北京大学出版社 2005 年版，第 176、177 页。
③ 陈骏程：《论政府行为法治化》，《行政论坛》2000 年第 6 期，第 33 页。

法治化,有权必有责是现代政府行为的基本原则,也是实现政府行为法治化的必然要求。

(二)政府行为法治化的必要性

首先,政府行为法治化是适应市场经济发展和加入世界贸易组织(WTO)的客观需要。市场经济是规则经济,需要政府提供完善的法律制度,同时要依法办事,维护市场的秩序。随着中国加入 WTO,迫切要求政府改变以往的行政命令为主的政府行为方式,严格按照 WTO 规则和法律办事,转变到为市场和公民提供良好的服务,而政府行为的法治化正是实现政府行为方式转变的必然要求。

其次,政府行为的法治化是依法行政,建构法治政府,建设社会主义国家的保障。政府权力是国家权力中最活动、最具有扩张性、最难控制的权力,与人民群众联系最为密切、最紧密、最直接、政府能否依法行政直接关系到宪法和法律能否得到真正落实,人民当家作主的权利能否得到真正实现,直接关系到国家法治化的程度。实现了政府行为法治化,就规范了政府权力行使的边界,也就解决了依法治国的最大难题。

最后,政府行为法治化是政府自身发展的需要。构建服务型政府是我国政府改革和发展的方向。服务型政府必然是有限政府、责任政府、有效政府和廉洁政府。推进政府行为的法治化,是防止政府权力滥用和扩张的保证。保障公民权利,构建有限政府,有利于规范政府行为,防止权力腐败,建立廉洁政府;有利于降低行政成本,提高行政效率,建立高效政府;有利于保障政府决策民主化、科学化,避免随意决策和决策失误,建立有效政府;有利于保障政府和公务员有效行使法定权力,履行法定职责,提高政府能力。①

(三)政府行为法治化要坚持法律优先的原则

建设法治政府,依法行政是关键,而所依之法既有宪法和法律,也有法律规范、政策和各种规章等,它们在效力上是不同的。因此,建设法治政府,依法行政必须确立法律优先原则。党的十五大和1999年宪法修正案对这

---

① 陈骏程:《论政府行为法治化》,《行政论坛》2000 年第 6 期,第 33 页。

一原则予以了确认:"维护宪法和法律的尊严,坚持法律面前人人平等,任何人、任何组织都没有超越法律的特权。"这一规定要求我们政府管理中时时处处应当贯彻法律优先原则。

如何坚持法律优先原则?[①] 第一,在已有法律规定的情况下,任何其他法律规范,如行政法规、地方性法规和规章,均不得与法律相抵触。凡有抵触,应当以法律为准来行使行政权;在法律尚无规定而其他法律规范做了规定的情况下,一旦有关法律对此类事项做出相应规定,则其他法律规范应当服从法律。

第二,政府抽象行政行为必须有法律依据。政府不针对具体的公民或社会组织制定法律规范的行为,是抽象行政行为。各级各类政府机关必须在法定的职权范围内进行抽象行政行为,并且制定出的法律规范必须符合有关法律的立法精神和立法目的,决不能擅自超越自己的行政立法权限滥用立法权。

第三,在政策和法律规定发生冲突时,首先要适用法律优先原则。在目前的政府行为中,政策与法律"错位"现象时有发生,有的地方还较为严重地存在着。其主要表现是:其一,政策高于法律,说什么"黑头(指法律文件)不如红头(党的文件),红头不如口头(领导的话)",重政策轻法律,实际上是无视法律;其二,政策取代法律,一些地方和部门总是搞具体问题具体分析,借口特殊性,不要法律,搞"上有政策、下有对策";其三,政策否定法律,用一些不符合法律的"土政策"对抗国家法律的统一性;等等。依法行政,建设法治政府,政府和国家公务员首先必须正确认识和处理好政策和法律之间的异同,此乃处理好二者关系的思想基础。政策是党和国家为指导某种管理工作而制定的内部行动准则,一般对社会公众还没有像法律那样的普遍约束力;而法律往往是政策的规范化、固定化和条文化,对全社会成员都有强制性的普遍约束力的行为规范。一旦遇到政策与法律发生矛盾与冲突时,政府应当首先维护法律的至上性,不能随意用政策解释或取代法

---

① 孙聚高:《法治政府论》,《广东行政学院学报》2001 年第 4 期,第 55、56 页。

律。

第四,政府决策过程中要做到"心里有法",厉行依法决策。从一定意义上说,政府决策是政府管理的"心脏"。在政府决策过程中,一定要贯彻法律优先原则,任何政府决策必须有法律依据,必须实现政府决策体制、决策程序、决策方法的法治化,不能不考虑法律依据,凭热情、主观意志、长官意志随意决断拍板,更不能当"三拍"干部。

第五,必须切实加强对国家公务员以提高法律优先意识为重心的精神文明建设。

(四) 政府过程的法治化

政府过程就是政府履行政府职能的行为过程,它包括政府的决策过程、政府的执行过程、政府的监督过程等。政府过程的法治化就是要求政府过程的各个环节贯彻法治理念,做到依法决策、依法执行和依法监督,实现政府过程的民主、科学、规范和效率。

1. 政府决策过程的法治化。行政决策是指具有行政决策权的政府组织部门为了实现行政目标,根据既定的政策和法律,对面临的要解决的问题,拟定并选择活动方案的行为过程。政府决策具有权威性、广泛性和非赢利性,以实现公共利益的最大化为价值取向,对社会生活的影响巨大。实现政府决策的科学化和民主化是社会主义市场经济发展的内在要求,是社会阶层利益多元化的必然要求,也是实现人民当家做主民主权利的现实需要。构建服务型政府,必须通过完善法律制度的途径将政府决策纳入到法治的轨道上,实现政府决策的法治化,保障政府决策的科学和民主。政府决策的法治化就是依照法律规定的权限,依照法律规定的程序、制度进行科学决策、民主决策。

政府决策的法治化,要求做到以下几个方面:

一是决策主体适格,决策主体拥有相应的决策权力。要通过立法,科学合理地界定各级政府和部门的决策权限,凡是市场决策能够解决的问题,应当充分发挥市场机制的作用,政府主要在市场机制失灵的领域或环节发挥作用,依法决策和管理。各级政府和部门的决策权限明确清晰,不得超越自身权限决策,不得违法决策、失权决策,或者该决策时不及时决策。

二是要完善政府决策程序,完善政府内部决策规则。政府决策是从发现和诊断决策问题开始,经由确立决策目标,制定、评估与选择决策方案,实施与完善政府决策的基本过程。要通过完善政府决策的体制,强化政府决策过程的咨询工作,完善决策信息系统,规范政府决策程序来保障决策的科学化和民主化。决策过程中,除依法应当保密的外,决策事项、依据和结果要向公众公开,接受公众监督,要支持和保障公众参与的权利。要依法建立健全公众参与、专家论证与政府决策相结合的行政决策机制和法律制度,在涉及全国或者地区经济社会发展的重大决策事项以及专业性较强的决策事项时,应当事先由专家进行必要性和可行性论证。对于社会涉及面广,与群众利益密切相关的决策事项,应当依法向社会公布,或者通过举办座谈会、听证会、论证会等形式组织公众参与,广泛听取各方面意见。要使政府决策行为符合既定的决策规则和程序,保障政府决策行为的合法性。为了完善政府决策的程序和规则,必须加强政府决策的制度建设,对政府决策程序进行立法,通过决策程序的制度建设来保证政府决策的科学化和民主化,通过政府决策的法治化来保证决策程序和制度得到遵守和落实,从而实现政府决策程序的科学化、民主化和法治化的统一。

三是要建立健全政府决策责任追究制度。政府决策以实现公共利益的最大化为价值取向,要增进公共利益。如果政府的决策过程违反法律规定的权限、程序或议事规则,或者决策行为给社会公共利益造成了极大损害,就要依照"谁决策、谁负责"的原则,依法追究其决策责任,实现决策权与决策责任的统一。

2. 政府执行过程的法治化。构建服务型政府,就是要使政府权力用来为人民服务。行政执法是政府行使权力的体现,是行政机关大量的经常性的活动,直接面向社会和公众,并对行政相对人的影响很大。依法行政,实现政府执行过程的法治化是对政府权力正确行使的要求。

政府执行过程法治,就是要通过完善行政执法的体系,理顺行政执法体制,加快的行政程序建设,规范行政执法行为,推进行政执法责任制,使政府

权力在法治的轨道上运行。为此,我们需要从以下几个方面推进:

一是完善行政执法体系,推进政府行政执法体制改革。要完善政府行为法,依法规范政府权力的行使。探索政府决策权、执行权和监督权相互协调和制约的机制,加快建立权责明确、行为规范、监督有效、保障有力的行政执法体制。深圳市提出的行政三分制改革方案是研究政府行政执法体制的借鉴。要继续开展相对集中行政处罚权工作,积极探索相对集中行政许可权,推进综合执法试点。要减少行政执法层次,适当下移执法重心;对与人民群众日常生活、生产直接相关的行政执法活动,主要由市、县两级行政执法机关实施。

二是要加快行政程序建设,通过程序规范政府权力的行使。程序是对政府权力的控制,也是对权利的保障。当前,我们要着重完善政府执法表明身份制度、告知制度、听证制度、回避制度、信息公开制度、时效制度等等,制定一部政府行政程序法作为总体的指导,依法保障行政管理相对人、利害关系人的知情权、参与权和救济权。加快政府行政程序建设,就是要求政府严格按照法定程序行使权力、履行职责。行政机关作出对行政管理相对人、利害关系人不利的行政决定之前,应当告知行政管理相对人、利害关系人,并给予其陈述和申辩的机会;作出行政决定后,应当告知行政管理相对人依法享有申请行政复议或者提起行政诉讼的权利。对重大事项行政管理相对人、利害关系人依法要求听证的,行政机关应当组织听证。行政机关行使自由裁量权,应当在行政决定中说明理由。用法定行政程序对行政执法权力进行控制,对于政府规范执法和实现社会公正具有重大意义。

三是规范行政行为,政府行为法治化。政府行为法治化就是要将政府行为纳入法治化轨道,政府作为或不作为必须依据法律,其行为内容必须符合法律,行为过程合乎法定程序,一切政府行为必须承担相应的责任并使这种责任法律化。首先,行政执法由行政机关在其法定职权范围内实施,非行政机关的组织未经法律、法规授权或者行政机关的合法委托,不得行使行政执法权;政府要清理、确认并向社会公告行政执法主体;实行行政执法人员资格制度,没有取得执法资格的不得从事执法工作。政府执法,实施行政管理,要遵循合法行政、合理行政、程序正当、高效便民、诚信守信、权责统一的原则,不可滥用权力,不可偏私,不可背信于民,真正是政府的权力用来为人民提供优质的服务。

四是推行行政执法责任制,完善行政执法责任追究制度,是建立服务型政府的一项重要的制度保障。行政权力与责任的统一是现代行政的基本法则,没有行政权力的行政责任必然会无法兑现,而没有行政责任的行政权力必然产生腐败。政府的执行过程需要完善行政执法责任制,通过法律制度途径追查行政主体及其公务员的行政责任,使行政执法责任落到实处,并真正成为约束行政权力合法合理运用的有力工具。为此,我们必须要进一步梳理行政执法依据,针对我国现有规范执法权力、执法程序、执法责任的法律规范较为薄弱,法律规范的漏洞和瑕疵都比较多的现状,进一步加强法律规范的清理和修订,改进立法质量。要建立公正公开的评议考核制度,通过吸收公众参与考评活动来进一步提高行政执法的水平,规范行政执法行为。要建立执法过错案件责任追究制度,探索行政执法绩效评估和奖励办法,对于行为违法或行政不当的执法行为,要根据过程形式、危害大小、情节轻重,在立法上给予相应的处罚,依法追究其责任;对于合法合理行政,创新行政执法形式的行为,要通过绩效考核,给予奖励。总之,政府执法责任追究制,是实现政府执法过程法治化的制度性保障,是构建责任政府的前提,也是服务型政府的政府管理标志。

3. 政府监督过程的法治化。政府监督过程包括两个层面的内容,一是政府内部监督,即政府内部根据决策权、执行权和监督权相对分离、相互制约和相互协调机制建立起来的一种对政府决策权和执行权监控的过程;二是政府外部监督,即政府行为接受人大、政协、司法机关、社会组织和公众监督的过程。实现政府监督过程的法治化,就是要使具有监督权的主体依照法定权限和程序对政府行为进行监督的状态。政府内部监督的法治化,就是要使政府专门监督部门对其他政府部门、具有行政监督权的机构对具有行政决策权和行政执行权的机构以及上级政府机构对下级政府机构具体行政行为的监督过程,有法可依、依法行使、受法之约束。为此,要做到:一是加强专门监督。政府监察和审计部门是政府内部监督的专门部门,是政府纠正自身行政行为偏差的保障。要积极发挥政府监察和审计部门在政府内部监督中的核心作用,使其能够依法独立地履行监督职责,严肃查处有令不行、有禁不止、失职渎职以及政府在财政资金使用方面的行为。如我国政府审计部门开展的"审计风暴"就是政府内部监督的最明显体现。二是要探索行政决策权、执行权和监督权的相互制约和相互协调的体制机制,重点强化行政监督权,防止政府决策权和执行权的滥用和违法作为。三是要建立上级行政机关对下级行政机关行政行为的监督,创新层级监督的新机制,保证上下级间政令畅通、协调一致。四是要加强对政府行政规章及其他规范性文件的监督,保证政府行政法规体系的完整、协调和权威。

政府的外部监督过程的法治化,就是要使政府外部监督主体依照法定程序对政府行为进行监督,形成对政府权力的制约。政府的真正制约力量来自于政府外部,不管是按哪一种公共管理模式,要使政府真正为公众服务,就必须接受外部监督,这包括立法机关、司法机关、政党、社会团体、企业、公民以及社会舆论的监督。广泛而规范的行政系统外部监督,将从根本上弥补行政三分制内部监督不足的缺陷。实现政府外部监督过程的法治化,是确保外部监督有效展开和实现的根本。对于政府来讲,必须自觉接受来自同级人大及其常委会的监督,依法向其报告工作和回答咨询,依法向相关人大常委会备案法规和规章。应当创新人大监督机制和形式,从立法上规定政府接受监督的各项制度。要接受政协的民主监督,从制度上保证政协意见和建议能够纳入政府建设中去。社会舆论作为第四种力量正成为监督政府行为的生力军,要依法规范新闻媒体的地位和作用,保证新闻媒体在监督政府行为方面的独立地位。公众参与政府决策和行为是公众监督的有效形式,要通过建立各种民主参与的机制形式来赋予公众更大的主体地位。总之,为使政府权力用来增进社会公共利益,防止政府的腐败和权力滥用,实现政府监督过程的法治化将是一个十分重要的方向,需要继续推进和完善。

(五)政府行为方式的法治化

政府行为方式是指政府履行政府职能的各种途径、方式和方法。

政府行为以行政相对人能是否特定为准可以分为抽象行政行为和具体行政行为,抽象行政行为主要是指行政立法行为,具体行政行为包括依申请的行政行为,如行政许可、行政给付、行政奖励、行政确认、行政裁决等;还包括依职权的行政行为,如行政规划、行政命令、行政征收和征用、行政处罚、行政强制等。随着市场经济的发展和多元社会主体需求的增长,政府适应社会发展需求,适时创新政府行为方式,产生了政府行政指导、行政合同等新的行为方式。服务型政府的构建,要求政府提供更多的公共物品和公共服务,这要求政府创新服务行为方式,通过政府行为的法治化来保障和规范政府服务行为。为此,我们主要探讨行政立法、行政许可及体现政府服务方式改进的行政指导和行政合同等政府行为的法治化问题。

1.行政立法。行政立法是指行政机关根据法定权限并按法定程序制定和发布行政法规和行政规章的活动。[①] 行政立法是随着社会经济的发展以及社会事务的增加导致的行政国家出现后政府权力扩展的表现,政府是对代议机关立法速度无法适应急剧变化的社会发展需求而做出的回应和补充。行政立法在本质上属于立法活动,同时它也是一种政府的行政行为。为此,行政立法必须符合立法的基本原则和价值,如公平、正义、民主、平等的价值,同时,又要有行政立法具有执行性的特色,遵循法制统一和可操作性等。实现行政立法的法治化,就是使政府立法活动纳入法治的视野,以实现法治。

实现行政立法的法治化要求做到:首先,行政立法在本质上是民意整合的结果,行政立法应当符合民主的要求。只有这样,被制定出来的行政立法才能获得最广泛的社会基础支撑,才能够在行政管理中顺利实施。其次,行政立法应当公开、公正。行政立法与社会公民的权益密切相关,因此,应当以社会和公民能够参与或看得见的方式进行立法活动,保证立法的公正。

---

① 姜明安:《行政法与行政行政诉讼法》,北京大学出版社 2005 年版,第 204 页。

最后,行政立法是政府执行法律的过程,是针对社会具体问题做出的解决方案,因此,行政立法的内容应当具体、明确,具有可操作性,能够切实解决问题。

实现行政立法的法治化,需要通过各种制度建设来保证。在我国,针对行政立法的法律法规主要有《宪法》《立法法》《行政法规制定程序体例》《规章制定程序条例》《国务院办公厅关于法规审查有关工作程序规定的通知》《法规规章备案条例》《政府信息公开条例》以及其他单行法律法规对行政立法的限制和规定。这些法律法规的存在,保证了我国行政立法活动的规范化和法治化,保证了所制定的法规规章的明确、具体、公开,稳定。当前要做的是,政府行政立法应当严格按照既有的法律法规的规定办事,同时,要做到:制定法的内容尽可能具体,尤其是关于公民权利和义务的规定要尽可能详细;行政立法是否符合明确性要求应当成为制定法规和规章时审查的内容之一,保障行政立法内容的明确;凡是涉及公民权益的行政规范性文件都应公开;要扩大提起行政立法主体的范围,适应市场主体多元化发展的现状规定除政府外的其他主体都有提起立法建议的权力;要完善行政立法程序,增加公众参与的制度机制,强化程序的平等和公平适用性;要强化对违反上位法的行政立法的审查,及时清理和纠正,保证行政立法体系的统一。

2. 行政许可。行政许可,是指行政机关根据公民、法人或者其他组织的申请,经依法审查,准予其从事特定活动的行为。行政许可主要包括一般许可、特许、认可、核准、登记等形式,它是建立在一般禁止的基础上的政府从事行政管理活动的重要手段。它有利于加强国家对社会经济活动进行宏观管理,实现政府管理方式的转变,从直接管理转到间接管理上来;有利于保护广大消费者的权益,制止不法经营,维护社会经济秩序和生活秩序;有利于保护并合理分配和利用有限的社会、经济资源,搞好生态平等,避免资源浪费;有利于保护国内社会经济生产公共安全。① 行政许可法立法的价值

---

① 姜明安:《行政法与行政行政诉讼法》,北京大学出版社 2005 年版,第 264 页。

取向主要是,便利行政管理,提高行政效率;约束行政权力,保障公民权利。在公民权利和行政效率之间找出平衡点,这就是行政许可法的宗旨:以保障公民权利为核心,兼顾行政管理和行政效率。

3. 行政合同。行政合同是指政府与社会组织或者公民,根据社会公共利益的需要,经过协调一致达成协议的方式和行政技术手段,其目的是为了更好的履行职责,实现特定的行政管理目标。行政合同作为一种新兴的政府管理的手段和方式,是随着现代民主政治的发展、福利国家和给付行政的出现而产生的,体现了现代政府行政的民主参与性和灵活多样性。福利国家的政府对社会生活的各个方面提供了服务,然而,政府的人员和机构都是有限的,决定了其作为唯一提供公共物品能力的有限性。与此同时,西方新公共管理理论开始流行并倡导引入市场机制和授权市场主体来提供公共物品。这样,本来由政府行使的职能通过合同外包的形式由市场来提供,政府根据合同来付费。这就产生了最初的行政合同。行政合同是现代公法和私法相互渗透和融合的产物,是国家行政机关运用私法合同手段进行行政管理、实现行政目的的法律制度和合同行为。为此,它具有合同的行为,又具有行政行为的性质。

行政合同具有以下特征:一是行政合同的一方当事人必须是政府或政府授权的组织;二是行政合同以履行行政职责为目的,是行政机关履行职责的一种手段、方式;三是行政合同中贯彻行政优益权原则。所谓行政优益权是指行政机关享有的优先处分的权益。在行政合同中行政优益权表现在:行政主体单方面选择行政相对人而与之签订行政合同,行政主体在合同履行过层中享有监督权或指挥权、行政主体根据公共需要,在情事变更时可单方面变更或解除合同、行政主体享有对对方违约行为的制裁权等。[①] 目前,行政合同已广泛应用于政府管理实践,国家定购合同、公共设施建设合同、国有资源开发利用合同、公共征用合同、环境保护合同、科学研究合同、行政管理责任合同、企业承包合同、农民负担合同、政府采购合同等,都是常见的

---

① 刘莘:《行政合同刍议》,《中国法学》1995 年第 5 期,第 67—73 页。

行政合同。

作为政府行政管理的一种工具,行政合同体现了行政方式多元化发展趋势。传统行政方式多是单方的和强制的,带有浓厚的权力行政色彩,行政合同可以补充甚至取代单方特权行政方式。当公共行政问题需要社会参与解决时,当政府职能履行需要行政相对人协助时,行政合同就是公共行政社会化的有效方式。反之,如果行政主体一味使用单方特权行政方式,极易遭遇相对人的消极抵制或者不合作。同时,行政合同有利于解决大型或者复杂的社会问题。行政合同的缔结过程实际上是一个各种意见折中、妥协的过程,通过这一过程,行政合同在内容上满足或者协调了各种不同利害关系人的不同需要,加上约定条款本身所具有的约束效力,行政合同的有效性是显而易见的。① 行政合同也是行政相对人参与政府公共行政的一个有效方式。在构建服务型政府的过程中,要积极有效的运用行政合同,发挥其应有的作用。为此,需要对行政合同的相关法律法规进行完善,规范行政合同的程序,重点完善行政合同救济制度,实现行政合同的法治化。

4. 行政指导。行政指导是行政机关在其职能、职责或管辖事务范围内,为适应复杂多样化的经济和社会管理需要,适时灵活地采取符合法律精神、原则、规则或政策的指导、劝告、建议等不具有国家强制力的方法,谋求行政相对人同意或协力,以有效地实现一定行政目的之行为。简言之,行政指导就是行政机关为谋求当事人作出或不作出一定行为以实现一定行政目的而在其职责范围内实施的指导、劝告、建议等不具有国家强制力且不直接产生法律效果的行为。如工商局劝说经营者合法经营,税收部门提醒纳税人及时纳税等等。行政指导行为具有非强制性、示范引导性、柔软灵活性、方法多样性、选择接受性等特征,它既不同于设立规范的行政立法行为,也不同于具有强制力的行政执法行为,又区别于直接产生法律效果的行政合同行为,它与这些行为共同构成行政机关的行为方式体系,相辅相成、相互配合、

---

① 杨阳:《行政合同:一种新型行政技术》,《中国行政管理》2005 年第 5 期,第 24 页。

各有所长地调整社会生活,从而更有效地实现行政目标。① 如税收部门提醒纳税企业及时到期纳税,这是行政指导,但如果纳税人不及时纳税,那么,税收部门到期后就可依法对纳税人进行行政强制或处罚。作为政府新的行政技术,行政指导是伴随着现代市场经济的发展和政府对自身认识的不断深化而成长起来的,目的在于通过这种灵活的技术手段来引导市场经济的发展,实现政府特定的公共目的。

行政指导产生于二战后的日本,并在日本战后经济的恢复中发挥积极的作用。战后的日本推行政府主导型的经济发展模式,政府对市场的干预要有法律的授权,但政府立法总是赶不上社会的发展变化,政府通过使用行政指导的方式,诱使企业和个人采取或不采取一定的行为,从而达成行政目标。日本推行以诱导性经济计划和产业政策为基础的行政指导,对日本经济奇迹般的发展产生了巨大的影响。② 战后的德国和美国也同样采取了很多行政指导方式。我国现在是在政府引导下的经济发展模式,通过发挥市场在资源配置中的基础作用,同时要加强政府对经济的宏观调控和市场监管,政府也要有意识地引导产业布局和调整产业结构,因此通过行政指导方式可以实现政府一定的行政目的。同时我国现行的法律法规中也存在着许多行政指导的规定,如我国现行《宪法》第 8 条第 3 款规定:"国家鼓励、指导和帮助集体经济的发展。"《宪法》第 11 条第 2 款规定:"国家鼓励、支持和引导非公有制经济的发展,并对非公有制经济依法实行监督和管理。"就指明了政府实施行政指导的依据。在法律方面,如《中华人民共和国农业法》第 29 条就规定:"县级以上人民政府应当制定农产品加工业和食品工业发展规划,引导农产品加工企业形成合理的区域布局和规模结构。"

构建服务型政府必须发挥政府的服务职能,政府提供服务的方式多种多样,但一定要符合多元社会主体不断成长的趋势和要求,政府不可以为市场进行决策,但政府又必须发挥宏观调控和市场监管的职能,为此,行政指

① 莫于川:《法治视野中的行政指导行为——论我国行政指导的合法性问题与法治化路径》,《现代法学》2004 年第 3 期,第 3 页。

② 姜明安:《行政法与行政诉讼法》,北京大学出版社 2005 年版,第 336 页。

导就成为政府可以充分使用的行政技术工具。行政指导通过采取说服、建议、协商、奖励、帮助等形式使得行政相对人自愿调整自身的决策和行为,从而既有利于市场和公民的自身利益,又同时实现了政府目的。行政指导既是现代行政管理过程中合作、协商的民主精神发展的结果,也是现代市场经济发展过程中对市场调节失灵和政府干预双重缺陷的一种补救方法。①

行政指导作为政府行为的一种,目前存在的最大问题是法律规范缺失,制度化和规范化的程度不高,直接影响到政府实施行政指导的合法性和正当性。同时,行政指导虽然对行政相对人不具有强制力,但是,如果行政相对人信赖了政府的指导作为或不作为一定的行为而使自身的利益受到重大损失,如何救济就成为制度设计的关键。如某县农民听从政府关于农业种植方面的指导,大规模地种植某一单一种类的农作物,导致收成时由于市场供应饱和而滞销,农户受到巨大损失。所以,政府实施行政指导行为,一定要奉行合法性(含合理性)原则、协调性原则、合政策原则、合目的原则、诚实信用(禁止反言)原则、示范引导原则、自愿选择原则、及时灵活原则、公开透明原则、责任分担原则、信赖保护(含合法预期保护)原则、特别救济原则。在实施依法治国方略和全面推进依法行政的新形势下,应从我国行政管理和行政法制的实际出发,着重在转变传统观念、强化制度建设、加快立法步伐、采取配套措施等方面进行创新和持久的努力,实现行政指导法治化。

四、政府伦理的法治化

构建服务型政府的法制框架,归根到底要使公务员转变观念,树立法治意识,遵守行政伦理,强化公共服务精神。服务型政府的法治框架包括公务员法律制度以外部约束力量规范公务员的行为,使公务员在法治的轨道上行为。然而,对整个服务型政府的建设来说,还需要强化公务员的行政伦理,建立良好的以民为本的行政文化。在现代国家中,越来越多的伦理规范

---

① 姜明安:《行政法与行政行政诉讼法》,北京大学出版社 2005 年版,第 334 页。

被纳入到社会的法律规则体系之中,实现政府行政伦理的法治化。

政府伦理是行政文化的重要组成部分。政府伦理的法治化是指将公务员的职业道德和公共服务精神通过法律的形式加以确定,从而引导公务员行为模式的法治过程。公务员职业道德和公共服务精神的养成不仅是靠教育和个人修养,更重要的其长期遵循与公共伦理相关的法律、法规的结果。也就是说,公共行政伦理的相关法律、法规和其他规范是原因,而公务员的高尚品德、美德是结果。① 法律约束不同于道德伦理约束的地方在于法律是最低的道德底线,通过对公务员外部行为的规范实现其价值,而道德伦理更多的是通过人的内化成为自身价值的一部分来使人们自觉的服从。公共行政伦理是一种规范伦理,强化政府伦理的法治化并不是强调"人治",而是要通过法律制度的规范来为公务员设定行为的规则和程序,强调其践行公共服务精神和职业操守的自觉性。

通过立法程序将伦理规范以法律、国家意志的形式明确表现出来并使之具有外在强制性,是西方发达国家共同的趋势和通行的做法。在那里,法律几乎已经成为一部伦理规则的汇编。如美国从 1958 年制定《美国政府部门伦理准则》开始,就一直在完善对政府部门和工作人员伦理道德的法律规范制度,在 1978 年通过了《政府道德法》使其具有法律约束力。除美国外,韩国于 1981 年始制定了《韩国公职人员伦理法》,日本于 1999 年制定了《日本国家公务员伦理法》,英国制定了《荣誉法典》《防腐化法》《地方政府雇员行为规范》。这些法律侧重于公务员品行和道德的规范,杜绝公务员利用职务之便行谋取私利之举,通过行政伦理的法治化达到预防腐败,树立公共服务精神和职业道德的目的。

政府伦理的法治化对构建服务型政府有至关重要的基础作用:首先,服务型政府是以人为本,全心全意为人民服务的政府,这要求公务员必须树立公仆意识,具有公共意识、平等意识、合作意识、责任意识、奉献意识和利民意识等公共服务精神和职业素养。由于人的道德品质的不完善性和认识客

---

① 曾峻:《公共管理新论—体系、价值与工具》,人民出版社 2006 年版,第 361 页。

观事物的局限性,很难保证公务员都能够普遍遵循这些行政伦理,正确地行使权力而不发生失误和偏离。行政伦理这种软规范必须通过法律制度等硬约束才能有效地发挥作用。通过行政伦理的法治化,有助于教育和引导公务员树立和遵循公共服务精神,从而保证服务型政府能够顺利的实现。

其次,行政伦理的法治化有助于提高公务员的职业能力和素质。在管制型政府中,政府和公务员中普遍存在着服务理念迷失,"官本位"意识顽固;服务意识淡薄,缺乏公共责任;服务态度冷漠,工作作风漂浮;服务过程不规范,主观随意性大;服务立场有偏差,"经济人"行为泛滥;服务效率较低,推诿搪塞之风盛行;服务思维陈旧,行为被动而迟钝等等。[①] 这其中最重要的原因是没有将现代政府服务理念和公务员的职业操守和公共精神的行政伦理法治化,使得政府机关和公务员即使具有上述问题也得不到法律的追究和惩罚,造成了公众对政府信任的下降。"吏不畏我严而畏我廉,民不服我能而服我公,公生明,明生廉,廉生威。"[②]通过行政伦理法治化,有利于规范公务员的行为,提升公务员为民服务的职业素养和精神境界,有助于恢复公众对政府的信任。

在构建服务型政府的过程中,实现政府行政伦理的法治化,需要在借鉴国内外行政伦理法治经验的基础上结合我国具体情况,坚持依法治国与以德治国的统一,制定一部公务员行政伦理道德法,着重规定以下几个方面的内容:一是强化政府服务本质和公务员公共服务精神,尤其要加强对领导干部行政伦理行为的规范和约束,从严要求。公务员尤其是领导干部必须做好政治上忠诚、诚信,必须做到公共利益至上,忠于国家和社会,忠于法律。通过行政伦理法治化,引导各级领导干部时刻牢记立党为公、执政为民的执政理念,常修为政之德,常思贪欲之害,常怀律己之心,自觉做到权为民所用,情为民所系,利为民所谋。所有的公务员都应当忠于职守、奉公守法、秉公用权,全心全意为人民服务,要通过法律规范的引导塑造具有公共意识、

---

① 彭向刚:《论服务型政府的服务精神》,《社会科学战线》2007 年第 3 期,第 209—214 页。
② 〔清〕张聪贤:《官箴》。

平等意识、合作意识、责任意识、奉献意识和利民意识等现代公共精神的公务员。二是要从经济活动上规范公务员的行为。2005年中央颁发的《建立健全教育、制度、监督并重的惩治和预防腐败体系实施纲要》指出,要探索制定公务员从政道德方面的法律法规,完善领导干部重大事项报告和收入申报制度。公务员行政伦理法应当对公务员利用职权之便谋取私利的可能性进行重点规范,在涉及与自身利益相关的各项决策和管理中强化回避制度,完善财产申报和经济审计相结合的制度。应当立法限制离职公务员的活动范围,规范跳槽或退休的公务员的行为,要求其在规定的年限内不得从事与其原来所管理的行业相关的事务。三是要加强公务员行政作风建设,加强对政风的规范。近些年,政府机关违规修建豪华办公楼和培训中心的问题在一些地区和部门十分突出,而且有愈演愈烈的势头。有的机关办公楼占地面积过大,人均使用面积严重超标,建设装修豪华;有的打着培训干部的旗号,兴建的"培训中心"像高档星级宾馆一样豪华……这种做法挥霍浪费国家资财,加重人民群众负担,严重背离艰苦奋斗的优良传统,助长追求奢侈享乐的不正之风,腐蚀党员干部的服务意识和进取意志,影响很坏、危害极大,人民群众深恶痛绝,严重损害政府形象。[①] 解决这种问题,必须同时完善行政伦理法,对不违规但是不适当的行为进行处罚,从而杜绝政府权力走向腐化。

第三节 服务型政府的制度建设

制度是组织人类共同生活、规范和约束个体行为的规则,[②]它是由一系列的正式制度(如宪法、法律、规章及各种规范的文件等各种政治、经济规则、契约和相应的组织结构)、非正式的制度(如风俗习惯、价值信念、伦理

---

① 温家宝:《规范行政权力运行 深入推进反腐倡廉工作》,《中国监察》2007年第5期,第4—8页。

② [美]道格拉斯·诺斯:《制度、制度变迁与经济绩效》,刘守英译,三联书店1994年版,第3页。

规范、道德观念和意识形态等)和实施机制所构成的。制度文明是现代政治文明的重要标志,制度发展健全的程度直接决定着一个国家的经济社会发展水平,现代政府是制度文明建设主体和主要的体现者。建设服务型政府实质上就是要求政府从组织架构到政府过程,从职能界定到政府行为都要规范化、制度化和法律化。服务型政府的制度建设就是要按民主、自由、理性、正义的制度建设理念要求,使政府部门的各组成部分和政府过程的各环节都有法可依、有规可循,真正把政府建设成为人民服务、对人民负责、受人民监督的政府。

一、服务型政府制度建设的意义

制度建设是服务型政府建设的本质要求,没有制度建设也就没有服务型政府。不仅如此,制度建设在整个社会主义现代化建设和中华民族的伟大复兴历史使命中都具有至关重要的作用。

1. 服务型政府及制度建设是政治文明建设的基本要求。党的十七大报告在关于政治建设和政治体制改革的论述中提出:加快行政管理体制改革,建设服务型政府……坚持国家一切权力属于人民,从各个层次、各个领域扩大公民有序政治参与,最广泛地动员和组织人民依法管理国家事务和社会事务、管理经济和文化事业;坚持依法治国基本方略,树立社会主义法治理念,实现国家各项工作法治化,保障公民合法权益;坚持社会主义政治制度的特点和优势,推进社会主义民主政治制度化、规范化、程序化,为党和国家长治久安提供政治和法律制度保障。发展社会主义民主政治,建设社会主义政治文明,需要通过一系列制度来体现和保障。从形式上讲,特定的制度形式是社会主义政治文明的载体;从内容上讲,特定的制度表达体现着特定的政治理念、精神和原则。建设社会主义政治文明虽涉及诸多方面,但其核心和关键是大力加强以服务型政府为主的制度建设,建设体现社会主义政治文明的良好制度体系。

在总结共产党的历史经验和教训时,邓小平曾精辟地指出:"制度问题,关系到党和国家是否改变颜色,必须引起全党的高度重视","制度问题不解决,思想作风问题也解决不了"。"我们过去发生的各种错误,固然与某些领导人的思想、作风有关,但是组织制度、工作制度方面的问题更重要。这些方面的制度好可以使坏人无法任意横行,制度不好可以使好人无法充分做好事,甚至会走向反面⋯⋯"为此,邓小平提出了"三个民主化"的战略性指南,即"从制度上保证党和国家政治生活的民主化、经济管理的民主化、整个社会生活的民主化,促进现代化建设事业的顺利发展"。① 因此,建设社会主义政治文明,全面建设小康社会,不仅要加强制度建设,更要注重提高制度建设的质量。理性、科学、协调的制度体系既是社会主义政治文明的集中体现,也是其良好保障。西方各国现代化的经验也表明,制度文明是一种最高层次的文明,它是衡量一个社会是否现代化的重要参数,是现代政治文明的精髓所在。建设社会主义政治文明,必须建设社会主义制度文明。

2. 服务型政府及制度建设是中华民族复兴的关键。正如马克思在一百多年前指出的那样:解决生产力发展的束缚,推动生产力的发展,必须用新的制度——社会主义制度取代资本主义制度。马克思主义历来重视制度及制度建设在经济社会发展中的重要作用,提出社会主义取代资本主义实质上就是要从制度上全面改造当时的社会,以推动社会的发展和人类的逐步解放。正如党的十七大报告指出:"改革是决定中国命运的关键性抉择,只有改革才能发展中国。"我们现在进行的政治体制、经济体制及其他各种体制的改革实质上也就是制度的改革和创新,因此可以说,制度改革和创新就是决定中国繁荣富强和民族复兴的关键。

历史的实践一再证明,制度是一个民族发展、壮大和保持繁荣的决定性因素。鸦片战争时期,如果从国民生产总值的角度看,中国绝对是世界上最强大的国家,②这也是当时的中国清政府当局冥顽不化的主要原因,总认为

---

① 《邓小平文选》第2卷,人民出版社1993年版,第328—333页。

② 清朝道光年间(1821~1851年),中国的国民生产总值仍居世界之首,高于整个欧洲的总和,而1700~1820年间的经济增长也高于日本和欧洲。1820年中国GNP是欧洲的1.22倍,1890年中国GNP是日本的5.28倍;中国的GNP增长率从1700至1820年间一直领先于欧洲和日本。参见:张文木:《世界地缘政治中的中国国家安全利益分析》,山东人民出版社2004年版,第5页。

自己是强大的,只是"技"不如人,所以搞洋务运动,试图"师夷长技以制夷"。甲午一战,才让以光绪为首的部分统治者认识到:政治制度腐败是中国近代以来贫穷落后和任人宰割的主要原因。但囿于当时制度选择上的局限,从维新变法运动到辛亥革命后的数次革命,试图从制度上改革和复兴中国,都失败了。十月革命后,马克思主义传入中国和以建设社会主义制度为历史使命的中国共产党的产生带来了中国从制度上改革和复兴中国的曙光。社会主义革命和建国以来取得经济社会建设的伟大胜利,既是社会主义的胜利,更是制度选择和制度改革的胜利。因为社会主义制度的选择,我们取得了国家的独立和民族的解放;有了改革开放以来的社会主义制度改革和创新,我们迎来了国家的富强和人民的富裕。因此我们可以说,制度改革、建设和创新是中华民族繁荣富强和伟大复兴的关键。服务型政府改革目标和相关的制度设计,就是在社会主义市场经济深入发展、政治民主化程度提高和参与全球竞争的背景下,适应行政管理体制改革和制度创新需要而提出来的。

制度创新在经济社会发展的重要作用,在西方资本主义的理论和实践中都得到证明。在探讨大国或强国兴衰的原因时,很多学者都是从资源禀赋、技术进步、劳动生产率提高的角度寻找证据,但总缺乏足够的说服力。美国经济史学家道格拉斯·诺斯在研究西方兴起的原因时,他发现:制度在西方世界兴起中起着至关重要的作用。在《西方世界的兴起》一书中,作者开门见山的指出:"有效率的经济组织是经济增长的关键;一个有效率的经济组织在西欧的发展正是西方兴起的原因所在。"①纵观资本主义发展的历史脉络,我们可以发现每一次资本主义的危机都是在制度的创新中得以有效的化解,从而延续了资本主义存在的历史,并在这种延续中保持了长久的繁荣。从重商主义到自由放任主义,从凯恩斯主义到20世界70年代的大改革,资本主义制度改革和创新的历史是非常清晰的。从这些制度改革和

① [美]道格拉斯·诺斯、罗伯特·托马斯:《西方世界的兴起》,厉以平等译,华夏出版社1989年版,第1页。

创新的历史中,我们可以发现一个基本的规律,那就是:政府制度改革和创新是首当其冲的,而且政府的职能、组织结构的设计到政府过程的行为日益向提供服务转变,公共服务水平和质量的提高极大地推动了经济社会的发展。如 1950 年以来的 50 多年的时间里,西方发达国家创造的财富超过了以往所有时代创造财富的总和。而其奥秘就在于不断强化公共服务职能,这里从公共服务支出占 GDP 的比重和经济增长的具体数据来说明(见表 8 -1,8 -2)。①

表 8 - 1　1960 ~ 2002 年发达国家人均 GDP

国别	1960 年	1970 年	1978 年	1990 年	2002 年
高收入国家		3040	7850	20040	26310
美　国	2502	4950	10250	22380	35060
日　本		1940	7130	26100	33550
丹　麦	1191	3130	10210	22600	30290
英　国	1261	2250	5270	16170	25250
德　国	1200	2860	9660	22720	22670

数据资料来源:(1)2002 年数据来源于:世界银行:《2004 年世界发展报告》.中国财政经济出版社 2004 年版,第 252 ~ 253 页。(2)1970 年、1980 年、1990 年数据来源于:张塞主编:《国际统计年鉴·1995》,中国统计出版社 1996 年版,第 94 ~ 95 页。(3)1960 年数据来源于:范慕韩编:《世界经济统计摘要》,人民出版社 1985 年版,第 32 ~ 33 页。

表 8 - 2　1870 ~ 1996 年发达国家政府支出占 GDP 的比重

国家	1870 年	1913 年	1937 年	1960 年	1980 年	1990 年	1996 年
美　国	7.3	7.5	19.7	27.0	31.4	32.8	32.4
新西兰	-	-	25.3	26.9	38.1	41.3	34.7
日　本	18.3	16.5	14.8	21.2	34.1	34.9	35.9

---

① 李军鹏:《公共服务学》,国家行政学院出版社 2007 年版,第 89—91 页。

瑞　　士	16.5	14.0	24.1	17.2	32.8	33.5	39.4
爱尔兰	–	–	25.5	28.0	48.9	41.2	42.0
英　　国	9.4	12.7	30.0	32.2	43.0	39.9	43.0
加拿大	–	–	25.0	28.6	38.8	46.0	44.7
联邦德国	10.0	14.8	34.1	32.4	47.9	45.1	49.1
挪　　威	5.9	9.3	11.8	29.9	43.8	54.9	49.2
奥地利	10.5	17.0	20.6	35.7	48.1	38.6	51.6
意 大 利	13.7	17.1	31.1	30.1	42.1	53.4	52.7
法　　国	12.6	17.0	29.0	34.6	46.1	49.8	55.0
瑞　　典	5.7	10.4	16.5	31.0	60.1	59.1	64.2
平　　均	10.8	13.1	23.8	28.0	41.9	43.0	15.0

数据资料来源：Vito Tanzi. Ludger Schukneeht：“Public Spending in the 20th Century：A Global Perspective”. Cambridge Cniversity press. 2000.

二、服务型政府制度建设的价值目标和基本要求

（一）服务型政府制度建设的价值目标

服务型政府制度建设的价值目标，既是对服务型政府价值目标的具体化或实践化，也是制度建设和发展规律的反映。具体来讲，制度建设应贯穿以下价值目标和理念：

1. 体现理性和规律。理性即真理，真理是相对的，理性就是人们在一定时期对什么是正确和合理的一种认识，它包括能够最有效解决问题的方法（工具理性）和达到的合理目标（价值理性）两个方面。对服务型政府的制度建设而言，制度反映理性就是要求制度能以增进公共利益为价值目标，而在方法和途径上又是尊重和促进个人利益的或不损害个人利益。也就是说，制度建立和实施不能以牺牲个人利益或部分人利益为代价，传统的那种损己利人或为了集体牺牲个人的制度是与制度理性相违背的。另一方面，制度理性是全面或统筹兼顾的，不能为了单方面的理性而置全局或其他方面不顾，不能为了解决问题建立了制度而又因此产生了新的问题。如前所

述,"公共权力部门化、部门权力利益化、部门利益法制化",就是一种非制度理性。任何事务都有自身的发展规律,顺应规律建立制度和规范,既能利用规律为我们服务,又能促进事务本身的发展。如建立社会主义市场经济体制和公共行政改革要求政府提出法律议案和地方性法规草案,制定行政法规、规章以及规范性文件等制度建设,必须遵循并反映经济和社会发展规律。市场规律要求充分发挥市场在资源配置中的基础性作用,凡是公民、法人和其他组织能够自主解决的,市场竞争机制能够调节的,行业组织或者中介机构通过自律能够解决的事项,除法律另有规定的外,政府不要通过行政管理去解决。政府应当根据经济发展的需要,主要运用经济和法律手段管理经济,依法履行市场监管职能,保证市场监管的公正性和有效性,转变经济调节和市场监管的方式,切实把政府经济管理职能转到主要为市场主体服务和创造良好发展环境上来。

2. 以人为本,尊重人权。制度是组织共同生活,规范人们行为的规则,它是为人服务的,服务于人的需要,这是制度的本质内涵。资本主义及以前的社会把制度作为剥削人、压制人、维护统治利益的工具,把人异化为物,把制度异化为神或上帝的意志,制度是治人,而不是服务于人。社会主义是对以往制度的取代和超越,服务型政府的制度建设要把广大人民的意志作为制度的出发点和归宿,制度是服务于人、为人的发展创造条件,这是制度建设的基本出发点。以人为本的制度建设是区别于以物为本或以经济发展为本而提出来的,在以往的改革和建设中,见物不见人、重物不重人,导致忽视人,甚至制度成了侵犯人及人的权利的工具。讲制度建设尊重人权是对制度以人为本最起码的要求,基本的人权是人发展的基础和前提,是人与生俱来的,国家、社会和他人必须予以尊重和保障的权利。制度建设尊重人权,就是制度要以保障人的自由、平等地生存和发展的权利为目的,而不是相反,任何制度的设计和实施所规定的公民的义务与公民享有的权利应是统一的,赋予组织或个人的权力与其承担的责任是一致的。

3. 树立正义,保障平等。所谓正义,就是给予每个人应得的本分,包括自由、权利、权力、财富、休闲等价值在内的所有社会利益的公正分配。"正义被认为确定无疑的体现为存在于两件事物之间的某种恰当的关系;无论谁来考虑这种关系——上帝也好,天使也好,以至于人出好——这种关系始终如一。"①平等,则是同样的社会主体应被统一对待的要求,其对立面是等级或特权。平等在政治学中也被认为是一种分配原则,是指人与人之间应在收入、社会机会和政治权力等领域分配上的平等,在人们的心目中它们是衡量某一制度文明程度的基本尺度。体现正义与平等、提高制度建设的水平和质量,就目前而言,主要是科学处理好城乡差距、区域发展不平衡以及比较严重的贫富差距。对造成城乡差距、区域发展不平衡的有关制度应当及时修改,对所有人群、所有地区实行平等对待,予以平等保护;在必要时,还必须针对以前不均衡的发展政策造成的严重后果予以特别补救,实行"逆向歧视"的保护政策;对于越来越大的贫富收入差距,政府应当科学运用税收手段予以调整,并建立社会保障制度,在实现效率的同时保障公平,使工农差别、城乡差别和地区差别扩大的趋势逐步扭转,各地区、各群体能够共享社会经济发展的成果。

(二)服务型政府制度建设的基本要求

体现上述价值目标,结合当前社会发展趋势和政府改革的基本目标,服务型政府的制度建设要从以下方面入手:

1. 把科学界定政府职能作为制度建设的前提。② 政府职能是政府活动的方向,是政府一切活动的基础,制度建设也是为政府更好地履行职能服务的,职能界定不合理,错位、易位或缺位,制度设计就不可能科学、合理。建国初期的计划经济体制下,政府是配置资源的主体,政府行为无处不在、无所不为,政府与社会、企业、市场的界限模糊,长官意志、盲目决策相当普遍,严重阻碍了政治、经济、文化和社会的全面发展。社会主义市场经济体制的建立,要求政府转变职能,实现由全能型向有限型、权力型向服务型、人治型向法治型、计划型向市场型转变。制度建设应当尊重上述客观要求,为保障

---

① 朱英辉、郭成伟:《当代司法体制研究》,中国政法大学出版社 2002 年版,第 79 页。
② 薛刚凌:《全面推进依法行政实施纲要·辅导读本》,人民出版社 2004 年版,第 143—144页。

市场机制发挥作用、维护正常的市场秩序、为市场主体创造良好的发展环境提供制度基础,建设职能有限的政府。政府的公共事务处理能力是现代社会衡量政府能力的重要标准。政府应在加强经济调节和市场监管职能的同时,重点完善社会管理和公共服务职能。政府必须建立健全各种预警和应急机制,具有应对突发事件和风险的能力,能够妥善处理各种突发事件,化解社会矛盾,维持正常的社会秩序,保护国家、集体和个人利益不受侵犯。

2. 制度建设应依法进行。制度体系中的正式制度和实施机制很多都是正式的法律法规,即使是非正式制度也要符合宪法和法律的原则和要求,因此制度建设必须依法进行。这是我们目前必须重点强调的制度建设原则,许多政府行为不规范,甚至执法犯法的现象,并不都是无法可依、无规可循,关键是所依之"法"、所循之"规"本身也是不符合法律规定的或违法的,所谓"土政策、土规章"就是指这类制度。国家《立法法》第 4 条明确规定:"立法应当按照法定的权限和程序,从国家整体利益出发,维护社会主义法制的统一与尊严。"《行政法规制定程序条例》第 3 条规定:"制定行政法规,应当遵循立法法确定的立法原则,符合宪法和法律的规定。"《规章制定程序条例》第 3 条规定:"制定规章,应当遵循立法法确定的立法原则,符合宪法、法律、行政法规和其他上位法的规定。"因此,政府提出法律议案和地方性法规草案,制定行政法规、规章以及规范性文件等各种制度,必须严格遵守相关法律规定。具体来说:一是遵守法定权限。我国的立法体系是以宪法为基础,法律为骨干,包括行政法规、地方性法规、自治条例和单行条例、规章在内的多层次的法制体系。为使这一法制体系内部和谐统一,防止出现法律冲突,宪法和立法法针对不同的事项对不同机关的立法权限作了比较细致、明确的划分。政府提出法律议案和地方性法规草案,制定行政法规、规章以及规范性文件,必须遵循职权法定的原则,依照立法法关于立法权限划分的规定,只能对属于自己立法权限范围内的事项提出草案、作出规定,不得越权,更不得借此自行扩张自己的权限。二是遵守法定程序。程序法治是社会主义法治的另一项重要内容,政府提出法律议案和地方性法规草案,制定行政法规、规章、制度及规范性文件,必须依据《立法法》《行政法规制定程序条例》《规章制定程序条例》等法律法规所规定的相关程序进行。

3. 加强制度建设的成本与效益分析。制度改革和创新的方式主要有诱致性和强制性两种方式。诱致性的制度改革和创新主要在于效益与成本相比较有"获利"的机会,是由私人或社会性组织推动的,而强制性制度改革和创新是由国家或政府推动的,因为国家或政府与其他社会组织或个人相比,具有进行制度改革和创新的优势,如规模经济、公共理性、拥有强制力等。虽然国家或政府进行强制性制度改革和创新的原因是复杂的,但克服社会其他主体在制度改革和创新中效益与成本的不足是国家或政府推动制度建设的主要原因和动力。因此,重视成本与效益的分析是政府进行制度建设的一个前提,放弃了这一前提而过分强调其他价值目标和原则,是造成制度失败或制度难以推行的重要原因。如出于政绩考虑的各种"形象工程",出于眼前利益的"地方保护主义",出于部门利益的"内部文件"等,付出了极大的社会成本或公共成本,而公共利益却受到极大的损害,因此要反对这类制度的出台。

目前,进行制度成本分析,要考虑以下因素:一是制度创设成本。制度创设要经过提议、论证、讨论通过、颁布实施、社会宣传等诸多环节,每一个环节都需要成本的投入,包括人力、财力和资源的投入。此外还有"摩擦成本",即由于制度造成的利益冲突需要平衡必须付出的成本。二是制度实施成本。理性的制度设计并不能保证有理性的制度过程和结果,必须重视制度实施过程中的成本分析,因为很多因素在制度设计时难以考虑到的,同时在实施过程中还有新产生的问题。三是社会成本。一般而言,制度需求越大,预期取得的效益越大,但其成本却大体保持不变。因此,在既定的条件下,制度的成本与制度的需求呈反比,制度涉及面广、收益者众,那么制度的成本也就越低。四是机会成本。制度的机会成本就是社会成员因服从该制度而放弃的自然权利和其他利益,以及制度的成本支出和违法时将受到的制裁。五是终结旧制度的成本。制度运行必然会形成一部分利益受益的群体,新制度的产生意味着他们的利益可能受损,让他们保持对新制度的支持和配合就需要对他们进行补偿,这是新制度产生必需付出的成本。

4.加强制度的评估和终结。我国正处于体制转轨、社会转型的变革时代,社会生活的各方面都在发生着较为急剧的变化,制度建设要适应不断变化的社会现实,需要根据社会生活的变化及时进行评估、修改和终结。在必要的时候还需要对以前制定的各种制度进行清理,确定现行有效的制度,减少制度之间的冲突。为此,要建设制度评估和终结的制度和规范,使制度评估和终结成为一项经常化、制度化的工作,由相应部门、专门的人员和相应资源支持。制度评估与制度终结是相辅相成的,相互影响、相互制约,没有制度的评估,制度终结就缺乏依据;没有制度终结,制度的评估也就失去了意义。制度评估的目的在于改革、创新制度,通过评估发现现有制度的得失,为制度终结提供目标和方向。制度的终结是制度废止与制度改革或制度创新的一个过程的两个方面,不能仅把制度的终结理解为"一废了之",其实制度的危机往往是制度创新的开始,没有对旧制度的得失分析,何来制度创新? 因此要从制度上规定制度评估与终结的地位和意义,加强在制度建设中的评估和终结,明确制度评估与终结的主体、对象、标准和程序等,推动制度评估与终结的制度化,发挥其作用。

三、服务型政府的制度建设

适应服务型政府建设有限、责任、法治、公正、廉洁、透明、有效政府的目标,制度建设要从实际出发、统筹兼顾、重点突破,规范正式制度、培育非正式制度和制度环境、完善制度实施机制,努力建设内容完整、结构科学、运行顺畅、保障有力的服务型政府制度体系。根据这一目标要求,建设服务型政府制度体系应在以下五个方面作出努力:

(一)以责任制度建设为重点,完善决策制度体系建设

决策制度体系是由决策组织制度、决策过程制度、决策监控制度和决策评估制度等一系列制度构成的,每一个制度又可细分为许多具体的制度,如决策过程制度。从决策问题形成到决策方案的抉择就涉及信息公开制度、咨询制度、论证制度、群众参与制度、听证制度、评议制度、决策公示制度、方案评估制度等。建设决策制度体系的目的在于保证决策的民主化、科学化

和规范化,发挥决策在整个政府过程中的权威和统帅作用,为政府过程的顺利进行和绩效的提高创造前提和基础。目前我国行政决策过程中存在的主要问题是决策不严谨、随意性大;决策过程不透明、社会参与不够;决策程序欠缺;决策失误严重。这些问题存在的主要原因都可以归结为决策责任制度不健全,没有形成决策职、权、责任相统一的决策责任机制。而决策责任制度不健全,决策权力不明确,决策失误难以追究,监督制约也就失去了依据,决策过程的机制、制度建设也就失去了积极性和动力。由于权力、利益和责任分离,政府决策者拥有权力、享有利益,但对行使决策权带来的不良后果并不承担责任,各种因决策失误而造成的严重后果,都在"交学费"的借口下逃避责任,因为责任不到位,也就出现了"情况不明,决心大;本领不高,主意多;有权有势,胆子壮"。因此,要规范决策行为、减少决策失误、保证决策质量,必须建立决策责任制度,强化决策责任。

一是培养决策失误的责任意识,提高行政决策者的自律性。责任意识先于责任,是责任的支柱。任何责任都不是一种纯粹的外部性设置,任何责任都只有通过具体的人的意识才能发挥作用,才能得到履行。正如美国学者罗森布鲁姆所言:"当不愿意承担责任成为根深蒂固的组织文化时,没有什么决策理论或方法可以让组织免于不良决策甚至更加恶劣的后果。"[1]因此,首先要培养决策责任意识,使责任内化为人的心理品质,使责任成为人的自然需要,成为一种道德习惯,使行政决策主体自觉选择向公众负责的道德行为。实现决策的科学化和民主化,对造成重大决策失误的领导要追究相关责任,多年来一直是党和政府的号召,但由于没有具有可操作性的政策出台,而决策失误又没直接涉及到各级决策者的切身利益,各级政府决策主体的责任意识并不高。这就要求,除了加强教育之外,还必须通过建立正式的规则来加以强化,通过加大公共决策责任人员的追究力度,对负有决策失误的领导者,施以惩戒,即要求其承担因其决策而产生的不利后果。无论其

---

① [美]戴维·H.罗森布鲁姆、罗伯特·S.克拉夫丘可:《公共行政学:管理、政治和法律的途径》,张成福等译,中国人民大学出版社 2002 年版,第 364 页。

升迁到什么级别，调任到何处，都应追究其责。只有认真追究决策失误者的责任，才能抑制官员追求政绩的非理性冲动，提高其责任意识。

二是完善决策责任控制系统。首先，要强化权力机关对政府决策的监督，明确人大和政府之间的职权界限，完善人大工作的程序和制度，充分发挥人大专门委员会的作用。其次，要在行政管理权限比较集中的领域，对权力进行合理的分解，并通过相应的法律、制度加以规范，以形成强有力的权力监督制约机制，保证公共决策的合法行使。最后，要强化群众监督和舆论监督的力度。要实现公共决策的民主化，除了加强政府内部的自我监督、自我完善、健全各项内部制度之外，更为有效的监督是强化他律机制，强化他律机制的依法监督功能。因此，当前我们特别需要通过加强群众监督和舆论监督，来弥补行政管理上存在的漏洞，克服政府内部监督制约机制尚欠健全的不足。

三是建立决策评估机构。要对决策失误者进行责任追究，其前提是界定决策失误的存在、过错程度的大小以及所造成的损失。因此，必须建立独立于决策主体的决策评估机构，可以是官方的，也可以是非官方的。决策评估机构的作用是对已经出台并付诸实施的决策进行分析，其目的是发现该决策是否存在失误，不同于咨询机构（为了使决策更科学合理，对没有出台的政策进行预先评估）。目前在我国各级政府中设立的政策研究室、发展中心等都属于咨询论证机构而非决策评估机构。

四是提高行政相对人的维权意识。行政决策往往都直接或间接地影响行政相对人的权益。如果决策错误或失当，就会损害相对人的利益。长期以来，中国人特别是普通百姓都本着民不和官斗的原则，即使自身利益受到损害，多数情况下，也只好忍气吞声，不懂或不敢用法律手段来维护自身权益。这也给行政决策追究机制的确立带来很大的不便，因为有很多责任的确需要受害人提出或者提供证据，所以要教育相对人，在自身利益受到损害时敢于用法律手段来维护自身权益，要善于保护现场和第一手证据，以备不时之需，这样势必会推进决策科学化、民主化加速发展。

（二）以参与制度建设为重点，完善执行制度体系建设

政府政策决策的有效执行是执行机关、受众对象、执行结构三者共同决定的，其中，受众对象就是政策决策执行所指向的对象，即社会公众，它们对政策决策方案的认知、偏好及支持程度，公众对政府政策的支持程度与公众的参与程度是直接相关的，是政策决策能否顺利执行的主要决定因素。公众出于对自身利益的关注，他们会通过各种方式参与到政策决策的实施过程中来，因此，如何保证公众的有效参与是政府政策决策执行的关键。在目前的社会转型时期，公众对政策执行的参与往往带有非制度化色彩，相当多的公众是透过社会关系来对政策执行施加影响的，这是传统社会"重"关系人情，"轻"法律制度的观念与行为的延续。这种参与方式在现阶段被中国社会成员广泛认同并逐渐成为一种约定俗成的"惯例"，人们对此习以为常时，但其弊端是显而易见的。它不但使正式制度和法律规定形同虚设、效用极低，而且产生了大量"灰色交易"和"设租寻租"行为，使依法行政难以深入下去。要克服执行过程中公众参与中的非制度化，并减少公众与政府的分歧和冲突，必须注重公众参与的程序性法规和制度建设。

一是开放参与领域，打破官民界限。公务活动只是职业分工而非身份差别，打破公务员终身制、无责制，使公务员能进能出，从而使普通公众能够不断补充公务员队伍，带来新气象。当社会控制方式从统治经管理进入到治理阶段时，公众的参与就成为显著特征。公众的广泛参与不仅可以缓解政府压力，减轻市场部门的偏差，还可以为公民的意愿表达提供场所，从而及时传递民情，增强社会对其成员需求的反应机制。从社会事务上看，应让政府从直接参与的角色中退出，让公众、公民个人成为社会活动的主体，保证私权，限制公权的侵入。政府及其各部门所行使的公权，其宗旨原本是为着全体公民，但政府各部门一旦结成实体，就会衍生出各自的利益目标，公共利益甚至公民个体的利益就会受到漠视。各种民间团体、非政府组织、第三部门的兴起，不仅可以弥补政府和市场的空缺，作为中介环节，还可以起到疏导、减压、释放的作用。

二是降低参与成本。由于存在参与成本，只有那些拥有相当经济财产或政治资源或话语权的人才能通过利益社团的活动有效地让政府听到自己的声音。为此,公共行政人员应在减少和降低参与成本中发挥重要作用。其实,参与成本不只是针对重大事务,即便是具体的事务,参与其中也将付出大小不同的代价,如时间、精力、金钱等等。如果参与的支付远远大于所得,而且参与的成效并不显著,就会抑制他的参与热情,影响他实际参与的动力。对于绝大多数公民来说,如果不必让他们花费太多时间、精力,他们大多会去参加,这些都要求参与的制度设计要充分顾及公众的普遍行为习惯,简化程序、降低门槛,缩短公民与政府部门的距离。为此,要在公务员中增强服务意识,同时还要对政府部门加以合理调整,减少各部门间的职能交叉和权力分散的状况,使政府部门及工作人员可以真正独立承担责任。

三是扩大参与机会。民主监督的关键是政府公共行政活动的公开性,即确保政府的透明度和人民对政府公共行政活动的知情权。如果政府缺乏透明度,公民就缺乏必要的相关信息,在信息不对称的情况下,公民和社会就很难对政府进行有效的监督。在中国,近年来一些地方政府也开始实施公示制,政府行政机关通过向社会公开明示自己的职责范围、行政内容、行政标准、行政程序、行政时限和违示惩戒办法的方式,增强政府公共行政过程的透明度,自觉接受社会监督,提高政府为社会提供优质高效服务的自觉性和主动性。政府应当为公民直接参与公共行政活动提供充分而有效的渠道,并且不仅在实体法上,也在程序法上保证公民参与公共行政的权利,使公民在政府制定和实施与公民切身利益密切相关的公共政策时,能够比较充分地表达自己的意愿。总之,要始终关注公众的需要,并将公众或至少是公众的代表吸纳到公共行政的管理、决策和监督等环节之中,即实现公共政策的有效执行与公民参与。

(三)以权力监督制度为重点,完善监督制度体系建设

权力过于集中而又得不到有效监督,是各种腐败现象产生蔓延的重要原因。必须把加强监督制约权力的制度建设摆在突出位置,这是从源头上防治腐败的重要保证。改革开放以来,随着社会主义市场经济体制的逐步推进,我国政府权力运行机制也从人格化向非人格化,从非理性向理性化的方向推进。但是，当前我国政府权力运行中的人格化和非理性问题依然不同程度地存在，表现在：一是家长制的管理方式仍然盛行。经过多年的民主化与法制化建设，家长制的管理方式与作风有了很大的改观，但在我国政府组织中有着较大的影响。领导者在管理过程中以言代法，政府法令和改革往往受到领导人意志的左右，政府决策中的"一言堂"，下属缺乏参与等现象还很普遍。二是政府组织活动的人格化倾向。在政府组织活动过程中，关系和人情往往代替制度和法规，在政府管理过程中起了相当大的作用。以情代法、以人代法的现象在一定范围内存在，从而造成在一定条件下人格权威大于职务权威，个人权威大于制度权威。三是政府组织本身的非理性。机构的设置表现出很大的随意性，机构的设立、撤并不是按有关组织法的规定进行科学论证，而是以长官意志为转移，结果导致机构臃肿、职能交叉、权责不清。四是组织成员管理上的随意性。行政组织成员的录用不是依据严格的规定程序，晋升也不是依据公务员自身的素质、业绩和能力，而是单靠关系网起作用，形成人浮于事、人员素质低下难当其任等问题。组织职责和人员缺少具体的衡量标准，绩效考核与职务升降相脱节。五是领导者缺乏有效的监督。由于缺乏有效的监督，个别领导者独断专行腐化变质，公权私用现象在一定范围内存在。六是组织中现代契约观念的淡漠。我国行政组织中广泛存在的是隐形契约、非正式的理解和约定俗成，强调的是人与人而不是人与规则的关系，它在取得个人的、局部的、即时的效率时却消解了行政组织的整体绩效及其公共性。这些问题都需要加强权力制约机制和制度的建设，克服和打破传统政府体制上的惯性和思维上的定式，以新的理性、公平、服务、法治理念指南，按照党的十七大报告中提出的建立结构合理、配置科学、程序严密，制约有效的权力运行机制和制度。

1.政府权力配置科学化。科学配置政府权力是重塑政权力运行机制和制度的基础环节。科学配置政府权力包括相互关联两个方面，一是合理分解和组合权力主体，使之处于相互平衡和谐状态，避免政府权力过分地集中在某一机关、部门或环节。二是科学界定政府权力的职能和作用范围，清晰权力界限，减少自由裁量，控制越权行为。科学配置政府权力必须首先科学确定政府职能。应按照市场经济的发展的要求和加入世贸组织后的新形势,加快政府职能的转变,消除政府错位、越位、缺位现象,强化政府的宏观管理职能,弱化政府微观管理职能,转化政府社会管理职能,把政府职能定位在市场秩序的维护者、经济信息的提供者、宏观政策的制定者。在科学界定政府职能和权限的基础上,按照分工制衡的原则,对重要权力的行使进行适当的分解,特别是对行政权力的重要部位和关键环节要进行适当的分解和制衡。

2. 政府权力主体责任化。社会赋予政府统治和管理社会的权力,是以政府履行管理和服务社会的义务为交换条件的。政府作为政府权力持有主体和公共事务的管理者,一方面要求政府能够最大限度地保障公共利益,实现社会意志,真正履行其应承担的责任;另一方面,要求政府及其公务员能遵守宪法和法律,公正、合理地执法,并对违法行为承担法律责任。因此,首先,要建立和健全政府责任体系。各级政府、政府各部门要按照社会经济发展的要求以及各自享有的行政职权,明确自身的政治责任及其在政府责任体系中的定位,从而建立起严格的责任追究制度,实现以责任制约权力,并形成相对稳定的制度。其次,要把政府官员的责任法定化。政府的责任最终落在政府官员的身上,因此,要建立官员问责制度、重大事故责任追究制度、引咎辞职制度,并进一步法定法、专职化、层级化组织形式,使职、权、责、利统一起来,在其位、行其权、负其责、取其利,真正做到用权受监督,失职受追究。

3. 政府权力运行方式程序化。政府权力运行必须改变过去唯我独尊的状态,将行政权的暗箱操作、无序化的状态,转变为有体制制衡和严密程序约束的阳光行政。第一,程序法律化,对行政人员的自由裁量权加以限制,防止行政权力的滥用。第二,行政权力行使应当公正,政府行为必须透明。第三,行政行为必须公平,要听取行政相对人意见,要保证行政相对人的平等参与权和辩护权,要扭转行政机关在行政复议、行政诉讼过程中,对行政机关与行政相对人处于平等地位的观念难以接受的状况,即行政程序要追求过程上的公正对待。第四,要保证利益无涉,特别是行政裁决上的独立性。第五,行政行为必须有充分的依据和合乎逻辑的理由,先定后审或者只有结论没有理由都是非正当的。

4.政府权力监督法治化。政府权力是由人民赋予的,应当用来为公共利益服务,并受人民的监督。列宁曾指出,不受制约的权力,必然导致不受节制的堕落。英国历史学家阿克顿说,权力倾向于腐败,绝对的权力倾向于绝对的腐败。改革开放以来,我国从社会主义国家基本政治制度的特点和要求出发,并大胆吸收西方官僚制中的权力节制的合理成分,对行政权力进行强有力的限制和监督,以诉讼权利制约政府权力、社会权益制约政府权力、其他国家机关权力制约政府权力为原则,逐步建立起对政府权力的监控机制,从法律制度上保证政府权力得到监督。今后,要对政府权力监督的主体、程序、措施进一步法治化,逐步完善政府权力的监督制度,形成一个相互配合、有机联系的政府权力监督体系。

(四)以绩效评估制度为重点,完善评估制度体系建设

(参见第五章第三节)

(五)以转变观念为重点,培育制度建设的环境

以观念、意识为主要内容的非正式制度建设对正式制度的有效实施具有重要的支撑作用,再好的制度离开了非正式制度,也是"好看不中用的"。正如1993年诺斯在诺贝尔经济学颁奖大会上所言:离开了非正式制度,即使将成功的西方经济制度的正式政治经济规则搬到第三世界和东欧,就不再是取得良好经济绩效的充分条件。因为正式制度可以在一夜之间建立起来,而诸如观念、意识类的非正式制度则需要经过长期的过程才能形成,也不可能在国家或地区之间进行简单的移植。就像我们引进的政府采购制度、听证制度一样,"水土不服"的问题主要是缺乏相应的非正式制度的支撑,如法治观念、参与意识、公平竞争意识等。如果说正式制度的建立需要相应的制度环境,那么转变观念和树立服务型政府的意识就是正式制度最主要的制度环境,因此,我们说转变观念是制度建设环境的重点。按照服务型政府建设的总体要求,转变观念,关键是加强公民意识教育,树立社会主义民主法治、自由平等、公平正义理念。

1. 从公民和社会的角度,要树立公民意识和社会本位意识。政府从属并服务于公民和社会,并不是政府天生就是为"善"的产物,而是公民和社会与之斗争的结果。服务型政府的建立和完善,政府以社会、公民为本位,树立服务理念是必要条件但不是充分条件,更重要的是公民意识的培养和社会的日益成熟,缺少这一条件,服务型政府是建立不起来的。马克思曾说过:"意识在任何时候都只能是被意识到了的存在"。[①] 所谓公民意识就是指公民对自己在国家中所处政治地位的现实感受和自己与国家关系的理性认识。就其本质而言,公民意识的存在反映的是社会权利制约国家权力的一种客观需要,它由三部分构成:[②]一是公民主体意识。即公民对自己在国家中主人身份的认同和感知,认识到自己是作为国家的主体和主权的保护者而存在,是国家权力的源泉,公民与国家是本原性主权与派生权力之间的关系。二是公民权利意识。即公民作为国家的主人,国家应予以保护而个人享有的权利,它包括生存权、财产权、平等权、自由权、受益权和参政权等。行使国家权力的政府的基本职能就是要保护人们的这些权利,因此,权利意识是公民意识的核心。三是责任意识。即公民对自己作为主人而应对国家和社会所尽义务的认可与担当,包括对国家权力的监督、对权利的自我限制、对权利冲突的平衡与协调等,它反映的是一种公民的自觉意识。它是公民意识理性化的体现,是与权利相对应的,目的是保障社会有序化运行。因为建立合理的公共秩序,需要考虑全社会的公共关系,要求公民个人走出一己之狭隘局限。树立公民意识,我们要摒弃传统的对国家和政府的"国家本位、官本位"的观念,消除臣民意识和淡化青天意识,树立个人独立的地位和人格尊严,提高参政议政意识和能力;树立平等观念,捍卫自身的政治、经济、文化和社会权利;树立权利与义务统一的意识,在强调权利的同时,不能忽视义务的存在,重视自己权利的同时,不漠视他人权利的存在。要充分认识到个人自由与社会发展是密切相关的,离开社会和国家不可能有单个人

---

① 《马克思恩格斯选集》第 1 卷,人民出版社 1995 年版,第 72 页。

② 熊淑媛:《公民、公民意识与政治文明》,《理论探索》2005 年第 5 期,第 123 页。

的权利存在,每个人从社会和国家获得发展的同时,应给予社会和国家相应的回报。

与公民紧密相联系并对公民及公民意识产生至关重要的是市民社会或社会,这里的"社会"是相对于国家和政府而言的中义社会,包括纯私人领域和特殊公共领域(政治、经济、文化和社会中的"社会")两部分,广义的社会是指在国家产生以前孕育着国家,在国家产生以后包容着国家的人类生活共同体。国家与社会是人类创造并生存于其中的两个最基本的组织体,国家与社会的分离、国家与社会的二元结构是社会和公民意识产生和存在的客观前提。在学理上第一个将市民社会作为政治社会的相对概念而与国家作出区分的是黑格尔。在君主国家中,政治日益集中的同时出现了非政治化的市民社会,国家的活动重心在于政治,而个人的活动中心渐次转向了经济领域。"市民社会先于或外于国家"(洛克)而存在,在政治社会(国家)产生以前的自然状态下,虽然是相对完备无缺的自然状态,但也存在很多的不足。"第一,在自然状态中,缺少一种稳定的、规定了的、众所周知的法律,为共同的同意接受和承认是非的标准和裁判他们之间一切纠纷的共同尺度……第二,在自然状态中,缺少一个有权依照既定的法律来裁判一切争执的知名的和公正的裁判者……第三,在自然状态中,往往缺少权力来支持正确的判决,使它得到应有的执行。"①如何解决市民社会的不足,比较可靠的办法就是建立政治国家——即公民社会。② 公民社会的基本特质是:社会成员放弃自己的自然权利,交予政治社会;法律高于一切,法律是最高的统治者;排除人治状态;权力分立和制衡;人们的自由权和财产权得到法律保障;民主政治决策机制,少数服从多数,保护少数人的利益。正如马克思所评价的那样:市民社会通过议员来参与政治国家,这正是他们相互分离的表现,并且也只是二元论的统一的表现。因此,这种政治共同体的性质决定

---

① 洛克:《政府论》(下篇),瞿菊农、叶启芳译,商务印书馆1964年版,第77、78页。

② 在国家的产生上,马克思认为国家是为了解决社会分裂为两大社会集团(即阶级)的矛盾或冲突,使之免于造成社会灭亡,而产生的凌驾于社会之上并与社会日益脱离的,由统治阶级控制的力量或社会工具。

了国家的活动领域为公共领域,从而与市民社会的私人领域有了基本的分野。但是政治国家的合法性基础却是与市民社会紧密相连的,一切政治结合的目的都在于保护人的天赋的和不可侵犯的权利。公共权力的存在基点与运行的终极目标就是保障市民社会的私人领域以及私法主体的自由,并最终确保市民社会的自由与安全。因此,代表国家行使权力的政府,从其应然意义上是从属于社会的,是为社会服务的,只有这样国家或政府才有存在的合法性基础。在这个问题上,不论是资本主义的国家和政府——虽然其本质上是统治阶级压迫和剥削工具,但在口头上或形式上都承认国家和政府对社会的从属性和服务性,还是社会主义国家和政府,都把政府作为服务于社会和公民的公共组织。从这个意义上讲,建设服务型政府是政府作为政府存在的应有之义,是政府服务理念的回归或重新确立,因此。建设服务型政府,不论是从政府还是从社会的角度,都应树立社会本位的理念。社会以此理念来要求和监督政府,纠正其错位、易位或缺位的行为;政府以此理念为社会更好的服务,把社会的需要转化为自身的职能和行为,防止本末倒置或侵害社会和公民权益。

2. 从政府的角度,要树立公共权力意识和执政为民的理念。公共权力的观念就是指政府行政权力来源于人民、由人民赋予、为人民负责的观念。我国宪法中明确规定"一切权力属于人民",从政治上确定了现代政府公共组织的性质,顺应了当代还政于民和民主参与人的世界潮流,也为我国政府行政由封闭走向开放,由家长制走向民主制奠定了基础。但是,我国的间接民主的政治体制,使人民很难真正参与民主选举,行使自己的权力。不但淡化了政府官员权力来源于人民的意识,也降低了人民参与政治的积极性和主动性。同时,长期以来的任命式的选官体制,使各级政府和官员更多的是对上级负责,而不重视对人民的负责。因而,政府要能取信于民,并逐步走向现代化,必须强化公共权力观念。在现今,强化政府公共权力的观念,一方面要接受人民对政府行为的监督,善于倾听群众的呼声;另一方面要让人民群众参与政府的决策,做到决策的民主化和科学化,真正体现政府是人民的政府。同时,切实树立全心全意为人民服务的思想,增强公仆意识,为民负责,真正把人民当成权力的主人,管好权力、用好权力。

树立执政为民的理念就是要把实现、维护和发展好人民的利益作为政府工作的出发点和归宿,政府的职能定位要反映人民的愿望和要求,机构设置要体现精简、统一、效能的原则,政府过程要民主化、科学化、规范化,政府绩效要是经济、效率和效果的统一。贯彻执政为民的理念,要打破传统的人治观念,树立法治理念;打破等级观念,树立平等理念;打破为民做主的观念,树立人民做主的理念;打破保守观念,树立创新理念,等等,以适应传统政府向服务型政府的转变。具体来说:①

第一,树立法治理念。法治就是法律的统治(rule of law),相对"人治"而言,通常包括五项基本原则:一是法律至高无上原则,这意味着不允许存在超然于法律之上的、专横的权力,意味着任何人不得因除违反法律外的行为,受到法律的惩罚,即除非法律规定不得做的,不受惩罚;二是法律面前人人平等,即人人在法律面前均有平等的身份和机会;三是依法办事原则,即政府机构必须在法律授权的范围内行使职权,任何行政机构不得在法律之外行使职权;四是司法独立原则,即司法部门独立行使司法权,不受其他部门或个人的干预;五是分权制衡原则,绝对的权力导致绝对的腐败,"要防止滥用权力就必须以权力约束权力"(孟德斯鸠)。法治原则使各种权力归位,即立法依程序立法;行政机构要限制自由裁量权,依法行政;司法独立行使司法权力。根据法治的上述原则,行政法治观念就是要求政府行政机构树立依法领导、依法行政、依法办事、依法律己、依法行使权利和服行义务的观念。为此必须革除一些传统的旧观念:①消除人治观念,强调法治观念。②革除义务本位观念,确立权利本位观念。义务本位强化了权威服从和义务履行的观念,强调个人对家庭、社会、国家的义务,从而衍生了官贵民贱、轻法治重人治的观念。权利本位就是指个人在法律划定的界限内享有价值的选择、行为的自由和利益获得的可能性。③革除"法治民"意识,树立"法

---

① 高兴武:《政府现代化——政府行政观念的现代化》,《行政与法》2003 年第 1 期,第 9—11 页。

治官"的意识。法治既要求公民依法办事和活动,更强调官员要依法办事,以法律规范行政官员的行为,任何人不得凌驾于法律之上。

第二,树立平等理念。所谓平等理念,就是要树立官民平等,公平执法的行政观,即政府在行政执法过程中充分尊重并切实保障各行为主体的平等权利,以平等的姿态行使政府的各项权利和义务,平等地对待行政相对方,从而建立政府与社会平等和谐的行政关系。社会主义社会中,人与人之间的社会地位是平等的,没有高低贵贱之分,只是分工的不同,这是社会主义公有制所决定的。人民政府官员和人民是服务的关系,官员是人民的公仆,是全心全意为人民服务的。但由于封建专制主义残余影响,等级意识、官本位、官僚主义和以权谋私的现象,时时沉渣泛起,严重影响了政府在人民心目中的形象。建国初期,长期的高度集中的政治体制,形成的"强"国家"弱"社会,集体高于个人的局面,使社会和个人长期处于从属地位,在权力缺乏监督和有效约束时,部分政府行政人员就可能借政府、组织、集体的名誉滥用权力,凌驾于法律和社会之上,造成政府与社会、政府与公民的权利和义务的不平等。这种不平等的现象,不仅与现代市场经济的原则格格不入,而且与整个社会的民主化、法治化建设的潮流也是背道而驰的。因此,树立政府行政的平等理念,清除官本位和等级意识就成为政府现代化的重要环节之一。树立行政平等理念,就必须在行政实践中贯彻平等原则,如政府决策时平等听取各方面的意见;在协调社会主体之间的关系时,要平等地对待各主体的权利和义务;在处理政府主体与社会主体的关系时,平等对待行政相对方,不以权势压人,滥用职权;当政府与社会组织和个人发生行政诉讼时,不以行政权力干预司法审判,以平等的当事人接受诉讼,并积极配合法院调查取证。从而把平等行政的理念贯彻到行政活动中,推进全社会的民主化、法治化的过程。

第三,树立民主理念。所谓民主理念,就是要树立民主行政观,在政府行政过程中,充分尊重民意、代表公民的利益并切实保障公民的权利。时代在变化,公众与政府关系也发生着深刻变化,民主、开放的政府形象正在成为公众的普遍要求。政府的民主理念首先要体现人民的意志。人民的意志即民意,是民主的基本内涵,它要求一切行政活动都必须反映尊重公民利益、需求和意志。民意是经过多方商榷妥协产生的一个适合社会整体利益最大化,又照顾各方利益的意见。"民意"的"民"是包括了社会成员的全体,而不是多数派或少数派。其次,民主的理念要求政府过程的大众参与,参与意味着普通公民可以通过各种合法方式参与行政活动,并影响行政体系的构成、运行规则和决策过程。最后,民主的理念要求政府的过程是公开、透明的,行政公开是民主的本质特征,是公民参与行政的前提条件。通过行政公开,公民可以了解国家和政府的机构设置、权力结构、职能规模、运行机制和决策过程,公民可以根据自身的利益、权力对政府运行进行价值形态和效果检测,从而进行行政价值选择。

第四,树立创新理念。长期以来,我国政府行政部门的考评机制僵化、落后,形成了无过便是功的倾向,使各级行政部门的工作人员,养成了教条式的守成思想,不求无功,但求无过,缺乏创新观念和创新精神,已经严重地影响了行政效率的提高。江泽民同志说,创新是一个民族的灵魂,是一个国家兴旺发达的不竭动力。因而,树立创新观念,培养创新精神是各级行政部门迫在眉睫的任务。所谓创新就是根据发展变化的客观条件,适应新情况、新形势的要求,改变事物的原来面貌,赋予其崭新的生命力、活力和生存形态,创造新生事物的行为。树立创新观念就是要求各级行政部门工作人员要善于把握客观事物的发展变化,从工作中发现不足并努力寻找改进方法,不断提高、优化服务质量的过程。创新观念的形成,一是要在各级行政部门中摒弃无过便是功的旧观念,树立无功便是过的新观念,并把这一思想贯彻到对人员的考核中去,彻底消除不思进取、消极守成的思想;二是要形成创新的激励机制和制度,把创新观念和创新行为作为行政人员是否称职或合格的标准之一。

第九章 服务型政府的战略
选择与策略路径

　　建设服务型政府的基本任务是,建立适合我国国情、惠及全民、公平公正、水平适度、可持续发展的政府公共服务体系。其工作重点是提高政府为经济社会又好又快发展服务的能力,以促进经济增长、居民就业、物价水平、国际收支平衡4项重点指标的良好实现,全面履行好经济调节、市场监管、社会管理、公共服务4项职能。为了实现这样的目标,必须加强对建设服务型政府的实践探索和理论研究,构建中国特色社会主义行政管理理论体系。尤其是要深入分析新情况新问题,及时总结实践经验,认真借鉴国外有益做法,为建设服务型政府提供思想引导和理论支撑。在这个探索过程中,服务型政府的战略选择和策略路径研究可以说是最为关键的理论命题。

第一节 建设服务型政府的战略

　　建设服务型政府的战略问题是一个带有根本性的重大命题。确定把建设服务型政府作为行政管理体制改革的目标选择,是在深刻分析国内与国际形势,认真总结人类社会发展基本规律的基础上,紧扣时代的发展趋势与要求所作出的整体性、长远性、战略性部署和谋划。

一、战略及战略选择的内涵

　　"战略"一词来自希腊语的"指挥官",是指挥军队的意思。韦氏新世界词典认为,战略是一种规划和指挥大型军事行动的科学,是在和敌军正式交锋前调动军队进入最具优势位置的行动安排。在战争中,对其进行谋划主要有两种类型,一种是局部性、短期性、具体性的谋划,亦即战术;另一种是整体性、长远性、基本性的谋划,这种谋划就是战略。每一种战略,都有自己的角度、价值、内容和形式。在不同战略之间,存在着差异性、全局性、发展性、系统性、竞争性、相对稳定性的总体特征与要求。

就某一组织或区域而言,战略问题就是对其长远发展以及全局将会产生重大影响的问题。战略选择就是在所面临的战略问题上,对出现、形成和制定的各种备选方案与方向路径作出选择并推进执行的过程。战略的制定和选择,意味着某个组织或区域要主动去适应环境,希望在整体背景与环境中把握自己命运、谋求更好发展的主观努力。战略选择很大程度上就是战略定位,亦即决定"做什么、不做什么,成为什么、不成为什么"的过程。在战略选择与定位中,有三个不同的原点,一是基于种类的战略定位,二是基于需求的战略定位,三是基于接触途径的战略定位,这三个原点从不同角度对战略的特质进行了界定。

在实践中,战略的制定和选择既有正式的预先规划,又有逐步自然生成的成分,也就是说战略选择本质上既是有意的规划行为,同时又是自然发生的行为。有意规划和自然生成构成了一个区间的两个端点,现实世界的战略选择就落在这一区间的某一点上,有些战略可能接近于某一端,但更多的是落在中间位置。制定或选择一个清晰的战略,在很大程度上取决于组织的领导者。因此,与其说战略决策者创建了战略,不如说他发现了存在于无意间形成的行为模式中的战略并作出有意的选择。他不仅仅预先构想了战略框架,而且能识别出组织、社会领域某个角落冒出的战略雏形,并在适当的时候介入。此时,领导者一方面对环境背景、形势的发展和趋向有超前的眼光和判断力,另一方面要对组织是否具备实现战略的条件和实力(主要是资源环境与推行战略的人才)有一定的认识和考虑。此外,值得注意的是,尽管战略总是和未来联系在一起,但它与过去的关系并非是隔绝断裂的,领导者为未来制定战略,必须借助过去才可形成和理解战略。

二、服务型政府战略选择的背景

建设服务型政府,是在复杂的国内与国际背景下,在总结人类社会发展基本规律的基础上,紧扣时代的发展趋势与要求所作出的整体性、长远性、战略性部署和谋划。这种谋划的最终目标,是通过政府的职能定位与作用发挥,以及政府与市场、社会的合理关系界定等,来谋求和实现中国多数公众的福祉。

这其中,政府决定"做什么、不做什么,成为什么、不成为什么"的过程,就是政府的战略决策和选择过程。这个过程是受多种因素决定和制约的,它既是政府决策者的主动选择和回应,同时也是社会环境产生的需求所带来的自然影响。从这个意义上判断,服务型政府的战略选择与推进策略,其实就是对现当代中国的发展主要矛盾、发展的基本要求、发展的基本环境特点作出的回应。在这种回应中,服务型政府的选择与构建被认为是最能化解矛盾、最能满足要求、最可适应环境的道路。

目前,各地的服务型政府建设已经进入了一个初步的探索和实践阶段,对服务型政府的内涵把握和建设方法等有了一定的认识。然而,对于"为什么要建设服务型政府,以及如何建设服务型政府"的两个根本性问题,仍然需要整体性的理解。这两个问题的实质,分别是对当代中国的社会背景,以及政府基本发展方向的把握问题。这两个问题有层次性的递进关系;作为第一层面的问题,社会背景决定了政府建设的基本方向;第二层面的问题就是这个方向所包含的具体内容与特征,也就是"如何建设服务型政府"的过程,包括基本的战略和具体的策略。

三、服务型政府战略选择的内容

国内外的背景形势以及两者间的相互交融所出现的变化特点,使世界各国的各级政府在确定自己的发展方向和基本任务中,逐渐意识到了一个重要的趋势:对公众需求的尊重和及时回应。这个趋势同中国传统文化中"得民心者得天下"的政治思想不谋而合,也决定了以公民本位和社会本位为价值基础的服务型政府的建设,是一项符合历史要求和发展趋势的战略选择,而非权宜之计。

作为第一层面的"为什么建设服务型政府"的社会背景,决定了服务型政府建设的历史必要性和重要性。在递进的第二层面"如何建设服务型政府"中,具体的战略内容的确定和推进则更具挑战性、更为艰辛。选择合理的发展战略和有效的发展途径,对服务型政府的建设十分重要。战略的有效性和途径的合理性,是以其对现实的全面关照为前提,以其对政治发展动力资源的有效配置为基础的。服务型政府的战略选择内容,简要而言,亦即决定服务型政府建设能够实现其基本目标的核心选项和任务。这些核心内容和选项,其影响具有根本性和基础性,而且相互之间具有内在的逻辑关系。从总体的框架体系分析,这些战略选择的内容主要由观念、能力和制度构成。观念属于内在的世界观和认识基础,是指导执政者行动的指针;能力是完成服务型政府的业务谱系所必需的资源与组织过程以及其他的主观条件;制度则是保证观念和能力能够持续更新、有效运转的规则保障。

具体而言,服务型政府战略选择的内容主要包括以下三条:

1. 解放思想,转变观念

纵观中国共产党的历史进程,可以说每一次成功和重大改革的突破,都是以解放思想、转变观念为先导,而每一次思想解放、观念转变都有巨大的压力。当邓小平提出用准确、完整的毛泽东思想来指导一切时,被认为是贬低毛泽东思想;当提出实践是检验真理的唯一标准时,被认为是砍旗;推行家庭联产承包责任制则被指责是搞单干;搞经济特区,则与帝国主义在中国搞租界相提并论;对外开放则被说成是主张搞资本主义;发展个体经济和私营经济,被理解为培养新的资产阶级和资本家等①。

实践证明,通过不断的思想解放、观念转变,以及改革开放的全面经济体制改革和其他体制改革,中国大幅度降低了经济的组织成本和控制成本,原先许多可以发展生产力的事情过去不能做、不准做,甚至很多情况下不准

① 刘吉:《"三个代表"与解放思想》,《大连干部学刊》2002 年第 6 期,第 6 页。

想,通过改革开放变成了可以想、可以做的事情,解放了社会的生产力和人的创造力①。中国的国民生活水平和综合国力,也由此获得了历史性的提高,这无疑得益于不断与时俱进的思想解放和观念转变。

解放思想,就是使主观与客观相符合,思想与实际相一致,不断总结新经验、形成新认识,开辟新境界。思想认识越符合客观实际,就越正确、越科学;思想认识越正确与科学,越能在积极的意义上达到思想的统一。可以说没有思想的解放,历史就不可能推向前进,社会也不可能有新的进步。同时,解放思想是动态的,不同时期有不同的主题,有不同的要求,有不同的内涵。改革开放之初,解放思想主要是解决"两个凡是"的问题,之后主要是解决"姓资姓社"的问题,如今是解决又好又快、重点推进服务型政府建设的问题。

服务型政府的建设,必须根植于不断的思想解放才能获得持续的发展动力。它涉及到从计划经济向社会主义市场经济转轨过程中,政府作用与角色的重新认识,需要转变许多传统中不合时宜的观念。因此,需要把解放思想作为总开关,开启服务型政府的发展之路;把解放思想作为原动力,推进服务型政府的发展进程;把解放思想作为突破口,破解服务型政府建设中的难题;把解放思想作为望远镜,增强建设服务型政府的远见;把解放思想作为大学校,提高服务型政府的建设能力。

其中,解放思想、推进服务型政府的建设,一个重要的方面就是从官本位、行政本位向公民本位、社会本位的观念转变。

官本位是指将官作为衡量一切的一般等价物或参照物,是一种官职崇拜和以官为本、官贵民轻的社会群体心理②。在官本位的价值追求影响下,升官和保官成为第一目的,人们的思维定式是由官而富、由官而出人头地,并习惯于以官为尊,把是否为官、官的大小作为基本的价值尺度来衡量一个人的成就、身份、地位。在官民两者的关系上,官本位的价值追求主张突出

---

① 周其仁:《大路向不能错》,《21 世纪经济报道》2005 年 1 月 10 日。
② 池如龙:《官本位产生和发展的历史根源》,《社会科学》1999 年第 2 期,第 66—69 页。

官权、以官为主,民众只有服从的权利。从官本位扩展而来的政府本位,以狭隘的部门利益、小集团利益为追求,而不是着眼于公众的利益和得失。这样,就造成处于决策地位的官员们以自身和相关人的利益为根本出发点,以权力为手段来观察和处理一切问题。这就容易造成政府工作者在提供服务、实施管理中,"门难进、脸难看、事难办",而不是积极主动地提供服务。

与此相对应,公民本位就是政府在经济、社会与管理活动中,首先考虑的是公民的利益,以追求公民利益的最大化、增进公共性为目标。它要求政府推行的政策其根本目的在于惠民与便民,其所包含的管理和管制职能从更大范围上是为了服务,且其方式与重点以服务于民为根本,以统治和管理为辅助。它以尊重公民个体的利益和尊严为重要的施政准绳,积极推进社会整体的福祉。

2. 加强学习,提高能力

在服务型政府的建设中,不断解放思想、转变观念的目的在于创造性的推动工作,而工作的有效完成则主要依赖于能力,能力的培养基础在于学习。学习是主体适应环境、获得发展空间的主要途径。通过学习,社会主体可以了解更多关于客观事物运行规律的信息,并适当地调整自己的观念、态度和行为方向,积累和获取相应的能力,从而更好的在环境中发展。

在加入 WTO 后,中国的政府与企业将面临更大范围内的竞争,其所面临的条件与环境已经发生了很大的改变。开放已经成为一种不可阻挡的趋势和潮流。怎样在开放中,开拓、保持自身的竞争力与发展空间,成为各国政府需要认真考虑的问题。目前,虽然中国的发展水平在国际上看似"一枝独秀",但这是低水平的"秀",这种情况并不符合中国文化中的"木秀于林,风必摧之"[①]。中国面临其他国家如东南亚、印度、俄罗斯等国家的"后发的后发优势",自身生产要素的成本正在提高。此外,西方的政府与企业有百年的经验,它们具有技术和组织创新上的优势,因而决定了我们必然是要在长时期内处于学习和追赶的过程。通过推进服务型政府的建设,加快赶超

---

① 刘吉:《发展是第一要务》,《中国企业家》2003 年第 1 期,第 45 页。

的速度、提高发展的质量,必须加强学习、培育能力,形成学习型的公共组织。

学习型的公共组织是保证组织获得各种信息流,更新组织与环境、客观世界之间的流通系统,提高政府组织对行政环境、公众需求的服务能力。提高政府组织的能力,其途径主要通过制度性的学习机制来促进,它依赖组织常规化的资源投入,如金钱、时间、人力资本投入等来形成学习的网络,提供组织所必需的知识和技能,为组织的学习提供养分。组织的学习能力,已成为影响政府能力的关键要素,随着知识经济和信息技术的应用,以电子政务为载体的公共部门知识管理和信息资源管理,已成为推动政府能力提高的重要手段。

就公务员个人的学习和能力培养而言,服务型政府的建设所面临的新领域、新课题、新矛盾,需要新观念、新知识、新技能来化解。在这样的一个探索过程中,唯有学习才能够积累相关的认识基础,从而有利于问题的更好解决。作为公共服务的提供者,政府公务员思想的现代化,宽阔的视野、睿智、学识等,需要通过学习来积累。在实践的观察中,短短30年的改革历史里,技术专家、经济学家已跃上了政治舞台,虽然精英政治不值得推崇,但专家治国、具有良好的专业素质却已是大势所趋。

因此,作为服务型政府的推动者与实践者,公务员除了要具备高瞻远瞩把握方向的能力、总揽全局统筹兼顾的能力、抓住重点开拓局面的能力、求真务实狠抓落实的能力、争取人心凝聚力量的能力、顾全大局有为有度的能力、改革创新与时俱进的能力、抵抗诱惑廉洁从政的能力之外,最为关键的是要在业务能力上不断提高,通过学习来提高自身的综合素质、增长才干、增强信心。

从另一个角度来分析,由于在政府组织中,公务员的信息来源及信息质量决定着自身的决策水平和决策方式。成员之间因为知识背景不同或者知识结构有欠缺所造成的信息不对称,往往会造成相互间的决策分歧。由于每位公务员所占有信息的量和质不同,所以使得相互间对问题的分析思考不同,从而导致最后决策的不同。因此,只有全体成员均勤于学习,全面地学习,才有可能解决政府组织中成员之间信息不对称和决策分歧的问题。在服务型政府所面临的各项决策中需要各种信息,而信息必须优化来源并保证质量,要做到这一点必须加强公务员的学习。

除了常规性的组织学习外,公务员个人的自学和领悟不可忽视。许多优秀的政府领导者,其一生得益于勤奋,成功于自学。在服务型政府的建设中,作为具体的操作和实践者的公务员,要勤于学习、善于学习。以平民的心态做官、以传统的美德做人、以一流的理念做事,形成"善谋大事、乐办小事、常办实事、多办好事"的为政品格。在服务型政府的发展思路上,善破善立、敢破敢立、会破会立、大破大立,真正下狠心、用大劲、做实功、动真格,成为一个"想干事、能干事、干成事、不出事"的人民公仆。

3. 勇于创新,完善制度

服务型政府的建设具有很强的受动性,但同时又具有相当的自觉性和自主性。解放思想要创新就不能守旧、一成不变,它要求政府部门适应新的变化,提出新的思维,形成新的理念,提出新的观点,深化对一切问题的认识,产生更宽阔的思路,找到解决问题的更有效的办法,发挥更好的聪明才智,以收到更好的效果。同时,解放思想、转变观念,推进服务型政府建设又是一个必须触动既得利益的问题。各部门、机关、领导都有一定的权力,都有对很多问题的决策权,但是有些人对权力看得很重、管得很严、维护得很"好"。管钱的,希望管的钱"越来越多";管事的,希望管的事"越来越大",死抱着财权、事权不放。

解放思想,就是要首先敢于触动既得利益,敢于让权力再分配。可以说,服务型政府不仅是政府与社会的角色调整,同时也是利益的调整过程,这个过程没有"敢"字是不行的,敢定目标,才有方向;敢下决心,才有机会;敢试敢闯,才有胜算;敢拼敢打,才会成功。对该改革的不能暂缓改革,对该推进的不要暂不推进。否则错过了改革的好时机,就会使得今后的改革与发展需要付出更大的成本。其实,在不和谐因素增多的背景下所要求的真正和谐,势必要经过似乎并不十分和谐的过程。这个过程需要勇于创新的气魄推进制度的完善。需要注意的是,在勇于创新和制度完善的过程中,不应把制度创新、意识创新和文化更新作为唯一可行的动力资源,从而形成只有用新的制度、新的意识形态、新的政治文化代替旧的,民主化才有可能的激进观念和发展战略①。"全面替代式"的创新和更新,往往使自己失去存续和嫁接的基础,削弱政治发展所依赖的重要动力资源,忽视了政治领域外的动力资源的积累和增长。中国的原有制度能够提供较好、较长期的发展空间,只要它实现自身从错位、缺位向复位、入位的转变。当代中国政治制度是以 1954 年宪法和 1982 年宪法为基础确立和发展的,其制度精神体现为两大基本原则,即人民民主原则和社会主义原则。其中,社会主义原则是决定性的,人民民主原则是社会主义原则的内在要求,其基础是人民主权。这种依据现代民主精神确立起来的政治制度的基本架构,依据议行合一的形式确立,其内涵的民主精神是:社会监督国家,人民监督政府,从而形成了制度上的社会对国家、人民对政府的权力制约关系,并以人民代表大会制度和公众参与的监督机制作为基础。只要这套制度正常存在和顺利运转,不遭到破坏、严重变形而后失效,中国的经济和社会发展就不会轻易陷入危机和困境。

在这些制度已定的格局下,制度的运作对制度功能的发挥和制度精神的实现就具有了决定性的意义。有效的制度功能开发,必然通过功能的有效实现为政治发展提供强大的空间;如果通过功能开发纠正制度中的功能错位,将必然转化为政治发展所需要的制度性推动力。例如,人民代表大会在宪法和法律规定上是国家各级政权的权力机关,具有产生和监督各级行政机关的重要职能,但由于功能定位上的偏差,其实际功能一度被认为是"橡皮图章"。因此,合理的功能定位,使对制度各组成部分职能的有效发挥具有决定性的作用。

其次,作为纠正制度组成部分在实际运作过程中出现错位的功能复位,对于理顺制度内的基本关系,直接培育和发展制度内的各种民主成分,为民主政治建设提供推动力量具有直接的影响。例如,城市基层群众自治组织

---

① 林尚立:《中国政治发展的动力资源》,《探索与争鸣》2000 年第 21 期,第 5 页。

的建设与发展就是这样的情况。原本群众性的自治组织,应该实行自我管理、自我服务和自我教育,但由于政府对社会的强渗透、强控制,导致其成为政府的派出机构,其发展出现了错位①。

目前,在全国一些地方,体制内自我改革的样本陆续浮出水面,展现着某种诚意与自信的态度。作为地方的执政者,需要更热衷于参与到政策体系的完善试验中。这样,制度将被更好地设计与安排,越来越深的社会认同感将从不间断的创造与理解中获得。可以发现,社会的整体进步需要更加自信与务实的决策方式,以营造改革需求与改革实际之间的同步平衡。

第二节 建设服务型政府的策略

策略路径是达到和实现战略目标的行动内容和安排,它包括对目标的分析和把握,并设计行动路线、组织要素资源投入来实现目标。服务型政府的策略路径是将当前所处的政府形态通过一定的指导方针和方法,实现其由当前状态和结构向服务型政府的形态和特征进行转变的过程。建设服务型政府的策略路径是政府的价值取向、目标、结构、职能、管理方式等的综合转型过程,这个过程的推进,其基本的途径就是职能转变和制度创新。

一、推进服务型政府建设的基本策略

如前述,服务型政府的特征是公民本位、社会本位的政府形态,同管制型政府等其他政府形态相比,其侧重点在于通过以公共服务为主要职能的业务谱系来促进社会和市场的良性发展。在这种形态转变背后,决定服务型政府建设的环境背景与发展趋势,主要来自技术变革、公民社会形成以及国际竞争的要求等。这些背景使政府在社会、市场中的角色发生了重大而深刻的变化,需要进行形态转变以适应未来趋势和发展要求。

在当前的中国,实现传统政府形态向现代服务型政府的转变,首先必须

---

① 林尚立:《中国政治发展的动力资源》,《探索与争鸣》2000 年第 21 期,第 7 页。

对服务型政府的特征及其基础保障机制有清晰的理解。正是服务型政府的特征,同当前政府范式的相互比较,才产生了"范式转换"的差异和改革需求,并形成了转型的基本策略和路径。对这种策略路径的逐渐认识,一方面需要对当前的政府管理形态和特征有清晰的把握,另一方面则要了解服务型政府的特点和当前的转型需要,从而形成自觉的转型动力和前瞻规划,为在心智模式、战略目标和工具上做好铺垫与准备。当目前的政府形态现状和服务型政府的建设目标、现状向目标转变的策略路径与推动工具等三方面要素明确之后,则需要着重在策略上进行规划、资源准备和行动调整。

对于现状和目标这两种要素,本书前部分已经进行详细阐述,而第三个要素即策略路径的分析和设计、选择、推进实施,其依据则主要来自于服务型政府的基本特点和要求。这些特点和要求,是源自人类社会形态演进的发展规律而总结形成的,也是各国政府追求善治的探索。服务型政府这些特点和要求的形成,是由环境、发展形势和需要导引而确立的,并以政府的资源配置流向、政府职能结构和行政行为的科学性、高效性等差异而与其他政府形态区别开来。政府作为由公职人员、制度、职责与行为、资源、权力和权威等组成的系统,其对原有政府形态的重构和超越,亦即"范式转换",必然是一个综合与复杂的长期过程。

基于这样的综合判断和比较分析,除了在战略上确立基本的价值定位、能力培育和制度建设外,还需要从政府服务内容与范围、服务方式、保障机制等方面,来理解和寻求服务型政府的建设策略与路径。这些策略路径的分析和确定、设计与选择、操作和实施,紧紧围绕着服务型政府的战略目标、特征和要求展开,并同政府目前的基本现状和实际情况进行比较,从而形成了以下的一系列策略方法和行动路径。

二、从全能统揽到有限恰当的职能调整

政府职能是行政管理的基本问题,是政府一切活动的逻辑与现实起点。

政府权力来自法定的政府职能,政府所有其他要素都是由职能派生而来①。政府职能的科学确定,是围绕着社会和公众的需求而确定的,以为经济和社会的发展创造必要的环境、条件和基础。这就决定了政府职能是动态变迁的,某一时期确立起来的政府职能,在外部环境和社会、公众的需求发生变化的时候,必须进行相应的调整。从内在的系统角度分析,政府职能的调整是政府机构改革的一个方面,它与政府机构的优化设置紧密相连。其中,政府职能是政府机构设置的依据和行为规定,而政府机构设置是履行政府职能的体制保障。

作为政府职能实现的基础,政府能力是政府在管理社会过程中所拥有的能量和能力,即政府"能干什么"、"会干什么"。其中,政府能力赖以建立的许多资源与政府职能有关,政府职能为政府能力的形成和发挥提供了制度保障。由于资源的限制,政府的能力是有限的,有限的政府能力不可能承担无限的政府职能,因此政府职能的合理界定和政府能力的有效协调具有重要意义。在建国初期和计划经济时代,政府对社会承担了无限的责任,这在百废待兴的历史时期由政府主导和建设,尽快搭建基本的设施基础和奠定初步的管理秩序有一定的合理性。但是,随着社会自治能力和经济组织的发展,"全能统揽"所有职能的政府已经成为社会与经济进一步发展的制约因素。一方面,政府运行受财政资源有限、信息的局限性、政府公职人员管理水平的制约、社会问题的综合复杂等,导致了政府能力的有限性,也因而决定了政府职能的有限性。另一方面,政府职能的"全能统揽"将导致能力的相对分散和资源配置的短缺现象,导致投资管理失误、资源浪费,同时引起社会组织的萎缩、企业经营活力的制约、寻租现象的蔓延等。

在从"全能统揽"到"有限恰当"的政府职能调整过程中,有三个方面的问题值得关注:一是政府部门应该从哪些不该管的领域退出,强化哪些本该属于政府管理范围的职能;二是政府部门退出的这些领域其相应的职能由谁来行使;三是如何形成政府职能转变的长效机制。这三个问题决定了政

---

① 高小平:《行政体制改革关键是转变政府职能》,《人民日报》2008 年 2 月 27 日。

府的职能调整,不是简单的职能缩减或者政府"甩包袱",而是政府在公共责任和公共服务等职能缺位领域的入位,在越位领域的退出等综合的过程,是对职能"越位"和"缺位"的系统调整。"缺位"是指以经济建设为主导的政府,未能随着市场的发育和社会关系的变化,及时地向服务型政府转型,未能承担起政府应该做可以做而市场却无法做到的事。"越位"是指政府主导型的经济体制,未能随市场的发育向市场主导的经济体制转型,政府依然在做市场应该做且可以做的事。除了从政府与市场、政府与社会的角度来理解政府职能的"越位"和"缺位"调整外,在政府内部结构上,还包含着理顺关于某项职能如何科学执行的问题,减少职能不明、机构重叠、相互扯皮推诿等现象,这也是政府职能调整的重要内容。

例如,在促进经济发展方面,政府的职能首先是明确指导思想,即发展经济应该由市场主导,政府的这方面职能应主要表现在对不发育的市场机制的补充和替代。其次,政府进行经济调节,应当主要运用经济和法律的手段而不是行政手段,通过市场价格机制间接实现,而不是直接调整价格、干预企业。最后,市场监管应该是制定规则、维护秩序,而不是加强行政审批①。这其中,虽然政府管理不能直接创造财富,但是它可以为社会的发展提供"水"、"阳光"和"空气",真正做到"社会需要什么服务,就给你什么服务",使行政活动、行政效率与经济的发展融为一体。因此,可以认为,在经济领域方面的政府有效服务也是生产力,为企业服务、提高企业效率,促进企业发展,是政府服务职能的一个方面。

政府生产和提供公共产品,其服务和使用对象是公众而不是政府,如果政府部门掌握的公共产品、生产设施不是为公众服务而是在为本部门提供服务,形成公器私用现象,那就违背了政府自身的存在价值的要求。因为社会的公民之所以将自己的一部分权利让渡给政府,并通过纳税来保障政府的正常运行,是为了实现政府提供公共产品以促进社会发展,完成社会组织、公民做不了的事情。如果公共产品的使用对象发生错位,那么就必须受

---

① 秦晓:《关键在政府职能转变》,《财经》2006 年第 21 期。

到公众的惩罚与制约。因此,为了保障政府能够在有限的适度范围内实施自己的职能,必须坚持依法行政,亦即政府职能一般要由法律予以明确规定,在形式上由宪法或权力机关对政府职责和权限的规定,反映公众的意愿和要求。它要求政府机关和公务人员必须依照法律的规定行使政府权力,其职权是由规范的法律、法规确定的,行政机关必须在法律规定的职权范围内活动,非经法律授权,行政机关便不能行使某项职权。

三、从管制约束到服务推动的目标转变

政府的宗旨是服务于公民与社会的福祉,这就决定了政府的目标主要是服务推动、助民兴利,而不是通过管制约束等手段压抑社会的创造活力。作为管制约束的重要形式,行政审批和行政收费的内容在服务型政府中需要重新进行定位评估,不断推进其规范化。长期以来,一些行政部门越权立项、无证收费、收费不公示、任意扩大收费范围、随意提高收费标准、只收费不服务以及收费过多、过乱,加重了公众和企业的经济负担。目前我国没有专门的收费管理法律,有关收费的各种规定散见于各专项法律法规中,行政审批仍是设立收费项目的主要途径。这就导致一些政府部门从各自利益出发,给自己创设收费权、滥设收费项目和标准。这种"谁收费、谁受益"的制度设置,已经成为行政部门收费的动力源,甚至罚没收入在一些地方成为左右财政收入增长的重要因素[1]。

从性质上分析,行政收费其实是政府在征税外参与国民收入分配的一种形式。当前,财政部门对于收费单位实际上的"下达任务、超收奖励、罚款分成"的体制,某种程度上刺激了机构收费和罚款的蔓延。在行政部门审批权、监管权和处罚权没有分开、相互缺乏制约的情况下,自我授权导致的行政收费将无法得到有效的控制。实际上,行政部门和公务员已经领受了来自纳税人支付的工资,本应提供服务、必须做事情,但一些部门对于本应是职责之内的事情,却想办法再从社会收费、从中获取利益。相比之下,在

---

[1] 尹鸿伟:《告别"收费政府"有多远》,《南风窗》2007年6月上半月刊,第15页。

西方发达国家,其非税收入占财政的比例很低,一般是为了抵充公共服务的成本如供水、电话等而征收的,其盈余部分全部转为公益支出,并受到法律、议会、新闻媒体的监督。我国于 2004 年 7 月 1 日正式实施了《行政许可法》,在遏制行政收费方面取得了一定效果。从发展的角度看,我国要建成公众信赖的服务型政府,需要在公共服务和社会管理方面实现政府行政和执法的零收费①。

从管制约束到服务推动的目标转变并不是对管制约束的取消,而是将为管制而管制、管制本身就是一切,向在总体服务中纳入管制、管制为服务而进行管制转变。两者之不同在于,在实现的意图上,前者约束着广大公众的行为,而后者则是为了保证社会公平和安全秩序;在管制的依据上,前者的依据虽有法律但有时却抛开法律、甚至无依据,后者的依据则是体现公民意志的完整法律和法规;在内容和范围上,前者没有严格的范围、内容随意,后者则是范围、内容固定明确;在管制后果上,前者没有严格的后果责任机制,公民受到不应有的管制时常常处于无能为力的状态,而后者则有后果责任、纠错机制和补救机制、追究机制②。

四、从运动粗放到长效规范的方式优化

服务型政府是规范、平稳的管理与服务提供者,其管理的范围、提供服务的内容,都由合理、科学的制度、法规和规章等进行规范,而不是随意、随机的管理。这就要求,当前的服务提供和管理方式,应该从运动粗放向长效规范努力。

所谓运动式管理,是指打破常规管理的节奏或状态,按照政治运动的方式来进行的一种管理方法③。诸如"整顿"、"突击检查"、"大会战"、"集中整治行动"、"专项打击行动"等,都是运动式管理的形式。运动式管理是迅

① 尹鸿伟:《告别"收费政府"有多远》,《南风窗》2007 年 6 月上半月刊,第 17 页。
② 刘熙瑞:《服务型政府:经济全球化背景下中国政府改革的目标选择》,《中国行政管理》2002 年第 7 期,第 5—7 页。
③ 李正权:《论运动式管理》,《世界标准化与质量管理》2006 年第 2 期,第 7—10 页。

急的群众性运动,它通过一段时间的多部门联合、集中"火力"围剿,以期达到对社会问题的一劳永逸的解决。然而,随着社会问题的复杂化,在面对治理需求和难题时,短时间的运动式整治虽然见效较快,但却常常难以持久,因而不是公共管理问题的治本之策。从本质上分析,运动式管理所体现的是一种"宽猛相济"的人治原则,并非"一断于法"的法治原则。

在实践中,运动粗放的管理会造成这样的弊端,一是集中整治期间,执法部门的自由裁量权会无限放大,那些在平日里司空见惯的行为有可能碰上"枪口"成为牺牲品,这样会让行政权力的公信力大打折扣。二是运动式管理容易造成一阵风的管理效果,集中整治过后,一切又会故态复萌,管理手段松弛下来之后,问题依然出现。三是运动粗放的管理和服务,缺乏对社会问题、城市管理等公共管理议题的系统研究,局限于就事论事、突击行动,没有建立起一套长效管理的机制,使问题屡禁不止、服务弱化缺位,效果欠佳、反复性大。这其中,造成运动式管理的原因,主要在于公共部门缺乏明确的岗位职责和部门职能界定,导致在一段时间内对某一项工作常常是一哄而上,各岗位的工作内容也往往随着运动走,随着工作重点的转移而不断发生变化。

公共部门应该尽快脱离运动式管理阶段,走向常态的职责管理、规范管理,通过界定各岗位的职责、各部门的职能,科学合理界定和划分权限,从而使各部门能责任分明的有各自的工作内容和范围。在此基础上的方式优化,才符合社会问题的性质和管理的基本规律的需要。首先,政府对社会矛盾的解决应该依靠法治。社会问题与矛盾应该分解成个案来处理,将大的社会问题分解成为一个个面对具体个人,由具体的组织去处理的问题。当社会问题还是小问题的时候或者单个出现的时候,如果没有及时地治理、监控、处罚,那么就会积累成社会问题,此时政府部门才进行其中的专项整治,就往往演变成一场运动。其次,管理本身的规律决定了科学的管理其方式必然是经常性、日常性的过程保障,要求通过扎扎实实的管理工作来达到管理的目标。因为,所谓管理是围绕组织目标需要而展开的一系列过程;为了达到目标,必须要有过程的保障。由于管理是一个过程,是需要每天重视和关注的,因而若寄希望于运动方式来提高管理水平,是不现实的急功近利行为①。最后,作为一个过程,管理也是一个系统化的、综合的资源与行为整体。为了实现公共管理的目标,必须在人员、质量、成本、时间、服务、文化等一系列方面进行整体性思考。基于整体性思考的常规基础管理,必须用整体的思考将不同方面结合起来,进而整合成平稳的常规管理系统。

当前,我国的社会管理、市场经济建设距离制度化、规范化仍有不小的差距,需要通过稳定的制度、成文的规则来进行常规式治理,通过一系列的精细化管理来巩固治理成效,而不应依靠最高层、上级的指示,用动员方式等非制度运行机制来处理问题。因为,社会需求及其变化要求国家行政管理职能适时进行调整,这呈现为政府机构产生、变更和终止的过程或者生命周期。传统的完全依靠运动式和革命性的机构改革,赋予其毕其功于一役的使命,已经不再适应现实的需要②。

五、从失衡偏向到协调公平的政策设计

服务型政府着眼于经济、社会的可持续发展和协调公平。社会公平是社会的政治利益、经济利益和其他利益在全体社会成员之间合理而平等的分配,它意味着权利的平等、分配的合理、机会的均等和司法的公正③。社会公平的内容不止是合理的财富分配,还包括公民的政治权利、社会地位、文化教育、司法公正、社会救助等。维护和实现社会公平,除了缩小收入差距、扩大社会保障,还必须从法律、制度、政策上努力营造公平的社会环境,保证全体社会成员能够比较平等的享有教育、医疗、福利、工作就业、社会参与、接受法律保护等权利。其中,维护公平、主持正义历来是政府的基本功能之一。因为,产生不平等是人类社会的天然惯性,政府有义务阻止这种惯性的任意发展。如果说市场行为是实现效率的主要手段,那么政府行为则

---

① 沈玉龙:《运动式管理 千万要不得》,《解放日报?新企业周刊》2003 年 8 月 31 日。

② 于安:《行政管理体制改革应告别运动式》,《理论参考》,2006 年第 6 期,第 22—23 页。

③ 俞可平:《社会公平和善治是建设和谐社会的两大基石》,《中国特色社会主义研究》2005 年第 1 期,第 10—15 页。

是实现社会公平的主要手段。市场经济绝不会自发的导致社会公平,政府的干预是维护和实现社会公平的基本手段,国家的法律、制度和政策则是实现和维护社会公平的基本保障。其中,确立建设服务型政府的财政保障,改革和完善财政体制,明确中央和地方各级政府的公共服务职责,在完善政府组织结构和体制机制的过程中,建立适应服务型政府要求的公共财政体制,加大对公共服务的财政投入,逐步使公共服务支出占财政支出的主体,这是最具有根本意义的措施。

另外,随着计划经济体制下权力对人们的严格控制的减少和解除,公民的自主行动能力有了很大的提升。其中,人们的利益意识迅速觉醒,个人和家庭利益开始占有优先的地位,人们的利益追求和竞争开始激烈起来。但是,由于竞争条件和机会、地位等不同必然带来不平等,人们在收入和生活上的差距开始增大。这就可能造成在利益竞争中处于不利地位的人们,产生心理上的不平衡感和利益丧失感,并会自发的产生趋向利益平衡的驱动。在一些机制不健全和完善的情况下,人们将会产生把政治权力、职业方便和非法手段转化为利益资源的行为。在部门利益、小团体利益客观存在的情况下,一些领域也会形成"权力部门化,利益法制化"等导致利益失衡偏向的现象。

目前,反映社会利益冲突的信访数量呈现出持续上升的趋势,特别是群体性上访事件的年均增速近年来更是达到了惊人的程度。造成信访和群访数量长期攀升的主要诱发因素涉及到土地征用、房屋拆迁、下岗失业、司法不公、环境污染和干部腐败等。公民存在对政府不满、群体间产生严重的不信任和不合作,而新的利益协调机制尚未健全,在面临一些新的利益冲突时甚至出现了制度缺失。

因此,必须在具备现实的社会经济条件下,应采取切实可行的政策措施来促进社会公平。在经济发展的基础上,通过税收制度、增加公共支出、加大转移支付等措施,合理调整国民收入的分配格局,逐步解决地区间和部分社会成员收入差距过大的问题。其中,通过二次再分配,即个人所得税来纠正收入分配的过于扩大,对于国家的长远稳定有利。在当前的背景下,政府需要考虑群众的承受能力,促进"藏富于民",使低收入者在一段时间内逐步完成初始财富的积累,保障其为购买房产、子女教育、医疗和养老保障等过去由国家承担的诸多支出。这在中国的基尼系数超过 0.465 的形势下,要求对社会整体利益结构的合理调整更为紧迫。只有在公民财产性收入增加的基础上,再促进个人权利的保障、司法的公正以及政治的民主等,才能减少不满情绪的上升。这种不满,有城市中失业和缺乏基本的社会保障而导致的,还有农村缺乏基本的医疗卫生条件,导致矛盾的严重化和复杂化,使社会潜伏着危机。

在这样的背景下,政府的公共政策制定,必须发挥其对社会公平的促进作用。只有政府有意愿或有意识的主动在社会公平收入分配和财富,才能抑制和缩小收入差距,纠正社会不平等和社会不公正,真正实现国家的"长治久安"。在服务型政府建设的背景下,通过激励和惩罚机制来促进"公共服务之手",即利用所掌握的国家资源和权力,为社会公众提供服务;同时,遏制"掠夺之手",防止利用公共资源和公共权力为自己和小集体谋私利,损害社会公平①。

六、从单一控制到多元共治的主体扩展

在服务型政府建设中,形成规范的机制体系必须创新公共管理和服务方式,发展适应服务型政府建设要求的公共服务多元供给主体。同时,提高社会管理水平,健全政府行政管理与社会组织、企业、公民互动的社会管理体系和应急管理机制。

一方面,服务型政府是以公众和服务对象的满意为衡量尺度的政府,这就决定了必须将公众和服务对象纳入到政策制定、管理决策等公共管理行为中,使公众的意见和愿望得到表达、理解和尊重,并体现在政府的管理行为上。这既是决策科学、民主的要求,同时也是政府公共政策、公共管理合

---

① 玛雅:《政府主要预期目标实现情况评估——专访胡鞍钢》,北京大学中国与世界研究中心《观察与交流》2008 年第 18 期,第 18 页。

法性提升的重要途径。另一方面,随着政治民主化、经济全球化、社会多元化等形势的发展,以及政府资源和自身能力的有限、公民和社会组织的权利意识与民主意识的觉醒等,也必然带来公民对参与公共管理和公共服务的强烈诉求。

因此,在治理的主体格局上,服务型政府不再遵循"凡服务必由己出"的思路,而是加强和非政府组织、社会组织、企业、社会家庭与个体的合作。从国外的实践分析,从单一控制到多元共治的主体扩展,其实现方式主要有以下几种:一是在公共决策中吸纳公民的参与,如价格听证、立法听证、公众评议政府等公共论坛形式;二是在政府公共职能的实现和服务提供上,使社会组织能够承担相应的社会管理、服务提供等职能,亦即公共管理的社会化。在这个过程中,政府不仅仅是放权的过程,更是实实在在的向社会还权的过程①。其中,社会组织包括社会自治组织和社会中介组织,社会自治组织指各种行业协会、商会、文化体育协会、学会或研究会、基金会等;社会中介组织指各种律师事务所、审计师事务所、广告中介、资产评估组织等②。这些社会组织在政府将部分"政府管不了、也管不好"的职能转移到社会中时,能够承担这些让渡的职能、填补政府职能缩减的责任空间。

社会组织对公共管理共治的实践,是社会组织能力的提升和社会组织分化、发展的结果,同时也是政府发展的一个必然。因为,"政府发展在结构中的表现就是分化。在分化中政府角色发生变化,变得更加专门化或自主化,出现了新型的专门角色,出现了或创造了新的专门化的结果和次体系"③。除了吸纳公众参与、将部分职能转移到社会组织中外,政府在公共服务中的另外多元共治形式,就是通过企业的公共服务提供来实现。国外的公私伙伴关系(PPP)和服务外包等实践表明,在服务成本的减少、效率的提升方面,企业的参与具有良好的成效,虽然民营化、分权、放松管制、结果

---

① 陈庆云:《再论公共管理社会化》,《中国行政管理》2005年第10期,第43—46页。

② 陈国权:《论政府能力的有限性与政府机构改革》,《求索》1999年第4期,第44页。

③ [美]加布里埃尔·阿尔蒙德,小G.鲍威尔:《比较政治学》,曹沛霖等译,上海译文出版社1987年版,第24页。

控制和绩效评估、顾客至上等共治的理念和形式都有局限性①，并遭到公共
性不足等指责，但仍可以通过政府的监管和规范调整来进一步完善这种共
治机制。

---

① 如合同出租是市场导向的主要原则，它有利于提高效率，但却缩小了公共责任范围，妨碍了公共管理者与公众的联系与沟通；分权有利于增强自主性和灵活性，但也带来了本位主义和保护主义；民营化有利于精简政府机构，但也妨碍了公众参与，并产生公共责任的问题；放松管制增加了灵活性，但也带来了新的控制问题；顾客至上提供了回应性和多样性的服务，但却把公民降低为一般的消费者。见陈振明：《走向一种新公共管理的实践模式——当代西方政府改革趋势透视》，《厦门大学学报》（哲学社会科学版）2000 年第 2 期。

后 记

　　建设服务型政府的实质，是政府在职能、管理体制、运行机制和工作方式上的一次根本性转型，是对传统行政管理范式的革命性突破。建设服务型政府是政府改革的基础性工程。适时提出建设服务型政府的命题和任务，符合行政管理体制改革的内在规律，明确了行政管理体制改革的方向。建设服务型政府，是一项前无古人的宏大伟业；探索服务型政府的理论与实践，是一件开创性的艰巨任务。本书的出版，是在这个领域里做出的一个抛砖引玉式的尝试，如果对读者有所启发，说明当前我国深化行政管理体制改革实践对行政管理科学研究有着很强的需求，而理论研究也在实践的推动下不断深入发展。感谢人民出版社和北京市信息化工作办公室对本书出版的大力支持，特别要感谢陈寒节编辑仔细认真的工作和朱炎主任的指导。

　　本书具体撰写分工如下：高小平负责绪论，孙彦军、姚婧婧、粟俊红、刘宇负责第一、二章，张玲、王玲负责第三、四章，高兴武、刘一弘负责第五章，刘一弘、高小平负责第六章，石宇良负责第七章，高兴武、颜添增负责第八章，闭恩高负责第九章。高兴武对第二、三、四、五章作了统稿工作。林震对第一章作了较大修改，并指导各章的资料收集和写作，刘一弘、颜添增协助组织协调工作。北京市广播电视电影局党组成员、纪检组组长王立平同志和我对全书做了统稿修改。

高小平

2009 年 8 月 18 日